Helmut Zöpfl

W0054678

Mein großes Lesebuch

Helmut Zöpfl

Mein großes Lesebuch

rosenheimer

*Dem lieben Stephan Müller zum 80. Geburtstag
und dem lieben Pfanzelt-Maxe zum 70.*

© 2008 Rosenheimer Verlagshaus GmbH & Co. KG, Rosenheim

Titelillustration: Traudl und Walter Reiner, Fischbachau
Druck und Bindung: GGP Media GmbH, Pößneck
Printed in Germany

ISBN 978-3-475-53972-5

Inhalt

EIN LÄCHELN SCHENKT FREUDE

Die Kur

Der Alfons Igerl war es ja gewohnt, dass er wegen seines Wamperls, beziehungsweise seines Hendlfriedhofes alle Daumen lang irgendeine Stichelei ertragen musste. Davon war die, dass er jetzt bald mit dem Kugeln schneller vorankäme als mit dem Laufen, noch die harmloseste. Etwas betroffen wurde er allerdings, als er vor einiger Zeit auf eine Computerwaage stieg und aus dieser der Spruch erscholl: »Bitte immer nur eine Person.«

»Irgendwas muass i jetzt amal tun«, gestand er seinen Spezln bei seinem Stammtisch im Volkart-Eck selbstkritisch. »I hab allerweil gmeint, dass man ab zwanzge nimmer wachst, aber jetzt hab i festgstellt, dass bei mir wieder des Wachstum eingesetzt hat, aber nach vorn.«

Der Pflanzelt Maxe grinste boshaft und meinte: »Du, da weiß ich dir eine gute Adresse. Da hat vor kurzer Zeit neben mir ein Arzt seine Praxis eröffnet. Der könnt genau der Richtige für dich sein, sozusagen ein Spezialist, da steht nämlich ›Dr. med. vet.‹«

Nach einigen Überlegungen entschloss sich der Alfons schließlich, in eine Kur zu gehen. Auch wenn er von dem ehemaligen Trainer des FC Bayern, dem Tschik Cajkowski, vor kurzer Zeit den schönen Spruch gehört hatte: »In Kur ich habe gleich 20 Pfund abgenommen und seither bloß wieder 12 Kilo zugelegt.«

Ja und in dieser Kur beginnt nun eigentlich erst unsere Geschichte. Bisher war es sozusagen eigentlich nur eine Einleitung. Viel zu lang und zu wenig auf die Sache bezogen, hätte mein ehemaliger Deutschpauker wohl am Schluss dieser, meiner Geschichte geschrieben. Igerl lernte auf dieser Kur den Schriftsteller Ladislaus Anton Bätsch kennen, der, wie er stolz erzählte, schon mehrere Literaturpreise bekommen habe, unter anderem – wie er immer wieder beiläufig erklärte – den Bistumer Kutter, das goldene Elmshorner Horn, den Beilngrieser Juragriffel, den Burgwedeler Wedel sowie den Uelzener Lorbeerkranz. Der Alfons konnte sich lebhaft vorstellen, wie dieser Poeta laureatus ausgesehen haben mochte, als ihm dieser Preis auf sein Haupt gesetzt wurde, das weniger Haare aufwies, um mit Sigi Sommer zu sprechen, als eine Billardkugel oder ein Tischtennisball. Bätschs Spezialität waren, wie er immer sagte, die kleinen Aphorismen. Zwei-, Vier- und allenfalls Sechs- oder Achtzeiler. Wahrer Dichter ist eigentlich nur der, erklärte er dem Alfons Igerl, der es versteht, mit wenigen Worten, also im wahrsten Sinne des Wortes, dicht, das Wesentliche auszusagen. Da dies nur wenigen gegeben sei, fügte er hinzu, bin ich der Meinung, dass die meisten Dichter nicht ganz dicht sind, ha, ha, ha. Übrigens auch ein kleiner Ausspruch von mir, allerdings nicht in gereimter Form. Bei jeder sich bietenden Gelegenheit zitierte er aus seiner Aphorismensammlung, die im Döbler-Verlag unter dem Titel herausgekommen war: »Was du nicht willst, dass man dir schreibt, das tu auch nicht aus Zeitvertreib.« Da gab es beispielsweise den Spruch: »Was du heut besorgen

9

kannst, begreif es, eh du dich besannst.« Oder: »Des Glückes Missgunst drin besteht, dass sich der Fülle Last ergeht.« Da war aber auch noch der Spruch: »Die Dankbarkeit, das wisse wohl, stürzt oft das Volle, wenn es hohl.«

So ganz wollte es der Alfons natürlich nicht zugeben, dass er nicht alles von diesen Sprüchen verstand. Aber wenn jemand beispielsweise den Burgwedeler Wedel gewonnen hatte, dann wird sich die Jury schon etwas dabei gedacht haben, überlegte der Alfons. Er überlegte sich aber auch, was die Leute wohl sagen würden, wenn der Ladislaus Anton Bätsch einmal als Gastpoet bei einer Turmschreiber-Lesung am Podium sitzen würde. Und er erinnerte sich des boshaften Ausspruches, den er einmal vom Verlagsdirektor Förg gehört hatte: »Das Beste, was wir zur Verbreitung von dem seinen Werken tun können, war, dass wir Konfettis machen und sie unters Volk streuen.« Irgendwie imponierte ihm aber dennoch die selbstsichere Art des Ladislaus. Und eines Abends, als sie gerade bei der kargen Abmagerungskost, einem Löffel Topfen mit einem halben Radieserl, saßen, zu dem ein Gläschen so sauren Weines gereicht wurde, dass es einem fast die Zehennägel hochdrehte, verkündete Igerl dem Dichterfürsten: »Wissen S', ich mach nämlich hin und wieder auch Gedichte. Allerdings«, meinte er, »nur für meinen Hausgebrauch und natürlich nicht so tiefgehende.«

»Ach, das ist ja interessant«, meinte Bätsch wohlwollend, »da müssen Sie mir aber einmal was zeigen.«

»Leider«, meinte Alfons Igerl, »hab ich nichts dabei.«

10

»Na, vielleicht«, meinte Bätsch, »können Sie etwas auswendig.«

»Nein«, entgegnete Alfons Igerl, »da hab ich mich in der Schul schon allweil schwer getan. Ich bin bei der Bürgschaft schon immer bei der zweiten oder dritten Zeile hängen geblieben. Aber schauen S' her, ich hab da gestern gerade ein Gedichterl gemacht, das wo ich vielleicht am End von unserer Kur ins Gästebuch schreiben werde.« Und er las vor:

Koa Suppn, Vorspeis und dafür
a Selterswasser statt am Bier,
und wenn man statt dem Hauptgericht
auf d' Nachspeis und's Dessert verzicht',
nimmt man, wie i erforscht hier hab,
sogar beim schönsten Essen ab.

»Mhm«, meinte Bätsch wohlwollend, »mhm, Mundart, durchaus recht heiter. Nicht unbegabt, nicht unbegabt«, lobte er das Produkt.

»Passen Sie auf Igerl, ich mach Ihnen einen Vorschlag. Wir sind ja noch einige Tage hier, und übermorgen wird mich mein Verleger besuchen. Dem sollten Sie Ihre äh, Erzeugnisse, durchaus einmal vorlegen. Herr Döbler macht da vielleicht ein kleines Büchlein daraus.«

Das war natürlich eine gewaltige Aufmunterung für den Alfons Igerl.

Er rief sofort seine Zugehfrau, die Frau Rankl, an – die den Schlüssel für seine Wohnung hatte, um ihm seine Blumen zu gießen – und beauftragte sie, seine handgeschriebenen Gedichte, die in dem orangefarbenen

11

Ringbuch auf seinem Schreibtisch lägen, per Eilboten herzuschicken. Die Frau Rankl war eine zuverlässige Person, und so erhielt Alfons Igerl am übernächsten Tag in der Früh per Eilboten seine gesammelten Opera, die er sofort mit dem Gedicht über das Essen bzw. Nichtessen ergänzte.

Tatsächlich besuchte am selben Abend der Verleger Döbler den Herrn Bätsch. Nach einiger Zeit und einem intensiven Gespräch rief Bätsch den Alfons Igerl herbei und stellte ihn dem Herrn Döbler vor. »Das ist der Herr Igerl, der so nette Mundartgedichte schreibt. Ich habe mich selber davon überzeugt. Wir machen eine Art Dichterwettbewerb, wenn es Ihnen recht ist, verehrter Herr Döbler. Ich lese Ihnen meine neuesten Opera vor, und dann können Sie auch das eine oder andere Gedichtchen von Herrn Igerl über sich ergehen äh ... äh ... auf sich einwirken lassen.« Bätsch las mit lyrischer Stimme:

> *Weil sich Gemeinsamkeiten*
> *im Trennenden berühren,*
> *wird man in welken Zeiten*
> *nicht nur Beliebtheit spüren.*

Von seinen eigenen Zeilen ergriffen, schaute er Herrn Döbler gespannt in die Augen. »Moment, Herr Döbler, da hab ich noch eines:

> *Weil Krähen niemals virulent*
> *sich Augen selbst aushackten,*
> *drum gilt mein Kontra vehement*
> *auch allen Kontrafakten.«*

»Moment einmal«, sagte er, »ich hab auch einige sehr zeitgemäße Themen aufgegriffen.« Und er las vor:

Beim Hauptverkehr sollt man auf Straßen nicht unbedingt noch Alphorn blasen.

Nun war Bätsch in seinem Element. Als dann Döbler schon auf die Uhr schaute, weil er ja seinen Zug noch erwischen wollte, hatte Alfons Igerl gerade noch Gelegenheit, ihm sein letztes Gedicht über das Essen vorzulesen. Er tat dies etwas aufgeregt, aber Herr Döbler schien sichtlich erheitert und meinte: »Geh, geben S' mir doch einmal Ihre Gedichte mit, ich will sehen, was sich draus machen lässt.«

Ja, und jetzt stelle ich fest, dass ich eigentlich immer noch bei der Einleitung bin, denn da beginnt die eigentliche Geschichte erst. Oh je, hoffentlich fällt sie wirklich nicht meinem alten Lehrer in die Hand. Als Alfons Igerl seine Kur mit einem durchaus beachtlichen Gewichtsverlust von 9½ Kilo beendet hatte, fand er zu Hause einen Brief des Herrn Döbler vor, in dem er ihm schrieb: »Ich habe mich sehr gefreut, Sie kennenzulernen. Bei der Rückfahrt habe ich bereits Ihre Gedichte gelesen und habe mich entschlossen, einen kleinen Band in meinem Verlag herauszubringen. Nach meinem Urlaub werden Sie wieder von mir hören.«

Igerl führte einen kleinen Freudentanz auf, was ihm durch den Gewichtsverlust der Kur wesentlich leichter fiel, als mit seinem Wamperl vor der Kur. Gespannt wartete er die Rückkunft des Herrn Döbler ab. Nun gibt es da einen Spruch von Werner Mitsch,

13

der mir sehr gut gefällt: »Ereignisse, die er nicht begreift, nennt der Mensch Zufall.«

Man kann unterschiedlicher Meinung sein, ob das, was sich nun ereignete, Zufall, Glück oder auch Pech war. Vielleicht war es die Besinnung im Urlaub, vielleicht waren es aber auch irgendwelche anderen Dinge, die den Verleger Döbler dazu veranlassten, einen Plan, den er schon lange gehegt hatte, wahr zu machen und seinen Verlag seinem Sohn und seiner Tochter zu übertragen, sich aber selbst weitgehend nur mehr dem Ruhestand zu widmen. Dies ließ er in einem Brief auch den Alfons Igerl wissen, wobei er aber noch bemerkte, dass er die Gedichtsammlung Igerls seiner Tochter wärmstens ans Herz gelegt habe, da sie, wie er meinte, sehr gut in die Bavarica-Reihe seines Verlages passe. Als er zwei Monate nichts mehr hörte, entschloss sich Igerl, einmal einen Brief an den Döbler-Verlag zu schreiben und nachzufragen.

Die junge Frau, die sich aufgrund ihrer Ehe mit dem nicht mehr ganz taufrischen Junglyriker Sven Ruckdaschel nun Döbler-Ruckdaschel nannte, schrieb ihm nach einem Monat, dass er ihr nicht böse sein solle, der Umbruch des Verlages hätte aber so viel Arbeit gebracht, dass sie sich noch nicht intensiv aller Obliegenschaften widmen hätte können. Sie habe aber das Werk – Werk hatte sie in Anführungszeichen geschrieben, und Igerl wusste nicht, ob das positiv oder negativ zu werten sei – Igerls wohl gelesen, und ihr habe das eine und das andere ganz gut gefallen. Allerdings, schrieb sie weiter, denke sie, die Bavarica-Reihe des Verlages nicht fortzuführen und deshalb habe man sie bereits an den Deichgrafen-Verlag in

14

Flensburg verkauft. Der Verlagstrend des Döbler-Verlages solle mehr in Richtung kritische Literatur gehen. Diesem Zweig würde sich besonders ihr Mann intensiv widmen, der ja eine anerkannte Kapazität sei. Sie stelle nun, schrieb Frau Döbler-Ruckdaschel weiter, Alfons Igerl frei, ob sie sein Heftchen gleich zur Begutachtung nach Flensburg schicken solle oder aber, und das sei ein besonderes Angebot, das sie ihm machen würde, schon ihrem lieben Vater zuliebe, der ihr die Verse besonders warm ans Herz gelegt habe, man könnte aus den Igerlschen Gedichten vielleicht etwas ganz Besonderes machen, das sie dann in ihr Verlagsprogramm übernehmen würde. Selbstverständlich müsse er dann zunächst einmal seine Gedichte in eine gut hochdeutsche Form bringen mit eventuellen Änderungen, über die man ihn aber gut beraten würde. Sie verwies wieder auf ihren Mann Sven Ruckdaschel, dem sie, das Einverständnis Igerls vorausgesetzt, die Igerlsche Literatur zur Reflexion überlassen werde. Vertrauen Sie sich meinem Mann an, wenn ich Ihnen einen Rat geben darf, beendete Frau Döbler-Ruckdaschel den Brief, mein Mann hat schon einigen Autoren zu Literaturpreisen verholfen. Igerl entschied sich spontan für die zweite Lösung und sagte sich, lieber einen Buchpreis für ein schriftdeutsches Buch in Bayern, als ein bayerisches Buch in Preißn.

Alfons teilte also seinen Entschluss dem Verlag mit, und prompt bekam er ein paar Wochen später ein Schreiben – diesmal schon von Herrn Ruckdaschel, der ihm mitteilte, er wolle sich ganz gern mit Herrn Igerl im Hinblick auf das neue Buch zu einem

15

Arbeitsessen treffen. Igerl sollte ihm einen geeigneten Platz vorschlagen.

Das tat der Alfons, und so trafen sie sich an einem Freitagmittag im Volkart-Eck.

»Also«, begann Ruckdaschel nach den üblichen Begrüßungs- und Höflichkeitsfloskeln, »ich hab mir Ihre Gedichte gut durchgesehen. Ich glaube, da ist einiges drin. Allerdings muss ich Ihnen sagen, für eine Herausgabe wirklich empfehlenswert scheint mir nur jenes letzte Gedicht, das Sie über das Essen geschrieben haben.«

»Ja«, meinte Alfons Igerl, »aber gibt denn dieses eine Gedicht einen ganzen Band her?«

»Wenn wir es richtig anstellen«, erklärte Sven Ruckdaschel, »selbstverständlich. Ich werde Ihnen schon entsprechend zur Hand gehen. Passen Sie auf, Herr Igerl. Wenn Sie einen Blick auf die virulente Literatur, ich meine jetzt wirklich Literatur, die etwas zu sagen hat, lenken, werden Sie merken, dass die kritische, ich will aber auch sagen, problemhaltige Literatur den Markt beherrscht. Bücher ohne Probleme haben sozusagen heute Probleme, ha, ha, ha – Und sehen Sie Herr Igerl, mit Ihrem letzten Gedicht haben Sie schon eigentlich einen Problemhorizont aufgerissen, wenn er auch noch nicht das Zentrum trifft. Wir wissen ja alle, dass heute das Ernährungsproblem, Unterernährung, Hunger in der Welt usw. eines der größten Probleme aller Zeiten ist. Und da meine ich, sollten Sie mit Ihrem Werk zuschlagen.«

»Sie meinen also«, fragte Igerl, »ich soll ein Gedicht oder mehrere Gedichte oder ein ganz großes Gedicht über den Hunger in der Welt schreiben?«

16

»Ja und nein«, meinte Ruckdaschel. »Sagen Sie, Herr Igerl, haben Sie es eigentlich schon einmal mit Prosa versucht?«

»Mit was, ah so mit Prosa«, fragte Igerl. »Ja mei, Ansprachen hab ich schon einmal ein paar halten müssen, die wo sich dann nicht gereimt haben. Wissen Sie, ich bin nämlich Kassier beim Kleingartenverein Flora, und da trifft einen schon hin und wieder einmal irgendeine Pflicht, und wenn's ein Kassenbericht ist.«

»Na also, da sehen Sie«, rief Ruckdaschel, »da sind Sie ja schon voll in der Übung. Beschreiben Sie doch einfach einmal, was sich bei uns auf den Partys so alles abspielt. Machen Sie sich so Ihre Gedanken über Ausbeutung, über politische Ungerechtigkeit usw., und dann werden wir schon weitersehen.«

So ganz abgeneigt dem Essen gegenüber schien Herr Sven Ruckdaschel allerdings nicht zu sein, denn er bestellte das teuerste Gericht, das es im Volkart-Eck gab, ein Wildgericht mit Reherln, dazu trank er drei Schoppen des teuersten Weines, der auf der Karte stand. Und als es dann ans Zahlen ging, schaute Ruckdaschel plötzlich entsetzt auf die Uhr und rief: »Also Herr Igerl, alles klar, ich muss mich beeilen, ich versäume sonst noch meinen Zug. Näheres machen wir dann schriftlich, alles klar.« Und schon war er draußen.

Nachdem Igerl alles bezahlt hatte, überlegte er noch bei einer halben Dunklen, wie hat der des jetzt bloß gmeint, mit dem Essen und dem Hunger und der Kritik. Mei, irgendwas wird mir schon einfallen, dachte er sich. Als die Kellnerin Anita vorbeikam und fragte:

»Habn wir noch an Wunsch, Herr Igerl?«, fragte er sie gleich, ob sie nicht eine nette Geschichte oder einen Witz wüsste, worin etwas vom Essen vorkäme.

»Oh mei, Herr Igerl, da gibt es eine ganze Menge Witze«, meinte sie, »beispielsweise von dem Lokal, das grad aufgmacht hat. Wie dann der erste Gast gegangen ist, hat der neue Besitzer die Bedienung gefragt: Na, was hat denn unser Gast gsagt? Und die Bedienung meint: Mei, er hat gschimpft, dass des Essen a Katastrophe wäre, und wenn die Portionen net so klein wären, dann müsste er jetzt sicher glei ins Krankenhaus, um sich den Magen auspumpen zu lassen. Der Wein wäre völlig ungenießbar, die Bedienung so ungeschickt, dass man ihm seinen Anzug voll geschüttet habe, außerdem noch unfreundlich, und die Preise wären schlechterdings eine Unverschämtheit. Ja, meint der Besitzer auf den Bericht hin, wenn er sonst zufrieden war. Oder kennen S' den von dem anderen Restaurant, wo der Gast zu der Bedienung gsagt hat: Sie, ich möcht bittschön nachbestellen. Wenn des da, was' mir grad serviert habn, Kaffee war, dann bringen S' mir bittschön jetzt einen Tee, wenn's aber ein Tee gewesen sein sollte, dann bringen S' mir an Kaffee. Wenn's aber a Suppn gwesn is, dann sagen S' mir bittschön des Rezept. Denn i hab demnächst eine Einladung bei uns, da möcht ich mich an ein paar Leutn rächn. Dann gibts doch da noch die etwas unappetitliche Geschichte mit dem Ober. Kennen S' die? Der Kellner serviert die Suppe und hält dabei seinen Daumen voll hinein. Da beschwert sich der Gast. Sie, Sie halten ja Ihren Daumen in meine Suppe. Da entschuldigt sich der Ober und sagt: Des is wegen meinem

18

Rheuma, wissen Sie, die Wärme tut meinem Daumen gut. Da wird der Gast bös und sagt: Sie, Ihr Rheuma interessiert mich überhaupt nicht, stecken Sie sich von mir aus Ihren Finger in den Hintern! Da antwortet der Kellner: Ja mei, des hab ich ja bis jetzt gmacht, aber die Suppe tut mir sicher besser.«

Ganz ohne Frage hatte da Igerl in ein Wespennest gestochen, und während er sich noch eine Halbe von dem guten Dunklen genehmigte, erzählte die Anita munter drauf los. Igerl machte sich nebenbei ein paar Notizen und trat dann endlich seinen Nachhauseweg an. Wie es der Zufall wollte, prangte ihm eine Knall-überschrift auf einer Münchner Boulevardzeitung entgegen, in der ein Bericht darüber stand, dass ein bekanntes Restaurant aufgrund von Beanstandungen der Gesundheitsbehörde habe schließen müssen. Igerl kaufte sich das Blatt, und nach einem ausgiebigen Mit-tagsschläfchen machte er sich daran, eine Geschichte zu schreiben, in der es um ein solches Lokal ging, wo es eben hint' und vorn nicht stimmte und die Gäste übers Ohr gehauen wurden. Die Witze, die ihm die Anita erzählt hatte, brachte er teilweise auch unter. Nach ein paar Tagen hatte er tatsächlich eine Geschichte geschrieben, deren besondere Pointe darin bestand, dass die Frau Schlotterbeck ihrem Mann vor-schwärmt: Du weißt doch, ich habe mich heute mit der Frau von Wexenstiel getroffen, und die hat mich in ein Super-Restaurant eingeladen. Ich kann dir nur sagen, da hat alles gestimmt. Exquisit, bestimmt fünf Sterne. Da müssen wir unbedingt auch einmal hinge-hen, wenn wir uns ein bisschen Geld gespart haben. Ja, ja, meint der Schlotterbeck, es gibt halt solche und solche Restaurants. Stell dir vor, heut Nachmittag haben wir eins inspizieren müssen, du kannst dir gar nicht vorstellen, was da alles los war. Wir haben's sofort schließen lassen. Und dann stellt sich heraus, dass das, wo die Frau Schlotterbeck gegessen hat, und das, was der Schlotterbeck hat schließen lassen, dasselbe war. Igerl tippte diese Geschichte fein säuberlich auf seiner alten Adler-Schreibmaschine ab und schickte sie dem Herrn Ruckdaschel. Der reagierte auch prompt nach 14 Tagen und lud Igerl erneut zu einem Arbeitsessen ein.

»Bravo, Igerl«, begrüßte er ihn überschwänglich, »ich seh schon, Sie haben eine Menge dazugelernt. In Ihnen steckt tatsächlich eine literarische Potenz. Aus den Potenzen lässt sich sicher einiges machen.« Und nun redete er auf Alfons Igerl wie auf ein krankes Ross ein, dass diese Geschichte natürlich noch lange kein Buch ergäbe und dass es ganz entscheidend sei, dass er halt mehr Kritik einbrächte. »Ja, ich hab doch so viel Kritisches hineingeschrieben«, entschuldigte sich Igerl, »des mit dem schlechten Essen und dass die Gäste über's Ohr ghaut werden und dass die Leute bei uns halt immer wieder recht unkritisch auf solch einen Blödsinn hineinfallen usw.«

»Ja«, meinte Ruckdaschel, »aber die Kritik, da meine ich etwas anderes. Kritik ist Gesellschaftskritik. Sie müssen das immer in größeren Gesamtzusammenhängen sehen. Der Besitzer des Lokals, Stangerl, wie Sie ihn genannt haben, steht doch nicht losgelöst in unserer Gesellschaftsstruktur. Ich würde Ihnen im Übrigen raten, hier einen anderen Namen einzuführen als den Namen Stangerl. Bringen Sie doch etwas mehr von unseren Ungerechtigkeiten in unserem System hinein. Stangerl, oder wie immer Sie ihn nennen wollen, ist doch lediglich ein Handlanger. Im Endeffekt ein kleiner Fisch. Da muss es doch um ganz etwas anderes gehen als um ein, na sagen wir einmal, ein unsauberes Lokal. Seien Sie mir nicht bös, Igerl, mit einem Haar in der Suppe oder einer Fliege oder einem Ober, wie Sie ihn schildern, der sich beim Servieren der Suppe nicht gerade appetitlich verhält, Sie sehen, Herr Igerl, ich habe Ihre Geschichte sehr genau studiert, mit so etwas lockt man doch keinen Hund mehr hinter dem Ofen hervor. Das ist heutzutage nicht einmal mehr ein Skandälchen. Wir wollen aber einen Skandal, wir wollen Kritik. Sie müssen Tabus brechen, Igerl, Tabus, ich sage Ihnen ja, schauen Sie sich die moderne Literatur, schauen Sie sich das moderne Theater an. Da geschehen auf der Bühne Dinge, die geradezu unerhört sind, die schockieren. Schocken Sie, Igerl, enttabuisieren Sie. Klagen Sie an, greifen Sie ruhig auch einige unserer Politiker an, vielleicht machen Sie so etwas wie einen Schlüsselroman daraus. Das Zeug dazu, Igerl, haben Sie, ich sage es Ihnen. Und dann schlagen wir zu. Im Übrigen, nur zu Ihrer Ermunterung, wir haben im nächsten Jahr das erste Mal von unserem Verlag einen Buchpreis für den erfolgreichsten Roman ausgesetzt, den Fürstenzeller Bamhacklpreis. Mit einer Hacke sollen Sie hineinschlagen, mit einer Hacke, verstehen Sie, Igerl. Nehmen Sie sich ruhig, sagen wir mal, einfach nochmals diese Gestalt des Obers vor, den Sie so meisterlich beschrieben haben. Sie wissen ja, den Mann, der die Suppe serviert und der wegen seines Rheumas den

21

Daumen in der Suppe hat. Ich könnte mir vorstellen, das könnte so eine Art Schlüsselfigur in einem Roman werden, in dem es mehr um innen – und außen –, ja um weltpolitische Dinge geht. Lassen Sie die Drähte ruhig in diesem Lokal zusammenlaufen. Ein wenig Spionage ist natürlich immer gut. Sie wissen ja, welche Erfolge Simmel mit seinen Romanen hat. Denken Sie beispielsweise an ›Und Jimmy ging zum Regenbogen‹ usw., usf. … Mein Gott, Igerl, es wird Ihnen schon etwas einfallen.« Ruckdaschel blickte schon wieder nervös auf die Uhr und meinte: »Oh je, oh je, die Zeit«, und schon rannte er wieder, ohne gezahlt zu haben, davon. Er ließ einen völlig verwirrten Alfons Igerl zurück.

»Ja, was ist denn mit Ihnen heute?«, fragte die Anita den Alfons, als sie zum Abkassieren kam. »Oh mei, Anita«, meinte der und wackelte mit dem Kopf, »tät Ihnen da was einfallen mit einem Essenslokal, da wo's um Spionage und Abhörgeräte geht?«

»Hörgeräte«, meinte die Anita, »da kann i Ihnen schon weiterhelfen. Passen S' auf, da ist ein Gast völlig außer Rand und Band und schimpft: ›Das ist ja ekelhaft, was da in meiner Suppe liegt, das scheint ja ein völlig verdrecktes Hörgerät zu sein.‹ Da beugt sich der Kellner nach vorne und fragt: ›Was haben der Herr gesagt?‹«

In seinem desolaten Zustand verzichtete Igerl darauf, der Anita den Unterschied zwischen einem Hör- und einem Abhörgerät klarzumachen und verließ kopfschüttelnd das Lokal. Auf seinem Nachhauseweg begegnete ihm sein alter Spezi, der Pflanzelt Maxe. »Ja, was is' denn mit dir los?«, fragte der ihn, »du

22

schaust ja trübsinniger drein wie ein Uhu nach dem dritten Waldbrand. Geh weiter, jetzt kehrn mir noch einmal um und gehn noch einmal ins Volkart-Eck, und dann erzählst mir bei einer Halben, was los is'.«

Der Igerl erzählte dem Maxe die ganze Geschichte von vorn, und der meinte am Ende des Ganzen lapidar: »Ja und, schreib halt was.«

»Ja, du bist gut«, meinte der Alfons, »schreib halt was, i hab mich ja so schon fast leer gschriebn.«

»Pass auf, jetzt machst nix anders, Alfons, als wie dass d' dir einmal a paar Wochen lang die ganzen Skandalblätter bsorgst und du dir die ganzen Gschichten über alle möglichen Leut sammelst. Über irgendwelche Leut aus Politik, Wirtschaft, Gesellschaft usw. usf. Des müsst doch mit 'm Teifel zugehn, wenns d' da net eine Gschicht drum rum schreibn tätst.«

So aufgemuntert, folgte Alfons in den nächsten Wochen tatsächlich dem Rat des Pflanzelt Maxe. Und bei irgendeinem Stammtisch im Volkart-Eck, wo er am Nebentisch zwei etwas merkwürdige Gestalten, die sich flüsternd miteinander unterhielten, beobachtete, wie sie sich irgendwas zuzuschieben schienen, kam ihm plötzlich die Idee. Und ähnlich jenem griechischen Mathematiker Archimedes, der damals ›Heureka‹ gerufen hatte, rief der Alfons plötzlich: »I hab's.« Möglicherweise gar keine so schlechte Übersetzung dieses Wortes Heureka, und rannte, ohne seine zwei Halbe bezahlt zu haben, nach Hause. Alfons Igerl wurde einige Tage nicht mehr gesehen. Er hatte sich darangemacht, mit dem ihm zur Verfügung stehenden Material einen Roman zu schreiben. Den baute er ganz geschickt auf: Ein harmloser Rentner

23

namens Magerl (selbstverständlich identifizierte sich Igerl mit ihm) beobachtet und belauscht beim Essen zwei Männer, die sich geheimnisvolle Worte zuflüstern und seltsame Gebärden machen. Magerl schnappt ein paar verdächtige Worte auf und bringt sie mit einem Verbrechen, das sich kurz darauf ereignet, in Verbindung. Im Verlauf des Romanes kommt es zu allen möglichen Enthüllungen über gesellschaftliche und wirtschaftliche Zustände. Magerl deckt schließlich ein Kapitalverbrechen auf, in das Zeitgenossen verstrickt sind. Den Schlüssel zur Aufdeckung der ganzen Tat aber findet Magerl in dem Lokal, in dem er das erste Mal diese beiden Männer beobachtet hat. Er findet nämlich auf der Speisekarte wie weiland bei Agatha Christie, in der Geschichte von den zehn kleinen Negerlein, den Code, der alles offenbart. Auf der Speisekarte steht nämlich der schöne Werbespruch:

Hast Du in dem Lokal gespeist,
dann bin ich sicher, dass Du weißt,
nichts kann Dir jetzt mehr Deinen Glauben
ans wirklich Gute in Dir rauben.

Keine Frage, dass in dem Roman von Igerl Spionage, Rauschgift usw. auch eine bedeutende Rolle spielten und natürlich, wie ihm Ruckdaschel geraten hatte, auch diverse Perversitäten unserer Gesellschaft. Igerl schrieb in einer so offenen Sprache, dass er selbst fast darüber errötete. Nach ein paar Wochen war es dann soweit. Er hatte etwa 400 Seiten eines Romanes fertig, den er gemäß der langen Mario-Simmel-Titel mit der

24

Überschrift versah: »Es muss nicht immer Beuscherl sein.« Igerl schickte seinen Roman per Einschreiben an den Döbler-Verlag und wartete gespannt der Dinge, die da kommen würden. Im Geiste sah er sich bereits mit dem Waldschratpreis geschmückt. Die Antwort dauerte und dauerte. Nach 3 Monaten kam endlich ein Brief. Darin stand Folgendes:

Lieber Herr Igerl!
Sicher erinnern Sie sich noch an unsere Bekanntschaft. Ich freue mich, dass wir auf Umwegen wieder zusammengetroffen sind.
Der Döbler-Verlag ist leider in finanzielle Schwierigkeiten gekommen. Da ich in letzter Zeit einiges Glück hatte und sich ein großer Konzern für meine Vierzeiler als Werbung interessierte, habe ich, zudem der Verlag bei mir außerdem noch einiges ausstehen hatte, zugegriffen und den Verlag aufgekauft.
Da finde ich nun, lieber Herr Igerl, Ihren Roman vor. Ich erachte ihn als recht interessant und meine auch, dass da einiges drinsteckt. Aber wie schon das Wort drinsteckt ausdrückt, erinnern Sie sich noch an unser Gespräch: Das Wesentliche muss man sagen.
Sie sehen das an meinem derzeitigen Erfolg. So habe ich nun, Ihr Einverständnis voraussetzend, Folgendes gemacht: Ich habe die Kernaussage dieses Romans herausgenommen und sie bei dem großen Ausschreiben eines Nobelrestaurants eingeschickt.
Lieber, verehrter Herr Igerl, heute kann ich Ihnen die erfreuliche Mitteilung machen, Sie haben mit Ihrem Vierzeiler den ersten Preis gewonnen: Hast Du in dem Lokal gespeist ...

25

Sie haben einen 14-tägigen Wellness-Urlaub in dem großartigen »Thermen-Vital-Hotel Am Mühlbach« in Bad Füssing gewonnen. Herzlichen Glückwunsch und auf baldiges Wiedersehen. Vielleicht bei einer gemeinsamen Abmagerungskur.

Ihr Ladislaus Anton Bätsch.

Knapp verfehlt oder Igerl und das Double

Da saßen sie wieder einmal an ihrem Stammtisch im »Volkart-Eck«.

Der Pfanzelt Maxe war gerade dabei, einen Witz zu erzählen: »Also, da kommt ein Hund aufs Arbeitsamt und fragt, ob man ihm nicht eine Stellung vermitteln könnte. Der Angestellte schaut ihn ganz erstaunt an und meint: ›Ja, so was, des hab i auch noch net gsehn, aber bei ei'm solchen Talent‹, meint er, ›da dürftens doch gar keine Schwierigkeiten habn, dass in ei'm Zirkus angestellt werdn.‹

›In ei'm Zirkus‹, meint der Hund, ›des glaub i net. In ei'm Zirkus, da brauchens doch keine Informatiker.« – Der Beifall für den Witz hielt sich in Grenzen.

»Aber, kennts ihr den«, meinte der Alfons Igerl, »da hat der Direktor von ei'm Internat zu den Buabn gsagt, ›passts bloß auf, wenn i ei'n von euch einmal im Schlafsaal bei den Madln derwisch, dann gibts eine saftige Straf. Beim ersten Mal zahlts 10 Euro, beim zweiten Mal 20 Euro, und den, den wo i zum drittn Mal derwisch, der zahlt sogar 40 Euro. – Alles klar?‹, hat der Direktor gfragt. ›Na, bittschön‹, hat sich einer gemeldet, ›was kostet das Jahresabonnement?‹«

Jetzt fühlte sich auch der Hirschvogel Ludwig berufen, einen kleinen Beitrag zu leisten. Er holte sein Heftchen heraus, was vom Pfanzelt Maxe mit einem boshaften, leisen »Auweh« quittiert wurde, und las vor: »Spruch der Woche 328«:

27

Reicht es, so fragt man manchmal sich,
dem Menschen zur Erbauung,
wenns Innenleben sich beschränkt
allein auf die Verdauung?

Die Stammtischler ließen ein verlegenes, hüstelndes Lachen hören. Das war aber dem Hirschvogel zu wenig und er meinte: »Jede Woch les ich euch jetzt was am Stammtisch vor und ihr habts mir noch nie gsagt, was ihr von meiner schriftstellerischen Begabung haltet. Ihr könnts mir nämlich die Entscheidung schon a bissl leichter machen.«

»Welche Entscheidung?«, wollte der Alfons Igerl wissen. »Ja, ob ich jetzt Maler oder Schriftsteller werden soll?«

»Eindeutig Maler!«, rief der Pfanzelt Maxe, »auf alle Fälle Maler!«

»Wieso?«, fragte der Ludwig zurück. »Ihr habts doch noch gar keine Bilder von mir gsehn.«

»Bilder habn mir von dir no net gesehn«, lachte der Pfanzelt Maxe, »aber deine schriftstellerischen Ergüsse kennen mir.«

Der Ludwig schaute beleidigt. »Es is doch net so gmeint«, tröstete der Alfons Igerl, »du kennst doch an Maxe mit seine dummen Sprüch.« Dann schaute Igerl ihn lange sinnierend an und meinte: »Sagts einmal, Leut, ist euch noch nix aufgfalln, wenns den Ludwig so anschauts?« Alle Blicke richteten sich jetzt auf den Hirschvogel. Als Erstes äußerte sich der Scherm Maxi: »Ich glaub, er hat eine neue Krawattn an, der Ludwig.«

Der Pfanzelt Maxe konnte sich natürlich eine boshafte Bemerkung nicht verkneifen und meinte:

»Meints ihr vielleicht den Unterschied zwischen dem Ludwig heut und dem Ludwig früher? Früher war der Ludwig jung und schön, jetzt is er bloß noch ›und‹.«

»Schmarrn«, meinte der Igerl, »schauts halt genauer hin.«

Aber auch bei sorgfältigster Betrachtung kam den Stammtischspezln keine Idee, was denn an dem Ludwig, der dasaß und schaute wie ein Schwaiberl, so besonders sein sollte. »Sagts einmal«, meinte jetzt der Alfons, »schauts ihr eigentlich nie fern? Habts ihr noch nie den zur Zeit erfolgreichsten deutschen Humoristen gsehn, den Didi?«

»Welchen Didi?«, wollte der Ludwig wissen.

»Net den, was du als kleiner Bua alleweil im Mund ghabt hast«, lachte der Pfanzelt Maxe, »sondern den Didi Hallervorden. Der is wirklich total in mit seine Witz und seine Sketche und Szenen.« Er schaute nun auch nachdenklich den Hirschvogel an. Nach einiger Zeit nickte er mit dem Kopf. »Stimmt«, sagte er, »des is mir fei noch nie aufgfallen. Fast wie aus dem Gsicht gschnittn.«

Die anderen schauten nun auch ganz erstaunt und einer nach dem anderen meinte: »Stimmt, zum Verwechseln ähnlich!«

Der Ludwig Hirschvogel wusste nicht, ob er das als ein Lob oder als eine neue Spitze seiner Spezln, insbesondere des Pfanzelt Maxe, deuten sollte, und wackelte zunächst einmal mit dem Kopf.

»Du, da kannst fei eine Menge Geld verdienen als Double«, meinte der Pfanzelt Maxe nach einiger Zeit. »Aber da müsstest dir fei schon ganz andere Witz ausdenkn als wie die, die wo d' da in dei'm Bücherl hast.

29

Ich könnt dir ja einmal einen Privatunterricht gebn«, lachte er, »was zahlst freiwillig?«

»Dir, für d' Nachhilfe?«, meinte der Hirschvogel Ludwig, »allenfalls für d' Stund 58 Minuten, und 2 Minuten für d' Krankenkasse.«

»Sehr gut«, lobte ihn der Pfanzelt Maxe, »jetzt wirst allmählich witzig. Aber eins sag i dir, wennst einmal Karriere machst, denkst an uns, mir habn dich entdeckt!«

Ob man es glaubt oder nicht, dieser Abend war tatsächlich der Beginn einer ganz neuen Laufbahn für den Ludwig Hirschvogel. Der Ludwig kaufte sich jetzt ein Witzbuch nach dem anderen, besorgte sich die neuesten Witzzeitschriften, hörte jede Sendung vom »Gaudimax« und machte sich fleißig Notizen. Es kam ihm sogar ein seltener Zufall zu Hilfe. In der Laimer Stadtteilwoche wurde ein Wettbewerb ausgeschrieben: »Wir suchen Doubles von Prominenten.« Der Ludwig meldete sich als Didi Hallervorden. Zu seinem Erstaunen bemerkte er, dass noch mehr dem Didi gleichsehen wollten, und so gab es eine Ausscheidung.

Im Stechen musste der Ludwig gegen einen gewissen Jaroslav Petrovic antreten, der folgenden Witz erzählte: »Woran merkst du, dass du Übergewicht hast? Wenn du am Strand liegst, ein Greenpeace-Team kommt und versucht dich ins Meer zu ziehen.« Hirschvogel konterte mit folgendem Witz: »Ein Wiener bekommt ein Angebot, in Deutschland eine Vertretung zu übernehmen. Man rät ihm, er solle einen Intensivkurs in Hochdeutsch machen. Das tut er auch und bereitet sich 4 Wochen auf seine neue Arbeit vor.

Nach 4 Wochen bekommt er ein Diplom mit ›Hervorragend bestanden‹ überreicht. Er fährt nach München und geht in einen Laden. ›Geben Sie mir…‹, spricht er in lupenreinem Hochdeutsch, ›bitte 2 Paar Weißwürste und 2 Brezen‹. Die Verkäuferin schaut ihn groß an und sagt: ›Gell, Sie sind ein Österreicher?‹ Der ist noch erstaunter über diese Frage und meint: ›Sagen Sie, wie haben Sie denn das gemerkt?‹ Meint die: ›Wissen S', Sie sind in ei'm Blumenladen‹.« Mit diesem Witz gewann der Hirschvogel das Stechen. Und wie das manchmal so ist, bald wurden einige Veranstalter auf ihn aufmerksam, und er durfte bei verschiedenen Gelegenheiten als der »andere Didi Hallervorden« auftreten.

So saßen sie also wieder mal beim Stammtisch und erzählten die neuesten Witze.

»Also«, begann der Pfanzelt Maxe, »da sagt der Arzt zu dem dicken Huber Max: ›Sie, schön langsam wird's bei Ihnen fei gfährlich, mit dem Übergwicht.‹ – ›Mei‹, meint der, ›was soll i denn tun, i hab doch schon alles probiert.‹ – ›Des is gar net schwer‹, sagt der Doktor. ›30 kg können S' spielend abnehmen, wenns 300 Tag lang jeden Tag 5 km laufn.‹ Nach 300 Tagen ruft der Huber Max seinen Doktor an und sagt ihm: ›Sie werdn's net glaubn, Herr Doktor, grad hab i mi' gwogn. I hab tatsächlich bis auf 1 g genau 30 kg abgnomma.‹

›Bravo‹, sagt da Doktor, ›des is ja wunderbar.‹

›Ja, net so wunderbar‹, meint der Huber Maxe, ›i hab da ein Riesenproblem, i weiß nämlich net, wie i wieder heimkommen soll. Denn i bin jetzt genau 1500 Kilometer von daheim weg.‹«

31

Der Hirschvogel hörte bei den Witzen eifrig zu und machte sich seine Notizen. »Geh weiter, Ludwig«, ermunterte ihn der Pfanzelt Maxe, »erzähl doch du auch einen. Du bist ja jetzt Profi.«

»Ja, ja«, sagte der Ludwig, »grad deswegn, jetzt hab ich's nimmer notwendig, dass i mir eure saublödn Bemerkungen über meine Witze anhörn muss. Außerdem, ihr bei euren langen Leitungen kapierts es ja sowieso net.«

»Höh, ihn schau an!«, schimpfte der Alfons Igerl, »wie redst du mit dei'm Entdecker? Aber jetzt im Ernst, i hab dich neulich ghört, du bist fei tatsächlich riesig wordn, Ludwig. Allen Respekt, muss i sagn. Des hätt i dir nie zutraut. Weißt was, i gib dir den Rat, hör endlich einmal auf, im Schatten von diesem Didi zu stehn, du bist doch selber wer. Solang du den Didi nachmachst, spielst immer die 2. oder 3. Geige. Du musst du sei, Ich-Identität gewinnen, wie man heut so schön sagt.«

»Ja«, meinte der Pfanzelt Maxe, »da hat er eigentlich recht. I weiß des nämlich von meiner Cousine. Die hat eine wunderschöne Stimme, und alle Leut habn immer zu ihr gsagt, sie tät genauso singen wie die Nicole, und dann hat s' auf Nicole gmacht und auch beachtliche Erfolge erzielt, aber im Grunde genommen is doch nix Bsonders aus ihr wordn, weil jeder gmeint hat, die Nicole wär doch besser. Du kannst als Double noch so gut sein, du wirst aber immer an dem gmessen, den wo du nachmachst. Da sagn die Leut immer, das Original is besser. Wie wärs denn? Du bist doch jetzt selber ein Original wordn, wennst du ein bissl dein Image veränderst, dir viel-

32

leicht an Schnurrbart wachsen lässt, oder aber eine andere Frisur machn lässt?«

Der Hirschvogel murmelte: »Geh weiter, des schaff i doch nie.«

Aber offensichtlich hatte die Idee vom Pfanzelt Maxe auf ihn doch nachhaltig gewirkt. Jedenfalls erschien er erst wieder nach ein paar Wochen am Stammtisch und veranlasste seine Spezln zu einem einstimmigen: »Ja, sag einmal, wie schaust denn du aus?« Der Ludwig hatte es tatsächlich geschafft, sich ein völlig neues Image zu geben. So nebenbei erzählte er seinen Freunden, dass er sich jetzt nicht mehr Ludwig Hirschvogel nannte, sondern Lu Hirsch-Vogel. »Und für was soll denn das gut sein?«, fragte der Pfanzelt Maxe boshaft, bekam aber keine Antwort auf diese Frage.

Im Laufe der nächsten Monate schaffte es der Lu, wie er sich jetzt nannte, tatsächlich nicht mehr als Double, sondern als Original, immer bekannter zu werden. Er bekam zunächst in einem kleinen Privatsender sogar eine eigene heitere Sendung »Lustig mit Lu«.

Und wie das so ist, wenn man einmal den Fuß ein wenig in die Türe gebracht hat, dann geht sie immer weiter auf. Weil offensichtlich gerade in unserer Zeit ein eindeutiger Überhang von Trübsalbläsern gegenüber den Heiteren und Zünftigen besteht, sprach es sich bald herum, dass man mit dem Lu ein recht breites Publikum ansprechen könne. Er setzte sich sogar mit einer Agentur in Verbindung, und der Leiter derselben, ein gewisser Bernd Seelos, hatte seine helle Freude mit dem Hirsch-Vogel.

33

So kam es, dass der Name Lu Hirsch-Vogel in recht kurzer Zeit zu einem durchaus bekannten Qualitätsbegriff wurde. Selbstverständlich waren natürlich jetzt aufgrund seiner diversen Fernsehauftritte die Stammtischbesuche seltener geworden, aber ganz vergaß er seine Spezln nicht, denen er ja, das betonte er immer wieder, doch einiges verdankte. Als er eines Tages wieder einmal im »Volkart-Eck« aufkreuzte, begrüßte ihn der Pfanzelt Maxe mit einem: »Respekt, Ludwig – entschuldige, Lu, du bist ja inzwischen net wenig in.«

»Wieso?«, meinte der.

»Ja, da schau her, was i da glesen hab«, sagte der Pfanzelt Maxe und zog den Neuhauser Anzeiger aus der Tasche. »Schau her, da steht eine Anzeige: ›Wir suchen den zweiten Lu Hirsch-Vogel. Wer kommt unserem Münchner Original Lu Hirsch-Vogel am nächsten? Dem Sieger winkt ein kleiner Sportwagen‹.«

Der Lu konnte es gar nicht glauben, dass man inzwischen schon ein Double für ihn suchen wolle. Stolz erzählte er an dem Abend seinen neuesten Witz: »Da kommt doch ein Norddeutscher nach Bad Füssing und erkundigt sich bei einem alten Mann, der ihm gerade über den Weg läuft: ›Sie, stimmt das, dass durch die Heilkraft des Wassers die Leute in Füssing so alt werden?‹ – ›Ja‹, meint der schluchzend, dabei laufen ihm die Tränen über die Augen. ›Ja, sagen Sie einmal‹, meint der Preuße, ›was weinen Sie denn so?‹ – ›Oh, mei, weil i mit meine 75 Jahr jetzt noch mal eine Ohrfeige kriegt hab.‹ – ›Ja, um Gottes willen‹, entrüstet sich sein Gegenüber, ›von wem denn?‹ – ›Ja,

34

von meinem Vater halt‹, meint der. ›Von Ihrem Vater? Ja, wie alt ist denn der?‹ – ›97‹, antwortet der Mann. ›Ja, und warum hat er Sie denn geschlagen?‹ – ›Ja mei‹, meint der, ›wissen S', mein Opa hätt heut Seniorensport ghabt, ich hätt ihn hinfahren solln und hab den Termin ganz vergessn. Da hat mir mein Vater einfach eine gwischt.‹ – ›Jetzt hören Sie mal auf‹, sagt der Preuße, ›Ihr Großvater, ja um Himmels willen, und wie alt soll denn der sein?‹ – ›Der Opa‹, meinte der Mann, ›der Opa werd nächstes Jahr 117.‹ – ›Also, guter Mann, jetzt tischen Sie mir aber ein Ammenmärchen auf‹, sagt der Norddeutsche. ›Sie glauben doch nicht im Ernst, dass ich Ihnen das abnehme.‹ – ›Mei‹, meint der andere, ›wenn Sie es net glaubn, fragen S' die Frau da, die grad aus dem Haus rauskommt. Des is nämlich die Mutter von unserm Pfarrer. Und der hat mein' Großvater tauft.‹«

»Respekt«, meinte der Pfanzelt Maxe, »Du bist wirklich immer besser wordn.« Man stieß an diesem Abend mehrmals auf den Lu an. Der Lu aber hatte sich den Neuhauser Anzeiger besorgt und hatte den lustigen Einfall, bei dem Double-Wettbewerb selber mitzumachen. Als er die Veranstaltung betrat, waren schon 15 Kandidaten gemeldet. Er war ganz erstaunt, wie viele Leute es offensichtlich gab, die meinten, ihm ähnlich zu sein, bzw. ihm wirklich einigermaßen ähnlich schauten. Irgendwie reagierte er darauf sogar mit einem gewissen Stolz. Der Lu zog die Startnummer 15 und war als Letzter dran. Während er sich in der Garderobe zurechtmachte, hörte er einen großen Applaus. Das war offensichtlich sein Vorgänger. Der Lu lugte auf die Bühne, sah sein vermeintliches Double

35

jedoch lediglich von hinten. Aber was war das? Dieser Lu Hirsch-Vogel-Verschnitt erzählte gerade seinen Lieblingswitz mit dem Norddeutschen in Bad Füssing und dem hohen Alter, das man dort erreichen kann. Aber so leicht konnte man den Lu nicht aus der Ruhe bringen.

Nachdem sein Vorgänger mit großem Beifall verabschiedet worden war, begab er sich auf die Bühne. Er hatte ja noch einen Ersatzwitz parat: »Weil i grad was von Bad Füssing ghört hab«, erzählte er, »des Wasser soll ja wirklich eine enorme Heilkraft habn. Stellts Euch vor, da steigt doch einer mit bloß einem halben Haxn in das Wasser hinein, und wie er rauskommt, hat er zu seiner Verblüffung wieder einen kompletten Fuß dran. ›Ja, so was‹, sagt er zum Bademeister, ›gibt's denn des auch?‹ – ›Ja, ja‹, sagt der, ›habn Sie des net gwusst, wie stark unser Wasser ist?‹ In dem Augenblick fährt einer mit einem Rollstuhl hinein. Und was meints, was passiert ist?« Der Lu schaute ins Publikum. »Ich wills Euch verraten«, sagte er, »der Rollstuhl hat neue Radl ghabt.«

Als ihm eine Viertelstunde später vom Veranstalter der 2. Preis überreicht wurde, tröstete der ihn mit den Worten:

»Also, was die Witze anbelangt, wards ihr zwei ja gleichwertig. Bei Ihnen kann man sogar sagn: ›In der Kürze liegt die Würze.‹ Aber im Aussehen, muss ich ganz ehrlich sagen, hat der andere eindeutig die Nase vorn ghabt. Eine solche Ähnlichkeit, wie dem seine, mit dem echten Lu Hirsch-Vogel ist ja geradezu wirklich verblüffend. Und deswegen hat er auch das Auto gewonnen.«

36

Als der Lu dann in die Garderobe ging, hatte er erst richtig Gelegenheit, sein Ebenbild zu begutachten. Der Gewinner war gerade dabei sich abzuschminken. Mit offenem Mund schaute ihn der Lu an. Nach einiger Zeit presste er ein: »Des sieht dir ja gleich« heraus.

»Was heißt da: Des sieht dir gleich?«, entgegnete der andere. »I seh dir halt gleich. Und wenn man's ganz genau betrachtet, sogar no a bissl gleicher als wie du dir selber. Also, nix für unguat«, lachte der Pfanzelt Maxe.

Der Fußballfan

»Geh, Anita, bring mir no amal a Maß«, rief Alfons Igerl der Bedienung im Volkart-Eck zu. »Habt's die Maß gsehn, die wo der Dümpfi 's letzte Mal fast von der Mittellinie dem Frankfurter Torwart neighaut hat?«, fragte der Eisendorf Schorsch.

»Aha«, stellte der Max fest, »der Schorsch ist wieder einmal bei sei'm Lieblingsthema, Fußball.«

Igerl versuchte, den Schorsch abzulenken und erzählte, dass er das letzte Mal von einer Cousine, die in Bad Kreuznach verheiratet wäre, ein paar Flaschen Wein vom Feinsten mitgebracht bekommen hätte, zu denen man eigentlich »Sie« sagen müsse.

Bei dem Wort Flasche riss es den Eisendorf, und er meinte: »Eine Flaschn Wein im Keller is relativ wenig, eine Flaschn beim FC Bayern is leider schon zu viel.«

»I kann ihn nicht mehr hörn«, schimpfte der Pfanzelt Maxe, »dem sein Fußballschmarrn. Redn mir wenigstens über eine andere Sportart. Hast des gsehn, wie der Tomba des letzte Mal des Slalom-Rennen gwonnen hat?«

»Ja und«, meint der Schorsch, »habts ihr gsehn, wie der Klinsi am letzten Samstag an Slalom durch die Abwehr vom VFB Stuttgart hinglegt hat?«

Igerl schaltete wieder auf ein anderes Thema um: »Zehntausend Mark hat der Dachdecker verlangt, bei unserm Nachbarn, für den Sturmschaden.«

»Der Tom«, jammerte der Eisendorf, »is halt auch keine Dauerlösung im Sturm vom FC Bayern. I tät an Wiggerl glei von Anfang an ollerweil aufstelln, net erst als Joker.«

»Fährst heuer wieder nach Italien, Maxe?«, fragte der Trögl Lulu, zum Pfanzelt Maxe gewandt.

»Hast es schon glesn«, schaltete sich der Eisendorf Schorsch ein, »jetzt wolln die Italiener den Lothar auch noch kaufn vom FC Bayern. Gspannt bin i, wie des mit der Meisterschaft in Italien heuer wird.«

Der Pfanzelt Maxe versuchte, das Gespräch wieder auf ein anderes Thema zu bringen und schwärmte seinen Freunden von den guten Wurstwaren vom Metzger Gastl vor. »Besonders die Gelbe müasst ihr einmal probiern, eine solche gute Gelbe wie beim Gastl hab i schon lang nimmer 'gessn.«

»Ha«, unterbricht ihn da der Eisendorf Schorsch, »wissts ihr, was des is: Es hat 22 Füaß, zwei Flügel und is gelb?«

Seine Stammtischspezln schauten ihn fragend an.

»Gell, haha, des habts net gwusst, des is die chinesische Fußballnationalmannschaft. Ha, ha, und apropos gelb: A Schiedsrichter hat seine Kartn vergessen, da sagt der Linienrichter zu ihm, des macht doch nichts, bei Gelb zeigst ihm deine Zähn und bei Rot streckst ihm einfach die Zunge raus.«

»Jetzt sag einmal«, meint Alfons Igerl, »Schorsch, dass du für Fußball begeistert warst, habn wir ja gewusst, aber seit einiger Zeit hast du überhaupt nichts mehr anderes im Kopf, des is ja richtig krankhaft.«

»Halt«, unterbrach ihn der Eisendorf Schorsch, »kennst du den, wo der Fußballer sei'm Freund

39

erzählt: ›Mein Doktor hat mir verboten, dass i weiterhin Fußball spiel.‹

›Was‹, meint der, ›aus gesundheitlichen Gründen?‹

›Na, der Doktor hat mir zuagschaut beim Spieln.‹«

»Is schon recht«, meint der Maxe, »aber sag einmal, redn tust nur immer vom Fußball, träumst du eigentlich auch nur vom Fußball?«

»Ja, selbstverständlich«, entgegnete der Eisendorf Schorsch, »die ganze Nacht.«

Die Bedienung Anita hatte zugehört und meinte: »Ja, hörn S' auf, Herr Eisendorf, des glauben S' doch selber net. Sie träumen von gar nichts anders mehr als wie nur vom Fußball?«

»Mei, von was sollte ich denn sonst träumen«, sagte der Schorsch. »Wenn i von Ihnen träumen dürft, dann wär des natürlich schon was anders.«

»Ja, wenn es weiter nichts ist«, meinte die Anita, »meine Erlaubnis haben S'.«

»Also nachher, du alter Casanova«, ermunterten ihn die Spezln.

»Apropos Casanova«, rief der Schorsch. »Kennt ihr an Unterschied zwischen ei'm Casanova und ei'm Sturm von den Sechzgern? Net? Der Casanova wahrt jede Chance. Ha, ha, ha.«

»Also, wie wars?«, bestürmten die Stammtischspezln am nächsten Abend, als sie sich wieder im Volkart-Eck trafen, den Eisendorf Schorsch. »Hast an schönen Traum ghabt?«

»Ob ihrs glaubt oder net«, antwortete ein wenig errötend der Schorsch, »i hab tatsächlich kurz von der Anita träumt, aber jetzt mach i mir schon Vorwürf deswegn. I hätt 's besser net tun solln.«

40

»Wieso net tun solln?«, fragte der Pfanzelt Max erstaunt. »Hast es ja sogar mit der Erlaubnis von der Anita gmacht«, grinste er.

»Deswegn is' ja net«, erwiderte der Eisendorf Schorsch, »aber vorher hat mir träumt, der FC Bayern spielt gegen den Werder Bremen, und da is 1:1 gstandn, und dann is der Traum von der Anita kommen, ganz kurz übrigens bloß, aber wie i dann wieder von dem Spiel Bayern gegen Köln weiterträumt hab, muass genau während der Anita-Traum-Zeit des 2:1 für die Bayern gfalln sei, und es Spui war grad schon aus. Und wegen der Anita woaß i also bis jetzt noch net, wer den Siegtreffer für Bayern gschossn hat. Ja, ja, der alte Bundestrainer Herberger hat schon recht ghabt, wie er seine Spieler vor wichtigen Spielen absolute Enthaltsamkeit gepredigt hat. Des soll mir eine Lehr sein!«

Geschichte ohne Pointe

Es gibt kaum eine Frage, mit der ich häufiger konfrontiert werde, als die: »Sagn S' einmal, wann schreibn Sie eigentlich immer Ihre ›Gschichterln‹«?

Manchmal reagiere ich sogar ein bisserl ärgerlich darauf, weil manche der Frager missgünstig meinen, ich hätte in meinem Leben stets eine Unmenge Zeit für das Literarische gehabt. Ich säße also seit meiner Jugend lediglich am Schreibtisch oder sonst wo und schriebe die ›Geschichterln‹ grad, wie sie kommen, einfach so herunter. Wie muss es da erst dem hochgeschätzten und für mich derzeit besten deutschen Literaten, Herbert Rosendorfer, gehen, der bekanntlich neben seinem anstrengenden Beruf des Richters eine ganze Reihe großartiger Romane geschrieben hat und hoffentlich auch in Zukunft noch weitere schreiben wird? Bei manchen der Frager merkt man aber nach einigen Sätzen, dass sie nur deshalb so naiv fragen, weil sie selber weniger Kreativität besitzen als ein vollautomatischer Krautstampfer und ihre einzige Schöpfung die Erschöpfung ist. Nun befinde ich mich in der glücklichen Situation, dass mir nicht unbedingt, um meinen Lebensunterhalt zu verdienen, etwas Literarisches einfallen muss, und ich mehr oder weniger Zeit habe abzuwarten, bis mich, wie das so schön heißt, die Muse küsst. In letzter Zeit ist das aber immer weniger der Fall gewesen. Sollte ich auf Grund meines fortschreitenden Alters für dieses flatterhafte

Wesen einfach zuwenig attraktiv geworden sein, so dass es sich mit gespitztem Kussmund beispielsweise auf andere Turmschreiber hinbewegt? Aber so viel Auswahl an jungen Siegfrieden gibt es in diesem Kreis doch auch nicht! Da plötzlich überkommt es mich wieder. Ja, was ist denn das? Eine urkomische Geschichte fällt mir ein. Das gibt es doch nicht. Und das Schönste ist, die Geschichte ist noch neu, nie da gewesen. Bei manchen meiner früheren Geschichten habe ich immer den Eindruck gehabt, das hast du schon irgendwo gelesen oder von jemand gehört, und es fällt dir zwar die Geschichte ein, aber nicht mehr der, von dem sie ist. Aber diese Geschichte. Ha, ich könnte mich kaputt lachen. Schon der Anfang ist umwerfend. Und die witzigen Personen, die darin vorkommen! Eine lustiger und origineller als die andere. Ich höre mich schon, wie ich diese Geschichte das erste Mal an einem Turmschreiberabend vorlese. Schon nach ein paar Sätzen wird das Publikum zu kichern beginnen, um dann loszuprusten. Ich werde mich sehr zusammennehmen müssen, um nicht selber so zu lachen, dass ich gar nicht mehr weiterlesen kann. Das wäre wirklich peinlich. Aber bei dieser Geschichte wäre es kein Wunder. Da kann man einfach nicht ernst bleiben.

Eigentlich wäre es zu schade, wenn diese Geschichte lediglich eine Geschichte bliebe, die dann in irgendeinem Turmschreiberkalender abgedruckt wird, und dann später vielleicht einmal in einem Buch von mir aufscheint.

Das selbstverständlich auch. Aber aus der Geschichte lässt sich mit Sicherheit noch viel mehr machen. Also zumindest eine Szene sollte dabei herausspringen, zum Beispiel für die »Weißblauen Geschichten«. Da müsste man aber dann schauen, dass sie von den besten Schauspielern, die wir zurzeit haben, gespielt wird.

Eigentlich auch wieder schade, nur eine kleine Szene ist doch zu wenig. Der Stoff müsste doch für einen ganzen Komödienstadel reichen. Vielleicht sollte ich gleichzeitig eine Hamburgerische Version für das Ohnsorg-Theater und eine jeweils entsprechende für das Willy-Millowitsch-Theater oder auch für die Löwinger-Bühne schreiben. Ich sehe mich schon geistig in der Premiere sitzen. Da ist die Schlusspointe. Alles springt auf, klatscht Beifall, und ich werde auf die Bühne geholt.

Schlusspointe!? Moment einmal. Meine Geschichte hat ja überhaupt keine Schlusspointe. Das darf doch nicht wahr sein! Eine solch großartige, witzige Geschichte ohne Schlusspointe. Das ist doch das Mindeste, was man von mir erwartet. Ich bilde mir ein, dass meine ganzen bisherigen Gedichte und Geschichten in der letzten Zeile eine Pointe haben. Die heiteren zumindest. Aber diese Geschichte hat keine.

Vielleicht wird mir doch noch etwas einfallen. So jedenfalls kann ich das Ganze nicht stehen lassen. Eine Geschichte, in der eine Pointe die andere jagt, ohne Schlusspointe, das ist ja wie ein Berg ohne Gipfel, ein Fußballspiel ohne Ball, ein Tenor ohne Stimme, ein Politiker ohne Skandal, ein Papagei ohne Regenschirm, ein Kabelprogramm ohne Werbung. Aber mir fällt einfach keine Pointe für den Schluss ein.

44

Wie hat Peter Wehle einmal gesagt: »Eine Pointe ist das, was einem nicht einfällt, wenn man es am dringendsten braucht.«

Was habe ich mir alles überlegt, um doch noch zu einem Ende zu kommen. Zum Beispiel, die Geschichte einfach bei einer der vielen Pointen abzubrechen. Aber dann fehlt eben der Schluss. Was ist das kleinere Übel, so habe ich mir wochenlang überlegt. Schluss ohne Pointe, oder Pointe ohne Schluss? Beides ist gehupft wie gesprungen und im Endeffekt keine Lösung. Ja, und so, liebe Leser, Hörer, Fernsehzuschauer, Theatergemeinde, oder was ihr auch immer geworden wärt, wenn die Geschichte eine Schlusspointe bekommen hätte – ich muss euch leider allesamt enttäuschen.

Die lustigste Geschichte, die ich mir jemals ausgedacht habe, muss ungeschrieben bleiben. Eine lustige Geschichte, bei der es zum Schluss nichts zum Lachen gibt, das wäre ja gelacht, oder?

Versteckte Kamera

»Also, ich weiß gar net, wo des alles no hinführn soll«, raunzte Alfons Igerl in seiner Stammtischrunde im Volkart-Eck. »Habts ihr gestern wieder die Sendung gsehn: ›Einspruch‹? Da woaß ma ja nimmer, was ma sagn soll.«

Es entspann sich die übliche Debatte über das Fernsehen, das immer schlechter würde. »Also, wennsd' mi fragst, aber mi fragt ja koaner«, meinte der Scherm Ade, »brauch ma uns nimmer wundern, dass auf dera Welt so zuageht. Hast des glesen, was in unsere Schulen mit Gewalt los is?«

»Wundert euch des, wenns' im Fernsehen bloß aufeinander einschlagn und losprügeln?«, entgegnete der Pfanzelt Maxe. »I hab' aber vor einiger Zeit glesen, dass ein Institut festgestellt hat, dass sich Gewalt im Fernsehen überhaupt nicht negativ auf die Kinder auswirkt.«

»Ja, aber hast des aa glesen«, konterte Alfons Igerl, »dass desselbe Institut vor kurzer Zeit festgestellt hat, dass Gewalt im Fernsehen sehr schädlich ist? Alles streng wissenschaftlich, versteht sich natürlich. Desmal werd halt ein anderer die Untersuchung zahlt habn, und ihr wissts ja, wes Brot ich ess', des Lied ich sing'.«

»Wissenschaft hin, Wissenschaft her«, mischte sich der Eisenberg Schorsch ein, »was soll aus Kindern werden, die ständig solche Vorbilder sehn? Da müs-

46

sens' in der Schul' lernen, dass man den anderen ausredn lasst, dass ma eahm net ins Wort fallt, dass ma se versöhnen soll und so weiter. Dann schauts euch die Talkshows im Fernsehen an, wo a jeder bloß oans im Sinn hat, dass er den anderen niedermacht und net zu Wort komma lasst. Und die Politiker genga ja aa mit gutm Beispiel voran, siehe Bundestagsdebatten.«

»Apropos Gewalt«, meldete sich jetzt wieder der Scherm Ade zu Wort, »ich hab' das letzte Mal auf zwoa Enkel vo mir aufpassn müssn, und die wollten in aller Früah scho Zeichentrickfilme im Fernsehen oschaun. Notgedrungenerweis' hab' i mir den Schmarrn dann aa oschaun müssen. Ich hab' gmoant, i spinn'. Früahra hab' i immer glaubt, Zeichentrickfilme san was für Kinder. Inzwischen hab' i festgstellt, dass ein harter Italowestern fast a Betthupferlsendung is gega des, was in dene Zeichentrickfilme 'zeigt wird. Da gengas ja nur mehr aufeinand los und probiern, dass sie sich gegenseitig irgendwie hinterfotzig aufs Kreuz legn oder sich glei umbringan. Aber des Schlimmste ist, da lauft koa Tropfa Bluat raus, die Gewalt schaugt no dazua lustig aus. Der oane haut dem andern d'Nasn ein, dass eahm am Hinterkopf wieder rauskommt, und na macht's flutsch, und auf amal is' wieder ganz normal. Die schmeißn se von wo abe, walzn se platt, zerstückeln sich, und nach kurzer Zeit sans' wieder frisch und lebendig, die Viecher oder was des aa immer ist, was da im Fernsehen rumhupft. Und die Sprach' von dene, da wundert oan aa net, dass des Sprachverhalten von unsere Kinder allerweil schlimmer wird. I woaß scho, wo des herkommt, wenns' mi fragn daadn, aber mi fragt ja koaner.«

47

»Ja«, lachte der Alfons Igerl, »auf der oana Seitn san manche Eltern drauf aus, dass ihre Kinder ja net bayrisch redn, damit sie se ihre Chancen auf gute Noten net verderbn, aber da habns' dann nix dagegn, wenn ihre Kinder bloß no ›umpf, poing, poing‹ und ›krächz, krächz‹ sagn könna.«

Jetzt war die Runde richtig aufgeladen, und jeder bemühte sich, seine negativen Anmerkungen zum Fernsehen an den Mann zu bringen. Dem Pfanzelt Maxe blieb es vorbehalten, wieder eine positivere Wendung des Gespräches zu erreichen: »Also ihr könnts sagn, was' wollts, es gibt auch noch a paar nette Sendungen. Da is zum Beispui a Sendung, über die kannt i mi ständig kaputtlacha, ihr kennts es sicher, ›Die versteckte Kamera‹. Habts des letzts Mal gsehn, wia die Leut' dene wieder drauf reigfalln sind? Des Schönste war ja des mit dem Briefkasten, der wo plötzlich gredt hat. Ha, ha, ha.«

»Also, mir hat des andere besser gfalln, wo die Grenzbeamten plötzlich die Sachan aus dem oana sein Koffer rauszogn habn«, meinte der Eisenberg Schorsch. »Aber no viel lustiger«, meinte der Scherm Ade, »war doch die Gschicht', wo die auf den Berg 'naufgstiegn san. Und nachher is plötzlich am Gipfel drobn a Würschtlbude gstandn. Wia die des no macha?«

So erzählte jeder seine lustigsten Versteckte-Kamera-Eindrücke. »Da siehgt ma amal«, resümierte der Alfons Igerl, »dass d'Leut' halt auf an jedn Schmarrn drauf reifalln. Mir persönlich is des a Rätsel, dass die net glei spanna, was da gspuit werd.«

»Geh«, lachte der Pfanzelt Maxe, »dua doch net so gescheit. Du daadsd wahrscheinlich genauso reifalln.«

48

»Ich?«, meinte der Alfons Igerl leicht empört. »Mi legt so leicht koana rei.«

»Ha, ha, ha«, konterte der Pfanzelt Maxe, »und was war dann am letzten ersten April, wenn i dran erinnern derf? Wer is'n in der Früh scho mit Schaufel und Pickel in seim Heimgarten gwesen und hat aa paar Stund lang grabn, weil ma aus Jux im Sendlinger Anzeiger inseriert habn, dass im Gebiet von der ›Flora‹ Funde von keltischem Goldschmuck gmacht worn san?«

»Du musst redn«, grantelte Alfons Igerl zurück, »du warst als Bua doch im April unser bevorzugtes Opfer. Di ham ma doch jeds Jahr allweil wieder um a Ibidumm in d'Apothekn gschickt, ohne dass d' des gspannt hast.«

Bevor das Gespräch aber bedrohliche Ausmaße einer Feuerstuhldiskussion annahm, schlichtete da der Scherm Ade, indem er die beiden Streithähne auf das bevorstehende Bundesligaspiel aufmerksam machte. Und bald hatten sie sich in der Prognose über dieses Spiel wieder etwas beruhigt. Zum Abschluss des Abends erzählte dann der Pfanzelt Maxe noch einen Witz apropos versteckter Kamera: »Der Fabrikdirektor will beweisen, dass ihn seine Frau mit einem jungen Angestellten betrügt. Er baut in seinem Schlafzimmer eine versteckte Kamera ein, die sich am Abend automatisch ein- und ausschaltet, und geht dann auf Geschäftsreise. Nach der Rückkehr lässt er die ganzen Fotos entwickeln, die zeigen dann auch einiges. Voller Wut lässt der Fabrikdirektor seinen Angestellten kommen und zeigt ihm die eindeutigen Bilder von ihm und seiner Frau. Dann schreit er ihn an: ›Da, schaun Sie sich das einmal an. Haben Sie dazu noch etwas zu sagen, bevor ich Sie rausschmeiße?‹ Da meint der Angestellte: ›Ja, bitte schön, ich möchte von jedem drei Abzüge.‹«

»Ha, ha, ha«, lachte der Alfons Igerl, »ihr könnts von der versecktn Kamera sagn und haltn, was' wollts, mich legatn die nie rein, da mach' ich jede Wett', jede Wett', des sag' i euch.«

Am Tag darauf hatte dann der Alfons Igerl in der Fußgängerzone zu tun. Im Auftrag seiner Stammtischspezln sollte er für den 70. Geburtstag vom Scherm Ade etwas besorgen. Einen Hunderter hatten sie ihm aus der Stammtischkasse dafür mitgegeben. Leider aber nicht einen genauen Geschenkvorschlag. »Du werst scho des Richtige finden«, hatten sie ihm zugeflüstert, »du kennst den Ade ja. Du bist ja scho mit eahm in d'Schul' ganga.«

Das war natürlich ein recht bescheidener Tip, denn in der Schulzeit war der Ade Experte für Laubfrösche gewesen und hatte sich immer ein paar Exemplare gehalten. Aber wo sollte er heute noch einen Laubfrosch auftreiben? Damals war die Schmalzl Mausi immer gern zum Scherm Ade gegangen, in der Hoffnung, dass einer der Frösche sich, wenn sie ihn besonders lieb ansah, vielleicht doch als Prinz entpuppen könnte, entsprechend dem Märchen vom Froschkönig. »Ja mei, so is der Lauf der Zeiten«, überlegte sich der Alfons schmunzelnd. »Inzwischen is' so, dass ma allenthalben Könige habn, an ›Jodlerkönig‹, an ›König der Berge‹, an ›Torschützenkönig‹, aber koane Frösch' mehr, da daad fast not, ma fangat se oan von dene König' ein und wartat, bis der zum Laubfrosch werd.«

50

Vielleicht sollte er dem Ade aber auch ein schönes Buch besorgen. Da fiel ihm dem Pfanzelt Maxe sein Spezialwitz ein. Der pflegte immer zu sagen: »A Buch? Da brauchst eahm koans besorgn, der hat doch scho oans. I hab's 's letzte Mal bei eahm gsehng. Na ja, aber heut geht ja der Trend zum Zweitbuch hin.«

Aber so sehr der Alfons auch überlegte, er wusste nicht, mit welcher Art von Büchern man dem Scherm Ade eine Freude machen konnte. Beraten lassen solle er sich doch zumindestens, überlegte sich der Alfons und lenkte seine Schritte hin zur Residenz-Buchhandlung, wo er bisher immer noch von der Frau Richter gut versorgt worden war.

In der Auslage sah er auch schon ein prächtiges Buch mit dem Titel: »Wir Bayern. Von der rechten bayerischen Lebensart. Wie man richtig bayerisch lebt.« Igerl betrat die Residenzbuchhandlung und fragte die Frau Richter, ob er sich den Band näher anschauen könne.

»Freilich«, meinte die, »es ist sogar ein Sonderangebot, es hat vorher 148 Euro 90 gekostet, und wir haben's jetzt auf 78 Euro 90 reduziert.«

»Warum, is' ebba net ganga?«, wollte Igerl schüchtern wissen.

»Doch, eigentlich schon«, erwiderte die Frau Richter zögernd, »aber wir haben da a paar Reklamationen ghabt, wissenS'. Ich sag's Ihnen ganz ehrlich, der Verfasser ist doch ein Spezialist für Bayerische Literatur, ein gewisser Kai-Uwe Wuttke, und er scheint ein paar Dinge nicht gewusst zu haben. Zum Beispiel hat er bei seinem Kapitel ›Sprachkurs‹ das mit dem ›ei‹ und dem ›oa‹ durcheinandergebracht. Sie wissen doch, Herr

51

Igerl, dass des ›ei‹ im Bayerischen manchmal zum ›oa‹ wird, aber net immer, und der Wuttke hat gschriebn, dass wir in Bayern zum Beispiel statt Weißwurscht Woaßwurscht sagn, statt Beileid Boaload und statt Eiswein Oaswoan. Und des hat er aa obligatorisch gemacht, dass bei uns a jeds ›u‹ zu am ›ua‹ wird. Es stimmt ja bei ›Ruah‹ oder ›Schuah‹ oder ›Kuah‹, aber der Kai-Uwe hat gschriebn, dass des eben für alle ›u‹ gilt. Und so werd bei ihm der Hund zum Huand und der Guglhupf zum Guaglhuapf.« Der Alfons verzichtete auf das Buch, denn das wäre natürlich auch nicht das richtige Geburtstagsgeschenk für den Scherm Ade gewesen.

Schließlich aber wurde er doch fündig, denn er entdeckte die wunderschöne Sigi-Sommer-Trilogie »Das gab's nur einmal«, »Das kommt nie wieder« und »Das ist zu schön, um wahr zu sein«. Die Frau Richter hatte für ihn als alten Stammkunden sogar noch eine besondere Rarität, ein handsigniertes Exemplar dieses großartigen Münchner Literaten. Stolz packte der Alfons Igerl seine Errungenschaften, in der sicheren Gewissheit, nun ein herrliches Geburtstagsgeschenk für den Scherm Ade gefunden zu haben, in seine Mappe ein und verabschiedete sich.

Frohgemut machte er noch einen kleinen Spaziergang durch die Münchner Fußgängerzone, und als er ein leises Knurren seines Magens vernahm, entschloss er sich, noch schnell eine Kleinigkeit zu schnabulieren. Sein Blick fiel auf ein gerade neu eröffnetes Lokal. Ja, war das eigentlich ein Lokal? Offensichtlich eine Schnellgaststätte, ein Fast-food-Restaurant, wie das heute so schön heißt. Mein Gott, überlegte der

Alfons, es ist heute schon ein rechtes Kreuz, dass es uns halt immer mehr pressiert. Immer mehr Schnellgaststätten werden aufgemacht, und ein ganz hoher Prozentsatz aller Besucher der Innenstadt, so hatte er neulich in einem Kommentar des Hofbräuhausdirektors Albert Riedl gelesen, nimmt seine Mahlzeiten nur mehr im Stehen oder gar beim Gehen ein. Ja mei, so überlegte er weiter: Schnell auf d'Welt kemma, schnell lesen und schreiben glernt, schnell in d'Schul' ganga, schnell 's Abitur gmacht, Schnellkurse gmacht, schnell verheirat' gwen, zwischendurch schnell in Urlaub gfahrn, schnell Karriere gmacht, schnelle Verschleißerscheinungen ghabt, schnell gstorbn und schnell vergessen gwen.

Da aber Alfons Igerl doch immer irgendwie für das Moderne aufgeschlossen war, ging er kurzentschlossen in das neue Lokal. Überrascht stellte er fest, dass sich die Ausstatter desselben einiges hatten einfallen lassen und dass sich dieser Ort wohltuend von den anderen Schnellabspeisestätten unterschied. Der Alfons suchte sich einen freien Platz, legte seine Mappe mit dem gerade erstandenen Geburtstagsgeschenk auf einen leeren Stuhl, besorgte sich ein Speisebrett und begab sich zur Essensauswahl. Was es da alles gab, vor allem welche Kombinationsmöglichkeiten! Den Alfons »gangelten« aber am meisten die Pichelsteiner an. So verlangte er davon eine Portion. Wohlwollend quittierte er, dass man ihm einige Riesenschöpfer davon in die Schüssel tat. Er zahlte und trug diese an seinen Platz. Herrschaftzeiten, durchfuhr es ihn, jetzt hab' ich doch glatt vergessen, dass ich mir noch ein Bier dazu bestell'. Ach, was heißt bestellen, ich muss natürlich noch eines holen. Er ließ die Schüssel stehen und sich noch eine Halbe Münchner-Kindl-Weiße einschenken, zahlte wiederum und begab sich gutgelaunt an seinen Platz zurück.

Ja, aber was war denn das! Er glaubte, seinen Augen nicht zu trauen. Da saß doch ein gutgekleideter Chinese oder Japaner, so genau konnte es der Alfons nicht unterscheiden, vor seiner, Igerls, Schüssel und löffelte genüsslich daraus. Der Alfons war sprachlos, und seine Zornesader schwoll sichtlich an. Gerade wollte er mit einem »Sie, Herr Nachbar, wie hammas denn« auf den ungebetenen Gast zugehen, da durchfuhr ihn eine blitzartige Erkenntnis. Er schaute sich ein wenig in dem Lokal um und entdeckte in der Nähe seines Platzes eine Art Spanische Wand. Aha, dachte er, keine Frage, Versteckte Kamera. Da war sie nun also tatsächlich. Gestern hatten sie noch davon geredet. Igerl schaltete blitzschnell. In erster Linie, überlegte er, heißt das, gute Miene zum bösen Spiel machen. So holte er sich an der Theke einen Löffel, ging an seinen Platz zurück, lächelte den »Mitesser« aus dem Fernen Osten freundlich an, setzte sich ihm gegenüber und begann nun, nachdem er ihm »Guten Appetit, Herr Nachbar« zugerufen hatte, ebenfalls aus dem Topf zu löffeln. Der Chinese, oder vielleicht war's auch ein Koreaner, nickte freundlich und setzte seine Mahlzeit fort. Das Pichelsteiner schmeckte ausgezeichnet, und der Alfons tat hin und wieder einen verstohlenen Blick in Richtung Spanische Wand, indem er sich bemühte, derselben seine Schokoladenseite zuzuwenden. Desmal, dachte er sich, drah ma an Spieß um. Die wern schaun, wenns' jetzt glei auf mi zugehn und i sag': »Grüß Gott, Herr Felix von der Versteckten Kamera. Igerl ist mein Name, habe mich sehr gefreut, bei dem netten Spiel mitmachen zu dürfen. Wissen Sie«, würde er sagen, »mir ist gerade aufgefallen, dass wir Bayern eben schon immer multikulturell aufgewachsen sind, denn meine Großmutter, die von Bauern abstammt, hat mir immer erzählt, dass es am Hof üblich war, gemeinsam aus einer großen Schüssel zu essen.« Die würden vielleicht schauen. Der Alfons sah sich bereits als Ehrengast in der Fernsehsendung »Versteckte Kamera«. Vielleicht bekam er dann sogar einen Preis, möglicherweise eine Fernostreise nach Peking oder Tokio. Genüsslich malte er sich die neidischen Blicke seiner Stammtischspezln bei diesem Fernsehanblick aus. Den letzten Bissen überließ er natürlich höflich dem freundlichen Herrn und fügte noch ein »EssenS' no, Herr Nachbar, essenS' no, mia in Bayern wissen schließlich, was sich ghört« hinzu. Der nickte wiederum freundlich, schob den letzten Bissen in den Mund, wischte sich diesen dann mit der Papierserviette ab, stand schließlich auf, nickte wiederum dreimal mit dem Kopf, murmelte etwas Freundliches, was aber der Alfons nicht verstand, und verließ das Lokal. Igerl schaute wieder in Richtung Spanische Wand. Jetzt müsste also der Felix oder der Philipp, oder wie diese Leute auch immer hießen, gleich hervorkommen. Aber es rührte sich noch immer nichts. Der Alfons trank den letzten Schluck von seinem Weißbier und überlegte: Wahrscheinlich muss ich jetzt hinausgehen, dann werdens' gleich kommen. Er wollte nach seiner Mappe greifen, aber wo war denn die? Erschrocken schaute er auf den Stuhl, da lag sie nicht. Unter dem Tisch, da war sie auch nicht. Sollte dieser Chinese ihm seine schöne schweinslederne Mappe, die er von seiner Schwester zum letzten Runden bekommen hatte, gestohlen haben? Wieder durchfuhr ihn eine Erkenntnis: Nein, das war jetzt der letzte Akt dieses versteckten Kameraspiels! Die wollten doch nur sehen, wie er darauf reagieren würde. Igerl stand heiter gelassen auf, warf noch einmal einen Blick auf die Spanische Wand und lächelte freundlich in die vermutete Kamerahöhe. Dann begab er sich zum Ausgang. Dabei fiel sein Blick auf einen freien Tisch.

Ja, was war denn das? Da lag doch auf dem Stuhl davor seine Mappe, und auf dem Tisch stand unberührt eine ganze Schüssel Pichelsteiner. »Ja, da ...« Alfons Igerl murmelte das Götz-von-Berlichingen-Zitat, das ja bekanntlich eine große Variable bei Gefühlsäußerungen darstellt und, wie in diesem Fall, Ausdruck höchster, ungläubiger Überraschung sein kann. »Ja, mi hast halbert«, fügte er hinzu, langte sich an den Kopf und rief noch halblaut: »Mei, bin ich ein Rindviech!« Nichts war es also mit einem Auftritt in der Versteckte-Kamera-Sendung, und schon gleich gar mit einer Reise in den Fernen Osten. Aber vielleicht sollte er doch einmal auf eigene Kosten ins Land der Mitte reisen. Denn der Alfons Igerl ist seit jenem Tag davon überzeugt und betont es auch bei jeder Gelegenheit, dass die Chinesen ausgesucht nette und freundliche Menschen sind.

56

Igerl und der Sittenstrenge

Die Stammtischrunde war gerade wieder beim Witze-erzählen. Eigentlich waren es ja recht harmlose Witze, die vor allem der Pfanzelt Maxe erzählte, und auch nicht immer die neuesten. Der Maxe begann seinen Witz meistens mit der Einleitung: »Also, kennts ihr den scho? Da müassn Kinder einen Schulaufsatz schreiben über die Sommerferien. Da meldet sich der kleine Maxi und sagt: Entschuldigen S' bittschön, Frau Lehrerin, wie schreibt man denn ›Sex‹? Sie zieht die Augnbrauen a bissl hoch, erklärts ihm aber dann doch. Ein paar Minuten später fragt er wieder: Entschuldigen S' bitt-schön, Frau Lehrerin, wie schreibt man denn bitte ›Genitalien‹? Da zieht s' ihre Stirn in Falten, aber dann erklärt s' es ihm doch. Jetzt meldet er sich noch mal: Entschuldigen S' bitte, aber wie schreibt man denn ›Sperma‹? Jetzt läuft die Lehrerin schön langsam rot an, aber schließlich denkt sie sich, mein Gott, i muass ja auch Sexualerziehung geben, und beantwortet auch diese Frage. Nach relativ kurzer Zeit meldet er sich wie-der und sagt: Sie, ich hätt bittschön noch einmal eine Frage: Wie schreibt man denn ›Vorhaut‹? Jetzt wird's der Lehrerin aber wirklich langsam z' dumm. Jetzt sag einmal Maxi, was schreibst denn du eigentlich alls z'samm? Lies mir des einmal vor! – Der Maxi nimmt seinen Aufsatz und liest vor: Meine Sommerferien. Wenn wir sechs im Urlaub gen Italien fahren, sperr ma den Hund in den Kofferraum, damit's ihn net vorhaut.«

»Hahahaha«, lachte der Scherm Adi. »Aber kennst du den? Sag einmal, Mama, jetzt bin i schon sechzehn, darf i jetzt endlich einmal ei'n Lippenstift benutzen, meine Augenbrauen zupfen, mich ein bissl schminken, Dauerwelln machn lassn und einmal eine Spitzenunterwäsche kaufen? Nix da, hat die Mama gsagt, kommt gar net in Frage, Klaus-Uwe.«

»Jetzt reichts aber«, meinte der Alfons Igerl. »Erstens sind euere Witz älter als der Böhmerwald, und zweitns, wissts ihr denn überhaupt kei'n anständigen mehr? Da habn mir uns in unserer Jugend schon noch ganz andere lustigere Sachen verzählt. Kennts ihr den? Da fragt der Lehrer an Maxi: Warum kann man denn für Brillen kein Fensterglas verwenden? Und wissts, was der drauf gsagt hat? Hahahahaha, weil a Fensterglas viel z' groß und viereckig is. Hahahahaha.« Igerl schaute in die Runde. Als aber keiner seiner Stammtischbrüder mitlachte, meinte er: »Wissts ihr, warum man euch am Samstagabend keinen Witz erzähln kann? Net? Weil ihr dann erst am Sonntagvormittag die Pointe kapierts und beim Gottesdienst lachts. Hahaha. Aber jetzt zu ernsteren Dingen«, meinte er. »Dass mir fei ja von euch Saubärn keiner morgen solche schlüpfrigen Witz verzählt. Da kommt nämlich mein Cousin aus Tuntenhausen, und des is ein sehr sittenstrenger Mann. Des gilt auch für dich«, meinte er zur Kellnerin Maria gewandt, die gerade vorbeikam.

»Des brauchen S' aber mir net sagn, Herr Igerl, i hab noch nie einen Witz erzählt, mir langen die euern.« Am nächsten Tag kam dann der Vetter vom Alfons tatsächlich mit an den Stammtisch. Ein jeder

58

betrachtete ihn zunächst sehr distanziert und fast ein bisserl ängstlich: Aha, so schaut also ein Moralapostel aus. Als die Kellnerin vorbeikam und alle ihre Bestellung abgaben, meinte sie, zu dem neuen Gast gewandt: »Grüß Gott, ich glaube, Sie trinken nichts Alkoholisches, gell? Sie sind doch der Vorsitzende von dem Abstinenzler-Verein.«

»Ich?«, meinte der. »Nein, nein, das stimmt nicht, ich bin lediglich der Vorsitzende des Sittenausschusses.«

»Ach so«, meinte die Maria, »ich hab doch gwusst, dass da was is, was ich Ihnen net anbieten darf.«

»Aber, apropos Abstinenzler«, wandte sich der Vetter, der den schönen Namen Erasmus Weidenzeh trug, an die Stammtischler: »Wisst ihr, was ein Abstinenzler ist? Abstinenzler sind Leut, die die Sachen ohnehin net mögn, auf die sie verzichten. Im Übrigen sind die Abstinenzler meist willensschwache Leute, weil sie der Versuchung nachgeben, dass sie sich ein Vergnügen versagen. Abstinenz im Übermaß taugt auch nix, dann nämlich, wenn man vom Verzichten net gnug bekommen kann.« Im Laufe des Abends kam die Stammtischrunde dann mit dem Erasmus doch in ein recht nettes Gespräch. Da der Erasmus derselbe Jahrgang wie die meisten vom Stammtisch war, tauschte man natürlich Jugenderinnerungen aus. Vor allem über die Spiele, die sie seinerzeit als Buben gespielt hatten.

»Mei«, meinte der Erasmus, »könnts ihr euch net erinnern, mir habn damals als Buben immer platschget, also mit so kleine Blechplatten nach Tauben geworfen, des war no was, da haben mir kein teures

59

Spielzeug braucht, keine Computerspiele und so weiter.«

»Haha«, lachte der Pfanzelt Max, »platschgen, was meinen Sie, was mir immer machan, wenn a schöner Sonntag ist? Da trifft sich der Stammtisch regelmäßig unten an der Isar. Hättn S' net Lust, morgn bei am Spiel mitz'macha? I glaub, morgn werds recht schön.«

Der Erasmus sagte begeistert zu. Am nächsten Tag trafen sie sich um elf Uhr an dem traditionellen Platschgeplatz.

Als sie gerade mitten im Spielen waren, erstarrte der Alfons vor Schrecken. Da legten sich gar nicht weit weg zwei junge Mädchen zum Sonnen hin. Das Fatale aber war, dass sie beide auf ihr Bikini-Oberteil verzichteten.

Der Alfons versuchte den Erasmus auf alle möglichen Arten und Weisen abzulenken und beorderte den Pfanzelt Maxe immer wieder vor die beiden »Blickpunkte«. Nach relativ kurzer Zeit beendete der Alfons das Spiel, indem er sagte: »Also, seid mir net bös, i muass heut noch was bsorgn. Im Übrigen wolltn mir doch noch die Tante Ursl bsuachen im Altersheim. Der habn mir des doch versprochen.« Der Erasmus war gar nicht so begeistert, das Platschgen unterbrechen zu müssen. Er folgte dem Alfons aber dann doch. Auf dem Nachhauseweg druckste der schließlich etwas herum. »Also, wie hats dir denn gfalln, des Spiel?«

»Ja mei«, meinte der Erasmus, »des warn halt no Zeitn früher. Da is schon noch anders zuganga wia heut. Hast du im Übrigen jetzt in derer ganzen Zeit Kinder spieln sehn?«

»Nein«, meinte der Alfons, »i hab eigentlich gar net viel rumgschaut, i hab mich voll und ganz auf des Spiel konzentriert.«

»Da hättst wahrscheinlich auch keine entdeckt«, meinte der Erasmus traurig. »I hab rumgschaut, aber von Kinder keine Spur. Die sitzen um die Zeit bestimmt schon wieder vorm Fernsehapparat oder vor ihre Computerspiele. Ja, ja, es is halt nix wie früher mehr.« Und dann begann er seine nostalgische Klage.

Diese war dem Alfons nichts Unbekanntes, denn er selber gehörte auch zu denjenigen, die sich mit ihren Gedanken am liebsten in der Vergangenheit aufhielten. Der Erasmus schimpfte über die moderne Kunst, bei der nur noch eines verständlich wäre, nämlich die Signatur. »Aber, apropos moderne Kunst, wenn i mir da die früheren Kunstwerke anschau, die Venus von Milo beispielsweise.«

Igerl schaute ihn überrascht an, denn diese hatte ja bekanntlich nichts an. – »Also, wenn ich mir da die moderne Kunst betrachte«, schimpfte der Erasmus weiter, »da geht einer her, so ein moderner Bildhauer, und klopft und haut und meißelt auf so ei'm unbehauenen Klotz aus Stein oder Holz rum, solang bis er dann ausschaut wie ein unbehauener Klotz aus Stein oder Holz.« Der Erasmus steigerte sich richtig rein. ›Jetzt wird er dann gleich auf das Wesentliche kommen‹, dachte sich der Alfons. ›Dann wird er erst richtig loslegn. Herrschaft, wann mir nur net an d' Isar gangn wärn, i hätts ja wissn müassn.‹ Aha, jetzt schien er sich auf das Thema hinzubewegen. »Weißt«, meinte der Erasmus nämlich, »früher hat man fünf Mottenkugeln für ei'n Badeanzug braucht, heut langt eine Mottenkugel für fünf Badeanzüge. Aber apropos Badeanzüge«, meinte er und beendete das Gespräch augenzwinkernd zum Alfons Igerl gewandt, »weißt, was für mich persönlich der traurigste Unterschied zwischen früher und heut is? Meine Augn sind längst nimma des, was' früher einmal warn. Und heut beim Platschgen is mir des erst wieder richtig aufgfalln. Wenn i heimkomm, muass i gleich zum Augnarzt gehn. I brauch auf alle Fälle schärfere Gläser.«

Die Geburtstagsfeier

Angefangen hatte die Geschichte damit, dass Alfons Igerl eines Abends nach der traditionellen Donnerstags-Kegelrunde im Volkart-Eck bei seinem Beuscherl, das er fast immer dort zu schnabulieren pflegte, nach dem ersten Bissen innehielt, seine Nase etwas hochzog und sagte: »I weiß net recht.«

Als niemand seiner Kegelbrüder diese Gebärde zur Kenntnis nahm, probierte er nochmals und ganz bedächtig ein paar Löffel, setzte wieder ab, schob den Teller ein Stück zur Seite und fing erneut an: »Also, i weiß wirklich net.«

Der Pfanzelt Maxe, der dasselbe Gericht bisher in Ruhe gelöffelt und wie immer mit ein paar Brotbröckerln versehen hatte, schaute nun doch auf: »Was weißt net recht?«

»Is dir nix aufgfalln?«, wollte Igerl von ihm wissen.

»Wo aufgfalln?«

»Ja, beim Beuscherl da.«

»Was soll mir denn da aufgfalln sein?«

Igerl probierte wieder einen Löffel und wiederholte: »I weiß net, also i weiß wirklich net so recht.«

Als der Maxe weiteraß, schob Igerl ihm seinen Teller hin, mit der Aufforderung: »Da, probier einmal!«

Der Maxe schaute kurz auf und meinte: »Wieso, i hab doch selber eins.« Aber er holte sich dann doch einen halben Löffel heraus und beendete die Kostprobe mit einem lapidaren: »Ja und?«

63

Igerl schüttelte den Kopf: »Mir schmeckts heut jedenfalls net gscheit. Im Übrigen hat die Küche im Volkart-Eck in der letzten Zeit wirklich nachglassn.«

»Ja, ja«, höhnte der Maxe, »jetzt wirst dann gleich mit dem Spruch kommen, dass halt nix mehr wie früher is. Wenns d' mich fragst, bist du einfach zu heiklig worden.«

Vielleicht lag es an diesem Tag am Föhn, vielleicht auch an der vorher für beide nicht so erfolgreichen Kegelrunde, dass ein Wort das andere gab und der Pfanzelt Maxe am Schluss meinte: »Im Übrigen tät i in punkto Essen an deiner Stell ganz still sein, du kannst doch net einmal Eier kochn, weils d' meinst, je länger dass man s' kocht, desto weicher werdn s', ha, ha, ha.«

Igerl ging wortlos heim. Es gärte aber bei ihm weiter. »Wart nur, dir werd i 's schon zeign«, dachte er sich auf dem Nachhauseweg. Und da kam ihm plötzlich ein genialer Einfall. Beim Stöbern im recht bescheidenen Nachlass seiner jüngst verstorbenen Tante Walburga hatte er ein handgeschriebenes Kochbuch entdeckt. Die Erinnerung an die seltenen Einladungen bei der »Burgl-Tant« war nicht zuletzt deshalb so eindrucksvoll, weil die Walburga eine ausgezeichnete Köchin gewesen war. Vor ihrer Verehelichung mit dem Onkel Josef hatte sie in der Küche von der »Post« zu Indersdorf gearbeitet und da ihre Künste erworben. Er, Alfons Igerl, der Neffe, hatte nun die Geheimnisse dieses »weiblichen Schuhbeck« seiner Kindheit in Händen. Und er, der Blutsverwandte dieser Viersternetante, sollte nicht einmal Eier weich, beziehungsweise hart kochen können? ›Wart nur, Bürscherl‹, dachte er. Zu Hause angekommen, machte er sich sofort an die Lektüre dieses Schat-

64

zes. Ein bisserl schwierig war es zunächst schon, die reichlich unleserliche, teilweise sogar verblasste Schrift zu entziffern, aber nach einiger Zeit hatte er sich eingelesen, und ihm lief bei der Auffrischung seiner Gourmet-Erinnerungen das Wasser im Mund zusammen.

So begann er zu suchen, um seinen Plan zu verwirklichen. Richtig, das da war die Delikatesse, die die Tante damals zu seiner Firmung gekocht hatte, der Onkel Josef war ja sein Firmpate gewesen. Mit dem Vorgeschmack im Mund schlief Igerl ein. Bei der nächsten Kegelrunde ließ er so nebenbei verlauten, dass er am nächsten Donnerstag anlässlich seines Geburtstags die Runde zu sich einladen wolle. Die Kegler blickten erstaunt. Es war zwar so üblich, dass der jeweilige Jubilar in der Woche seines Wiegenfestes eine Runde ausgab, aber eine Einladung, noch dazu bei Igerl zu Hause, das hatte es noch nie gegeben. »Und zum Essen gibt's auch was«, fügte er mit fast feierlicher Stimme hinzu.

Dem Pfanzelt Maxe lag schon ein »weich gekochtes Ei« auf der Zunge. Er zog es aber dann doch vor, nichts zu sagen und sich einfach überraschen zu lassen. Wahrscheinlich würde der Alfons halt eine Reine Leberkäs präsentieren. Der Metzger Pracher vorn am Eck liefert ja das Brät in Folien, und man braucht das Ganze lediglich vorher in den Ofen stellen.

»Gar nicht so schlecht, wenn der Igerl dazu auch noch die guten Brezen vom Bäcker Eberl besorgt«, dachte er und schnalzte mit der Zunge. Der Donnerstag kam näher. Igerl hatte schon angekündigt, dass er nicht zum Kegeln kommen werde. Er müsse noch etwas erledigen. »Aber danach sehn mir uns ja bei mir! Gell.«

Zunächst hatte er ja die nötigen Zutaten schon am Mittwoch besorgen wollen. Aber da kam ihm der Besuch von seinem Vetter Eugen dazwischen, der gleich in der Früh geschäftlich in München zu tun gehabt hatte und den ganzen Tag bei ihm zubrachte. Aber der Donnerstag müsste ja leicht reichen. Nach eingehender Lektüre des ausgewählten Menüs entschloss sich Igerl, doch nicht wie vorgesehen vier Gänge vorzubereiten. Als erstes strich er die Nachspeise, weil doch der Zwick Alois Zucker hat und dies dann peinlich wäre. Zur Streichung der Vorspeise wurde er gezwungen, als er beim ganz genauen Lesen feststellen musste, dass ausgerechnet die wichtigste Mengenangabe unleserlich war. Aber es blieben ja immer noch die unvergleichliche Leberknödelsuppe und das herrliche Hauptgericht, die Rindsrouladen mit Salat. Man erspare mir die lange Schilderung der Zubereitung, die der Igerl jetzt in Angriff nahm. Niemand, der den Alfons Igerl kannte, hätte ihm eine solche plötzliche Liebe zur Kochkunst und eine solche Sorgfalt zugetraut. Er wog alles aufs Genaueste mit der besten Waage, die es gab – er hatte sie sich vorher bei seiner Nichte Gaby besorgt, die in der Marien-Apotheke arbeitet –, und berechnete die Mengen exakt auf die Zahl seiner Kegelbrüder. Besondere Liebe verwendete er auf die Zubereitung der Leberknödel, die geradezu ein Aushängeschild der Tante Walburga gewesen waren. Richtig, da fiel ihm ein, dass die Tante immer eine ganz besondere Majoranmischung verwendet hatte, die sie, wie sie mit Stolz erzählte, nirgends so bekäme wie beim Pföderl am Viktualienmarkt.

66

Den Pföderl gab es noch immer, und so fuhr Igerl sogar eigens noch schnell hin und besorgte das Tüpferl aufs i, die Spezialmischung. Alles lief bestens, nur mit dem Zeitplan klappte es nicht ganz.

Und als die Uhr schon weit vorgerückt war, fiel ihm ein, dass er den Kartoffelsalat ganz vergessen hatte. Jetzt noch Kartoffeln kochen! Das war ein Ding der Unmöglichkeit. In seiner Verzweiflung rief er schnell im Volkart-Eck an, wo man ihm dann auch eine Schüssel von dem Gewünschten lieferte. Jetzt konnte nichts mehr schiefgehen.

Pünktlich läuteten die Kegelbrüder. Der Maxe brachte wie jedes Jahr seinen Spezialspruch an: »Alles Guate zum Geburtstag, alte Wurschthaut. I wünsch dir halt, dass d' so alt wirst, wies d' schon ausschaust, ha, ha, ha.«

Und der Toni sang mit Gießkannenstimme nach der Melodie von »Wer das Scheiden hat erfunden« das von ihm selbst gedichtete Lied:

Ein jeder Mensch hat mal Geburtstag,
doch leider einmal nur im Jahr.
Hätt er ihn zweimal oder dreimal,
so wär dieses sonderbar.

Dann ging's zu Tisch. Eigentlich hätte Igerl es ja wissen müssen: Der Schorsch sagte sein obligatorisches: »Mei, hab i heut einen Brand.« Und so tranken sie alle miteinander zuerst einmal eine Halbe, dann nochmals eine auf das Wohl des Alfons.

Und der Toni gab auch noch die zweite Strophe zum Besten:

67

Ein jeder Mensch hat mal Geburtstag,
sogar im fernen Indien.
Doch brauchen wir so weit nicht gehen,
auch hier kann man ihn findien.

Dann erzählte der Maxe ganz beiläufig, dass er am Mittag in der Stadt den Weinberger Franz getroffen habe, und dass sie dann zum Essen in die »Hundskugel« gegangen seien. »Sehr gut und preiswert, muss ich sagen. Bloß die Leberknödelsuppn. Da wenn i dran denk. I mag ja Leberknödelsuppn an sich sehr gern, aber die habn da so ein Majoranzeug reingetan. Und mit Majoran kann man mich jagn.«

Alfons Igerl servierte den ersten Gang, die Suppe ohne Leberknödel. Ein wenig leer schmeckte sie schon. Aber der munter ratschenden Kegelrunde kam das offensichtlich gar nicht zum Bewusstsein. Unter der Suppe sang der Toni noch die dritte Strophe seines bisherigen, nicht sehr fruchtbaren dichterischen Schaffens:

Ein jeder Mensch hat mal Geburtstag,
doch ist vorbei zu schnell er gar.
Und bis man dann den nächsten feiert,
das dauert meistens dann ein Jahr.

Dann kam das Hauptgericht. Mit wie viel Liebe hatte es der Alfons gekocht! Immer wieder abgeschmeckt hatte er es, nochmals ein Stäuberl von diesem und jenem Gewürz zugegeben, bis er zufrieden war und sich im Geiste auf die Schulter schlagend bescheinigte, ein würdiger Neffe der Tante Walburga zu sein.

Aber was geschah jetzt? Die Kegelrunde ratschte und ratschte. Der Maxe hatte mit seiner Bemerkung, dass er in der »Hundskugel« gewesen war, in ein Wespennest gestochen. Jeder bemühte sich jetzt, seine Ess-Geheimtipps zum Besten zu geben.

»Also, in der Näh von Erding, da wohnt ein Baserl mütterlicherseits in Kirchasch, da isst man noch …«

»Aber net so guat wie in Igling. Die Schnitzel hängen übern Tellerrand. Net glogn. Und da stimmen fei die Preise noch …«

»Wer Wild mag, einem jeden des seine is' ja net, aber da weiß i in der Nähe von Etterschlag …« Und so ging's weiter, bis der letzte Bissen von der Rindsroulade aufgegessen war.

Der Abend verlief noch recht harmonisch. Auch ein zünftiger Schafkopf ging natürlich her. Und als es dann Zeit zum Pfüa-Gott-Sagen war, trug der Toni noch eine vierte Strophe seines Geburtstagsliedes vor, eine Welturaufführung, denn er hatte sie während des Abends getextet:

> *Ein jeder Mensch hat mal Geburtstag,*
> *doch ist es ganz besonders fein,*
> *wenn man zu Lebzeiten noch feiert,*
> *dann kann man selbst dabei noch sein.*

Ganz zum Schluss machte der Pfanzelt Maxe dem Igerl sogar noch ein ganz besonderes Kompliment: »Schön war's bei dir heut, Alfons. Und eins muass i dir sagn: An solch einen gutn Kartoffelsalat wie den deinen hab i schon lang nimmer gessn. Kompliment, Alfons, Kompliment!«

Katharina entdeckt den Löwenzahn

Katharina wohnt in einem großen Haus, mitten in der Stadt. Deshalb freut sie sich immer ganz besonders, wenn Herr und Frau Böhm, die nebenan wohnen, sie einladen, mit ihnen in ihren Heimgarten zu gehen. Die Böhms haben nämlich ein kleines Garterl am Rande der Stadt. Aber mit der Straßenbahn ist man ja gleich dort. Der Garten ist der ganze Stolz von Herrn Oskar Böhm. Er hat sich ein kleines Gartenhaus hineingestellt, in dem die Böhms auch bei schlechtem Wetter sitzen können. Im Garten gibt es drei Bäume, einen Apfel-, einen Pflaumen- und einen Nussbaum. Ein paar Sträucher, mit Johannis- und Stachelbeeren und ein paar Gartenbeete. Darin wachsen Rettiche, gelbe Rüben und viele wohlriechende Küchenkräuter, aber auch Blumen, wie Nelken, Tulpen und Astern. Neben den Beeten ist noch ein kleiner Rasen. Herr Böhm ist ein sehr ordentlicher Mensch und legt immer großen Wert darauf, dass in den Beeten kein Unkraut wächst. Er und seine Frau reißen, sobald sie ein solches sehen, es ganz schnell aus. Sie achten aber auch darauf, dass sogar auf dem Rasen nur Gras wächst. »Oh je, oh je«, hat Herr Böhm im Frühjahr gejammert und hat seiner Frau ein paar gelbe Blumen gezeigt, »ich weiß gar nicht, woher diese Löwenzähne schon wieder kommen. Ich hab doch das ganze Unkraut voriges Jahr herausgerissen.«

Katharina war ganz traurig, als sie das hörte. »Halt«, hat sie gerufen, »lassen Sie doch die gelben

70

Blumen wachsen. Die sind doch mindestens genauso schön wie die Sonnenblumen, die im Sommer bei Ihnen im Garten blühen. Sie sind nur etwas kleiner, aber fast noch gelber.«

Da ist der sonst so nette Herr Böhm fast ein wenig böse geworden und hat geschimpft: »Unsinn, Katharina! Das sind keine richtigen Blumen. Löwenzahn ist ein Unkraut. Außerdem gibt es das Wort ›gelber‹ überhaupt nicht. Farbe kann man nämlich nicht steigern.«

Katharina hat beides nicht begriffen. Warum soll eine Blume plötzlich ein Unkraut sein? Und warum soll man Farben nicht steigern können?

Dann hat sie aber Herrn Böhm gefragt, ob er ihr nicht den einen Löwenzahn am Rande des Rasens, den er noch nicht ausgerissen hatte, ausgraben könne und ihr in einen Blumentopf einpflanzen möchte. Da hat Herr Böhm schon wieder gelacht: »Ja, was willst du denn mit diesem Unkraut?«

»Ich möchte die schöne Blume mit nach Hause nehmen und auf meinen kleinen Balkon stellen«, hat Katharina geantwortet.

»So ein komischer Wunsch«, schüttelte Herr Böhm den Kopf, »Schau her, du bekommst von mir eine gelbe Narzisse. Nimm doch die in deinen Blumentopf mit.«

Als Katharina aber nicht nachgab, hatte ihr der Herr Böhm doch kopfschüttelnd den Wunsch erfüllt. Katharina ist ganz stolz mit dem Löwenzahn im Topf heimgekommen und hat ihn tatsächlich auf ihrem Balkon aufgestellt. Jeden Tag hat sie ihn gegossen und sich über ihn gefreut. Aber dann sind die schönen gelben Blätter ganz plötzlich abgefallen. Katharina ist traurig zu ihrer Mutter gelaufen und hat ihr das gezeigt. »Ja so ist das halt«, hat die gemeint, »alles, was blüht, muss auch wieder verblühen. Aber schau dir deinen Löwenzahn in ein paar Tagen an, dann wirst du etwas ganz Neues sehen.«

Katharina glaubte ihren Augen nicht zu trauen, denn der ehemals gelbe Löwenzahn sah nun wirklich ganz anders, fast lustig aus. Es war, als hätte er eine weiße runde Haube bekommen. Als Katharina genau hinschaute, entdeckte sie, dass diese Haube aus vielen, vielen kleinen merkwürdigen Dingern bestand. Vorsichtig zupfte sie eines davon ab und besah es genauer. »Du Mama«, rief sie, »das sieht ja wie ein kleiner Fallschirm aus.«

»Richtig«, nickte Mama, »und er kann auch genauso fliegen. Lass ihn mal vom Balkon herunterschweben!«

Tatsächlich, das merkwürdige kleine Ding flog ganz sacht davon, bis es Katharina aus den Augen verlor. »Mama«, rief Katharina, »das ist aber seltsam. Kannst du mir sagen, wie aus den gelben Blättern die weißen Fallschirme geworden sind? Das ist ja fast so wie bei dem Zauberer Pavodini, den wir das letzte Mal gesehen haben. Der hat doch plötzlich aus einem Regenschirm einen Blumenstrauß gezaubert. Aber wahrscheinlich hat er ihn vorher drin versteckt gehabt, ohne dass ich es gesehen habe. Meinst du, im Löwenzahn waren die Fallschirme auch versteckt?«

»Irgendwie schon«, nickte die Mutter nachdenklich, »aber ich glaube, der Löwenzahn ist ein viel größerer Zauberer als der größte Zauberer dieser Welt. Aber das Zauberhafteste will ich dir jetzt einmal zeigen. Schau

72

mal die Fallschirme ganz genau an. Siehst du auch die kleinen dunklen Punkte? Das sind lauter kleine Samen. Und aus diesen winzigen Samen kann, wenn sie auf die Erde fallen, im nächsten Jahr wieder ein ganz neuer Löwenzahn entstehen. Schau einmal, Katharina, siehst du irgendwo die neue gelbe Blume und die grünen Blätter schon in dem kleinen Punkt?!«

Katharina schaute ganz genau hin, aber sie sah natürlich davon nicht das Geringste. »Und der Herr Böhm, stell dir vor Mama, reißt so eine Wunderblume einfach aus und sagt das sei ein Unkraut.«

»Ach was«, lachte die, »meine Großmutter hat mir einmal einen sehr schönen Satz gesagt: ›Das beste Mittel gegen Unkraut ist das, es einfach zu seiner Lieblingsblume zu machen.‹«

Katharina hat über diesen Satz noch lange nachgedacht. Am nächsten Tag war die Haube des Löwenzahns nicht mehr so voll. Die Mutter erklärte Katharina, dass die Samen, wenn sie reif sind, beim kleinsten Hauch davonfliegen, um wieder neue Blumen zu werden. »Das gelingt aber nur wenigen«, erklärte sie, »viele fallen nicht auf eine fruchtbare Erde, und dann können sie nicht aufgehen.«

»Schade«, überlegte Katharina, »warum eigentlich nicht?«

»Ja«, meinte die Mutter, »schau dir einmal die vielen Samen an, wenn die alle aufgingen und in den nächsten Jahren wieder die Samen davon und all den Blumen, die durch sie entstanden sind, dann wäre die ganze Welt nur noch voll von gelben Löwenzähnen, und es gäbe keinen Platz mehr für andere Pflanzen und Blumen.«

»Aber ein paar von meinen Löwenzähnen sollen doch wieder aufgehen«, rief Katharina. »Ich werde die Fallschirme in Blumentöpfe geben.«

Schon heute freut sie sich auf die schönen gelben Blumen im nächsten Frühjahr und, weil Katharina immer irgendwelche Streiche im Kopf hat, überlegt sie, ob sie im nächsten Jahr nicht heimlich ein paar von den Pusteblumen in den Garten von Herrn Böhm mitnimmt und dort die Fallschirme einfach fliegen lässt. Vielleicht kommt er ja dann sogar auch noch einmal auf die gescheite Einsicht der Urgroßmutter und macht den Löwenzahn zu seiner Lieblingsblume.

Sportlich, sportlich!

Als der Rentner Alfons Igerl mit seinem Schnauzer Elvis zum Gassigehen rund um den Stock spazierte, bemerkte er schon von Weitem eine größere Menschenansammlung in der Volkartstraße. Dies war um die Nachmittagszeit ziemlich ungewöhnlich. Besser gesagt, nicht nur um die Nachmittagszeit, denn in der Volkartstraße war eigentlich nie viel los. Igerl, der schon seit undenklich langer Zeit hier wohnte, konnte sich nur daran erinnern, dass es über fünfzig Jahre her war, als damals auch ein Haufen Leute herum-, beziehungsweise angestanden waren. Und das war, als die Krämerin Elvira Weißmantel auf unerklärliche Weise in der Kriegszeit eine Lieferung von Waffelbruch bekommen hatte und sie in ihrem Laden für Brotmarken verkaufte. Aber die alte Frau Weißmantel ruht längst im alten Winthirfriedhof, und heute konnte Igerl mit Waffelbruch nicht einmal mehr seinen Schnauzer Elvis hinter dem Ofen hervorlocken. Da musste schon etwas anderes los sein.

Igerl näherte sich dem Volksauflauf. Um was es aber ging, entzog sich leider seinem Blick, denn da standen die Leute dicht gedrängt hintereinander. Keine Chance für Igerl, etwas zu erspähen, zumal er nicht gerade ein Riese an Gestalt war. Vordrängen war auch nicht möglich, denn die Menschen standen wie die Holzklötze vor ihm. »Standen« ist eigentlich zu wenig gesagt, sie standen auf Gartenstühlen, die sie

75

sich offensichtlich aus dem Garten der Wirtschaft »Belgrad-Grill« beschafft hatten. Früher hatte das Gasthaus noch »Volkarthof« geheißen und war von einem gewissen Korbinian Zenk bewirtschaftet worden. Igerl erinnerte sich noch gut, wie er seinem Vater in der Gassenschänke immer sein Bier geholt hatte. Nach dem Krieg hatte der Zenk dann sogar ein seltsames Gesöff namens Molke ausgeschenkt, das sein Vater bloß mit einem »Pfui Teufel« kurz gekostet und dann ausgespuckt hatte.

Igerl versuchte, sich ebenfalls einen Stuhl zu organisieren. Er fand aber lediglich noch ein höchst wackliges Exemplar in einer Ecke des Wirtsgartens. Als er sich auf das Gestell hinaufgeschwungen hatte, wobei es ständig zusammenzubrechen drohte, musste er zu seinem Bedauern feststellen, dass er immer noch nichts sah. Flugs organisierte er sich noch einen Bierträger, den er kunstvoll auf den windschiefen Stuhl legte. Gespannt erklomm er das Gestell, was, wie man sich vorstellen kann, gar nicht so leicht war. Zu seiner Enttäuschung sah er aber lediglich den Kopf eines Mannes, der offensichtlich für den Volksauflauf verantwortlich war.

Igerl begab sich nochmals auf die Suche und organisierte vorsichtshalber gleich einen weiteren Bierträger und zwei kleine Kisten. Gewandt baute er diese neuen Gegenstände zusammen, das heißt eigentlich aufeinander. Er stellte auf den ramponierten Gartenstuhl zuerst ein Biertragl, auf dieses diagonal das nächste und obenauf die Kisten. Und als nach mehreren vergeblichen Versuchen dies Konstrukt endlich zu halten schien, begann der schwierigste Schritt. Nur aus seiner inzwischen bis zum Höchstmaß entfachten Neugierde lässt sich die Kraxelei des Alfons Igerl auf seinen mehr als zittrigen Aussichtsturm erklären. Das Gebilde wankte zwar ein paar Mal so bedenklich, dass der Schnauzer Elvis mit eingezogenem Schwanz davonsprang, um beim Zusammensturz nicht getroffen zu werden. Aber die Mühe sollte sich lohnen. Als Igerl endlich den Gipfel erklommen hatte, sah er den Grund des Menschenauflaufs. Ein Artist hatte auf einen einfachen Gartenstuhl einige Kisten und Bierträger gestellt und balancierte vor den Augen der begeisterten Zuschauer darauf herum. Alfons Igerl schaute ihm eine Zeit lang zu, kletterte dann aber wieder von seinem Aussichtspunkt herunter, stellte Stuhl, Kisten und Biertragl an ihren Ort zurück. »Was sagst du jetzt dazu, Elvis?«, fragte er seinen Schnauzer. »Riskiert der gute Mann Kopf und Kragen wegen nichts und wieder nichts. Das wär das Meinige nicht«, murmelte er und setzte kopfschüttelnd seinen Spaziergang fort.

Vergebliche Leibesmüh

Eugen Obst hatte sich eine Reihe von Leib- und Magensprüchen zurechtgelegt, die er immer zitierte, wenn ihn jemand wegen seines Bäuchleins ansprach. Etwa: »Wer bis ins hohe Alter trinkt und isst, noch nie als Jüngling gestorben ist.« Sprach ihn jemand gar auf seinen Familiennamen an und empfahl ihm eine eher vegetarische Lebensweise, dann konterte er mit dem Ausspruch: »Den armen Viecherl die Nahrung wegnehmen, nein, das wär ja Tierquälerei! Und außerdem leben die Vegetarier auch nicht länger, sie schauen bloß älter aus.« Gelegentliche Ausflüge in Feinschmeckerlokale begründete er damit, dass er nach einem lukullischen Mahl wieder stärker an das Gute in sich glaube.

Da Eugen Obst Junggeselle war, gab es niemanden oder kaum jemanden, der ihm seine inzwischen vom Bäuchlein zum Bauch gewordene Körperfülle vorwarf. Man machte die üblichen Bemerkungen über ihn wie: »Gell, Eugen, jetzt kommst du bald rollend schneller vom Fleck als gehend.« Aber das kümmerte ihn wenig, und er brachte lediglich seine Standardsprüche an. »Man soll nicht gesünder leben, als einem gut tut.«

Alles änderte sich aber urplötzlich, als Eugen Obst die Bekanntschaft der Witwe Kraus machte, die ihm recht gut gefiel. Frau Kraus ihrerseits hatte auch nichts gegen Eugen Obst, vor allem wegen seines recht ordentlichen Beamtengehaltes nebst Pensionsanspruch.

Nur die Leibesfülle passte gar nicht so recht in ihr Schönheitsideal.

»Herr Obst«, meinte sie, Besorgnis über seine Gesundheit vortäuschend, »haben Sie nicht den Bericht in der Illustrierten gelesen, dass schlanke Leute viel länger leben? Wär doch schad, Herr Obst, wenn Sie nicht möglichst lang da wären.«

Er konterte mit: »Ach, wissen Sie, Frau Kraus, es kann schon stimmen, dass die Dicken nicht so lang leben, dafür essen sie aber länger, ha ha ha ha!«

Aber die Rosa Kraus ließ trotzdem nicht locker: »Aber Herr Obst, probieren Sie's doch einmal. Ein paar Pfünderl weniger, das müsst doch drin sein!«

Irgendwie hatte sie es schließlich geschafft, ihn bei seinem Ehrgeiz zu packen, und er fing an, regelmäßig in die Sauna zu gehen. Aber jeder weiß, dass die Erfolge desselben sehr vordergründig sind und man sich das Rausgeschwitzte innerhalb kürzester Zeit wieder anisst oder antrinkt. Und seine Fähigkeit abzunehmen nahm beim Zunehmen wieder ab.

Frau Kraus informierte sich ständig über die neuesten Schlankheitskuren. Und Obst probierte sie der Reihe nach. Spätestens nach ein paar Tagen wurde er aber wieder schwach, wenn er mitten bei der Nacht aufwachte und in einem Anflug von Heißhunger seinen Kühlschrank leer aß und leer trank. Am längsten hielt er wohl die Frühjahrskur durch. Aber der Starkbieranstich bereitete dem Versuch ein jähes Ende.

Frau Kraus ließ nicht locker. Seine neuerliche Ausrede: »Das ist halt bei mir Veranlagung«, konterte sie jetzt schon etwas bissiger: »Es ist noch kein Feister vom Himmel gefallen.« Sie brachte Kleie und Müsli

79

mit Entschlackungseffekt daher, verehrte ihm zum Namenstag Bionorm-Nahrung und Schlankheits-menüs. Die schmeckten dem Eugen Obst nicht einmal schlecht, wurden von ihm aber bald nur als Zwischen-mahlzeit verwendet. Eine Schrothkur im herbstlichen Allgäu brach er ab, als er im Radio die Übertragung vom Oktoberfestanstich hörte.

Trotz der Misserfolge der Kraus'schen Bemü-hungen wurde die Liaison immer enger, und schließ-lich wurde der Hochzeitstermin festgemacht. Rosa Kraus lächelte verschmitzt, als sie von Freunden auf die Erfolglosigkeit ihrer Abmagerungsbemühungen bei ihrem Zukünftigen angesprochen wurde: »Wartet nur ab, das kommt schon noch!«

Nach dem üppigen Hochzeitsmahl, bei dem alles aufgefahren wurde, was das Feinschmeckerherz höher schlagen lässt, überreichte Rosa ihrem Eugen ihr Hochzeitsgeschenk. Sie hatte monatelang recherchiert und war auf etwas Todsicheres gestoßen: einen Lehr-gang beim Guru Randa Krishan.

Eugen Obst versprach hoch und heilig, diesen Lehrgang zu Ende zu bringen. Und tatsächlich, nach ausgiebig genossenen Flitterwochen in Burgund – Besuch der einschlägigen Schlemmerlokale inbegrif-fen, versteht sich – begann der Frischvermählte mit dem Kursus. Und was niemand geglaubt hatte: Er hielt durch und schaffte den glücklichen Abschluss. Stolz präsentierte er seiner Rosa den Erfolg des Trai-nings: Durch die Yoga-Übungen hatte Eugen Obst seinen Körper so weit unter Kontrolle gebracht, dass er es inzwischen schaffte, Essen und Trinken im Kopf-stand einzunehmen.

Das Fitnessprogramm

»Habe die Ehre«, begrüßte der Pfanzelt Maxe seine Stammtischrunde im Volkart-Eck. »Habe die Ehre. Tut mir leid, dass ich heute ein bisserl spät dran bin, aber ich habe einen Besuch gekriegt. Darf ich vorstellen, das ist der Herr Almstetter. Ein guter Bekannter von früher. Habt ihr was dagegen, wenn er sich ein wenig zu uns hersetzt? Ausnahmsweise!«

Der Maxe wusste, warum er dieses »ausnahmsweise« sagte, denn es war ein ungeschriebenes Gesetz, dass man zum Stammtisch niemanden mitnimmt. Entsprechend skeptisch musterte die Runde den Begleiter des Maxe. Er war ein kleines Männlein, das einen drahtigen Eindruck machte und vor allem durch sein sonnengebräuntes Gesicht und die schwarzen Haare auffiel.

»Also, darf er sich hersetzen, der Herr Almstetter?«, fragte der Pfanzelt Maxe noch einmal nach, und ohne den Bescheid seiner Spezln abzuwarten, forderte er sein Mitbringsel auf: »Also, geh, setz dich her, Roger. Gehst am besten gleich einmal zum Igerl Alfons. Geh weiter, Alfons, ruck ein bisserl.«

Dieser tat, wie ihm geheißen, und der Roger setzte sich mit einer stummen Verbeugung zur Stammtischrunde. Er saß noch keine fünf Sekunden, da fragte der Pfanzelt Maxe ganz unvermittelt seine Spezln: »Wie alt schätzt ihr den jetzt?«

Diese blickten erstaunt auf und musterten den Roger.

»Also«, wiederholte er seine Aufforderung, »wie alt schätzt ihr denn den Roger? Wenigstens ungefähr.«

Als aber als einzige Antwort ein leichtes Schulterzucken zu sehen und ein gemurmeltes »Mei« zu hören war, schaute er noch einmal fragend in die Runde und sagte mit erhobener Stimme: »Also, ich will euch nicht länger auf die Folter spannen, draufkommen werdet ihr ja sowieso nicht. Schaut ihn euch noch einmal gut an. Und jetzt sage ich es euch: Einundsiebzig Jahre ist er, der Roger, gell, Roger.« Der Roger nickte stumm.

»Einundsiebzig«, wiederholte der Pfanzelt Maxe, »was sagts jetzt?«

Der Maxe hätte eigentlich seine Spezln gut genug kennen müssen, um zu wissen, dass nicht zu erwarten war, selbige würden unter erstaunten Rufen von ihren Sitzen aufspringen. Aber er war doch etwas indigniert über deren vornehme Zurückhaltung. Ihre Überraschung tat sich höchstens in einem leichten Hinaufziehen der Augenbrauen und in einem kaum vernehmbaren »Ah, geh« kund.

Leicht ungehalten schaute er in die Runde, fixierte jeden einzelnen einen Augenblick und sagte dann: »Hörts einmal, Kameraden, habt ihr euch eigentlich schon einmal im Spiegel angschaut? Jawohl, im Spiegel. So, und wenn ihr euch an den Anblick erinnern könnt, von eurem eigenen Konterfei, dann vergleicht es doch einmal in aller Ruhe mit dem vom Roger.« Er machte eine kleine Besinnungspause. »Ist euch etwas aufgefallen? Alle miteinander seids noch jünger, soweit ich weiß, zumindest ein paar Jahre. Aber schauts euch doch einmal gegenseitig an, zumindest, was eure Köpfe anbelangt. Alfons, Schorsch, Ade, Karli, schauts euch an. Und jetzt noch einmal den Roger. Fällt euch endlich was auf? Kein einziges ergrautes Haar! Wenn ich mir da eure grauen Köpfe anschaue. Dich nehme ich da natürlich aus«, meinte er etwas spöttisch zum Schorsch, »weil du hast ja weniger Haare wie ein Tischtennisball, und da kann mangels Masse ja auch nichts mehr grau werden. Der Alfons mit seinen paar Haaren wird dem Friseur ja auch bald mehr Geld für den Finderlohn als fürs Haareschneiden zahlen müssen.«

Jetzt langte es aber offensichtlich den Stammtischlern. »Ja, ihn schau an«, meinte der Schorsch, »ja, sag einmal, hast du eigentlich einen Spiegel daheim oder bist du so farbenblind, dass du glaubst, dein Salz-und-Pfefferschnauzer Nelly wär blond – ich könnt natürlich auch ein größeres Tier erwähnen –, dass du dich nicht mehr an die Beschaffenheit deiner Haare erinnern kannst. Ha, ha, ha.«

»Du, gell«, entgegnete der Pfanzelt Maxe, der grundsätzlich so leicht nichts übelnahm. »Aber ich gebe ja ganz gerne zu, dass mein Haarschmuck inzwischen auch etwas grau meliert ist.«

»Schon mehr grau als meliert«, spottete der Schorsch dazwischen.

»Gut, damit du Ruh gibst, aber um des geht's ja nicht. Ich wollte euch ja lediglich noch einmal verdeutlichen, dass der Roger für mich ein Phänomen ist, jawohl, ein echtes Phänomen. Einundsiebzig Jahre und noch nicht ein einziges graues Haar. Reimt sich fast. Hast du gehört, Alfons«, meinte er zu dem Gelegenheitsdichter. »Helga, eine dunkle Weiße«, bestellte er, als sich in diesem Augenblick die Bedienung nach seinem Trinkwunsch erkundigte. »Eine dunkle Weiße für mich, und für ihn, da bringst du ein Wasser, ein water, gell, Roger?«, fragte er, sich zu diesem hinwendend. »Jeggerl, oh mei«, erinnerte er sich plötzlich. »Ich habe euch ja noch gar nicht gesagt, dass der Roger aus Kanada stammt. Seine früheren Vorfahren waren einmal Deutsche, daher auch der Name Almstetter. Oder Olmstetter, wie man auf kanadisch sagt. Ja, ja, Kanadier ist er, der Roger. Deswegen habe ich ja auch ein wenig Verständnisschwierigkeiten mit ihm, obwohl ich ja noch ganz gut Englisch kann, von der Jenny her, die jetzt bei dem jungen Ehepaar neben uns als Au-pair-Mädchen arbeitet. Ein hübsches Mädchen im Übrigen, aber halt noch ein bisserl jung, ha, ha, ha. Also, wie gesagt, mit meinem Englisch geht es ja noch ganz gut, aber der Roger spricht nun einmal ein unsauberes Englisch mit einem typisch kanadischen Akzent, gell, Roger? Nichts für ungut, aber jetzt wäre ich beinahe von meinem Thema abgekommen. Ihr braucht selbstverständlich net meinen, dass es mit den Haaren vom Roger so eine Art Geschenk des Himmels ist. Ich sag euch eins: Es kommt nicht von ungefähr. Da steckt mehr dahinter. Der Roger hat da nämlich seine eigene Methode entwickelt. Davon bin ich überzeugt. Habt ihr beispielsweise schon gesehen, dass er absolut kein Bier trinkt? Im Übrigen überhaupt keinen Alkohol. Seit er da ist, nur Wasser. Selterswasser oder sogar Leitungswasser. Da brauchst du gar nicht ›Brrh‹ machen, Alfons«, tadelte er den aufgeschreckt schauenden Igerl. »Irgendwie komme ich ihm schon drauf, wie er es macht, dass er noch gar so schöne Haare hat. Er selbst rückt ja nichts raus. Aber wenn ich ihn danach frag, dann grinst er lediglich a bisserl vor sich hin. Aber ich pass ganz genau auf, was er tut und was er trinkt und isst, denn irgendwas muss es ja auf sich haben damit.«

Der Roger reiste nach acht Tagen wieder ab, und als der Pfanzelt Maxe wieder am Stammtisch erschien, fragte ihn Alfons Igerl: »Na, hast du's jetzt rausgebracht?«

Der Maxe tat etwas geheimnisvoll. »Direkt rauskriegt hab ich es nicht, aber ich habe es mir alles fein säuberlich notiert, was und wie er etwas gemacht hat. Praktisch den ganzen Tagesablauf vom Almstetter Roger habe ich notiert.«

Am nächsten Tag wachte Alfons Igerl durch ein schrilles, langgezogenes Läuten um sieben Uhr in der Früh auf. Verschlafen schaute er aus dem Fenster und sah zu seinem Erstaunen den Pfanzelt Maxe, der mit einem gelben Trainingsanzug angetan war, einen lila Schal um den Hals hatte und leicht auf der Stelle trabte.

»Ja, spinnst du jetzt total?«, fragte Alfons den atemlosen Frühsportler. »Du schnaufst ja wie eine alte Dampflok«, fügte er noch hinzu.

»Da würdest du auch schnaufen«, japste der, »wenn du in aller Herrgottsfrüh schon fünfmal um den Block gerannt wärst.«

»Fünfmal um den Block rum?«, fragte Igerl ungläubig. »Ja, und wer hat dir das angeschafft?«

»Angeschafft? Niemand«, meinte der Pfanzelt Maxe, »aber das ist mein neues Fitnessprogramm. Du kannst dich doch noch an den Almstetter Roger erinnern. Ich habe dir doch gesagt, dass ich seinen Tageslauf ganz genau beobachtet habe, und der ist fünfmal um den Block gelaufen. Das ist ein kleiner Teil von seinem Tageslauf gewesen.«

»Tageslauf«, kicherte der Igerl Alfons. »Ja pfui Teufel, mit so was den Tag oder die Woche anfangen. Das erinnert mich ja fast an den Räuber Kneißl, der an dem Montag, an dem er hingerichtet wurde, gesagt haben soll: ›Die Woche fängt ja schon gut an.‹ Ha, ha, ha.«

»Von wegen anfangen«, meinte der Pfanzelt Maxe. »Was meinst du, was ich heut, seitdem ich aufgewacht bin, schon alles an Fitnessprogramm hinter mich gebracht habe. Angefangen hat es mit einem halben Liter Grapefruitsaft mit einem Achtel Obstessig drin.«

Igerl schüttelte es. »Grapefruit und einen Obstessig? Und das auf nüchternen Magen?«, fragte er ungläubig.

»Nicht ganz«, schränkte Maxe ein. »Ich habe ja ganz vergessen, dass ich dir sage, wenn ich aufwache, dusche ich mich zehn Minuten eiskalt, und dann trinke ich einen Liter lauwarmes Wasser. Und dann kommt erst die Grapefruit.«

Igerl schüttelte es erneut. »Ja, um Himmels willen. Da wird mir ja vom bloßen Hören schon ganz schlecht. Sag einmal, macht es dir gar nichts aus?«

»Ich habe ja heute erst damit angefangen. Allein macht es halt nicht so viel Spaß, und deswegen habe ich mir gedacht, nach dem Motto ›Geteiltes Leid ist halbes Leid‹, ob du nicht mitmachst bei dem Programm. Deine ausgegangenen Haare werden dir zwar nicht mehr nachwachsen, aber wenn der verbliebene Rest in natürlicher Frische und Farbe aufscheinen tät, wäre das doch auch etwas. Und im Übrigen geht es dann eigentlich wesentlich angenehmer weiter, das Programm. Wenn ich jetzt heimkomme, folgt mein zweites Frühstück. Da gibt es schon etwas Besseres. Fünf rohe Eier, mit Brunnenkresse gewürzt, und dazu einen Brennnesselsaft.«

»Rohe Eier, Brunnenkresse und Brennnesselsaft«, wiederholte Igerl kopfschüttelnd.

»Ja, und danach lege ich mich eine Stunde hin und meditier ein bisserl und bring mich so in die richtige Stimmung für mein Yoga-Training.«

»Ach so, Yoga machst du auch noch?«, fragte der Igerl.

»Ja, selbstverständlich«, antwortete der Maxe. »Was meinst du, was du versäumst, wenn du jetzt nicht mitmachst. Übrigens, nach dem Yoga gibt es schon wieder etwas zum Essen. Schrotkerne und Kleie, zwecks den Ballaststoffen, weißt du. Und dazu ein wenig Hagebuttenmark. Dann schließt sich ein ausgedehntes Schwitzbad an. Darauf bekommt man dann einen großen Durst.«

»Da werden dir die Schlachtplatte und das Bier im Volkart-Eck gut schmecken«, meinte Igerl.

»Bier und Schlachtplatte?«, fuhr ihn der Maxe an. »Ja, bist du denn jetzt ganz narrisch geworden? Selbstverständlich muss ich doch strengste Diät halten und kann keinen Schluck Alkohol trinken, keine Zigarette rauchen, nur rein vegetarische Nahrung essen. Abends gibt's lediglich einen Joghurt und einen Sauerkrautsaft. Und wenn ich des alles gmacht hab, dann geh ich etwas früher ins Bett, damit ich am nächsten Tag in aller Früh wieder rauskomme zum neuen Programm. Also, was ist jetzt? Machst mit?«

Es gibt ein psychologisches Institut, das in jahrelangen Forschungsarbeiten nachgewiesen hat, dass es auch so etwas wie eine nonverbale Kommunikation gibt. Das heißt, dass man eigentlich nicht reden muss und trotzdem dem anderen zeigen kann, was man meint.

Das Institut hätte sich diese aufwendigen Untersuchungen sparen können, wenn es die nonverbale Antwort vom Alfons Igerl auf dieses Ansinnen hin beobachtet hätte. Das kurze Tippen des Zeigefingers an seine vom Rogerschen Geheimrezept noch nicht regenerierten grauen Schläfen und die Ausdruckskraft seines Blickes, der nicht ablehnender hätte sein können, falls ihn eine Kellnerin gefragt hätte, ob er zu seinen Weißwürsten Tomatenketchup haben wolle – all das genügte dem Pfanzelt Maxe vollauf, um zu wissen, dass er bei seinem Programm in Igerl keinen Sparringspartner haben würde.

Das hinderte ihn aber nicht, in den nächsten Tagen mit einem enormen Trainingsfleiß, den ihm keiner seiner Spezln zugetraut hätte, sein Programm abzuleisten. Bei den folgenden zwei Stammtischen hielt der Maxe Vorträge über alle möglichen Sorten von Tee, über Selleriesäfte, Kieselsäure und die Wirkung von Joghurt, den er selber nach altem bulgarischen Rezept züchte, und der, wenn er die volle Wirkung haben solle, rechtsdrehend sein müsse.

Einmal sah der Igerl Alfons, als er nach einem längeren Regenguss einen Spaziergang in die nahe Anlage machte, den Pfanzelt Maxe barfuß im Gras herumtapsen. Auf seine erstaunte Frage, ob er nostalgische Erinnerungen an seine Kindheit praktiziere, meinte der Maxe, dass das auch zu seinem »Roger-Programm« gehöre.

Es erübrigt sich die Feststellung, dass sich das Stammtischverhalten vom Pfanzelt Maxe total geändert hatte. Kein Schluck Bier mehr und keine Schlachtplatte, auf die er sich doch immer so gefreut hatte. Es spricht für die liberale Gelassenheit, die an dem Stammtisch herrschte, dass der Maxe nicht einmal mit einer Zeitstrafe belegt wurde, als er in einer Feldflasche Molke mitnahm und sie in einen Glaskrug füllte. Hin und wieder musste er sich natürlich schon die Frage gefallen lassen, wie es denn jetzt um seine Haarpracht stünde. »Sehen tut man noch nicht viel vom Kurerfolg«, stellten sie in gelegentlichen Abständen fest, »mit Ausnahme dessen, dass du immer dürrer und faltiger wirst!«

Die Kur währte genau 27 Tage. Als nämlich der Alfons am Abend des 27. Tages zum Stammtisch ging, sah er, dass der Maxe, der sonst immer zu spät kam, schon dasaß und mit einem »Aaaah, tut das gut« sein Weißbierglas leerte. Den Alfons Igerl traf fast der Schlag. »Ja, sag einmal«, fragte er, »was tust denn du jetzt da?«

»Das siehst du doch«, antwortete der Angesprochene. »Schmecken lass ich es mir.«

»Ja, und der Erfolg von der Roger-Kur?«, meinte Igerl.

»Ich habe es mir überlegt. Man darf nichts übertreiben. Außerdem habe ich gerade in der Illustrierten

89

von einer Befragung gelesen, aus der eindeutig hervorgeht, dass bei Frauen Männer mit grauen Schläfen wieder ganz besonders gefragt sind. Sogar bei jüngeren.«

Den wahren Grund für den Abbruch der Kur erfuhr Alfons Igerl allerdings erst zwei Tage später, als er im Friseursalon seine restlichen Haare zurechtstutzen ließ. Da fragte ihn nämlich sein Friseur Stein: »Sagen Sie einmal, Herr Igerl: Was ist denn eigentlich mit Ihrem Bekannten, dem Herrn Pfanzelt, los? Der war vorgestern bei mir. Und als wir so ein wenig geredet haben, da habe ich ihn gefragt: ›Wie geht es denn eigentlich dem Herrn aus Kanada, der bei Ihnen gewohnt hat?‹

›Woher kennen Sie ihn denn?‹, hat mich der Herr Pfanzelt gefragt.

›Ja mei‹, habe ich gesagt. ›Der war doch jede Woche bei mir und hat sich bei mir immer seine Haare färben lassen.‹ Daraufhin hat der Herr Pfanzelt geschrien: ›Mein Gott, bin ich ein Rindviech‹, ist aufgesprungen, hat mir das Geld hingelegt und gesagt: ›Jetzt muss ich schnell in die Wirtschaft. Ich habe nämlich schon seit einiger Zeit nichts Gscheites mehr gegessen und getrunken.‹«

WELTANSCHAUUNGEN

Falsche Idole

Verständlich, dass das Sprichwort »Irren ist menschlich« zu den beliebtesten gehört, ist es doch eine gute Ausrede. Auch Konrad Adenauers Wort, man brauche nicht immer den gleichen Standpunkt zu vertreten, denn niemand könne einen daran hindern, klüger zu werden, ist einer der meistzitierten Aussprüche. In der Tat ist es so, dass der Mensch Gott sei Dank immer wieder dazulernt und aus Schaden klug wird. Erich Kästner meint: »Man kann auf einem Standpunkt stehen, aber man sollte nicht darauf sitzen.« Wer den eigenen Standpunkt absolut setzt, ihn zum Prinzip erklärt, läuft leichter Gefahr, dass dies sogar zum Starrsinn wird.

Umgekehrt sollte aber auch ein Standpunkt wie der Gustav Knuths, dass derjenige, der einen Standpunkt lange genug vertritt, schiefe Absätze bekomme, nicht eine Ausrede für Standpunktlosigkeit werden.

Einen Standpunkt haben, bedeutet zweierlei: dass man zu einer Sache steht, auch zu den Fehlern, die man gemacht hat, aber dass man sich und seinen Standpunkt auch hin und wieder in Frage stellt. Und dieses Zu-etwas-Stehen und Sich-in-Frage-Stellen unterscheidet von Opportunisten, jenen Je-nach-Demikern, die den »Zeitgeist« mit dem »Heiligen Geist« verwechseln.

Besonders fragwürdig erscheinen dabei jene selbsternannten Schlageridole, die sich jeweils als Gewissen des Volkes fühlen und mit Vorliebe den Jugendlichen

Angst und Sorge einflößen, anstatt zu versuchen, auch Hilfe zur Lebensbewältigung zu geben. In vielen ihrer Gesänge ist die Gegenwart immer trist und die Zukunft voller Schrecken. Wie gut stünde es einigen an, statt alles auf die Umstände abzuschieben, bei sich selber anzufangen, vor der eigenen Tür zu kehren. Ich denke da vor allem an jene, die in der Drogenszene ihre Hand im Spiel haben, eine der für die Jugendlichen bedrohendsten Gefahren, weil dadurch ihre Zukunft wirklich zerstört werden kann. Es wäre wesentlich mutiger, aus eigener Erfahrung davor zu warnen und so zu einer kritischen Auseinandersetzung hinzuführen, als allenthalben irgendwelche Gespenster sichtbar machen zu wollen.

Ich achte und unterstütze jeden ehrlichen Versuch, auf Gefahren der Umweltzerstörung, auf Gefährdung des Friedens und der Freiheit, auch in Form von Protestliedern, aufmerksam zu machen, vermisse aber Sänger, die auf diese Drogenprobleme aufmerksam machen oder sich, wie man auch immer dazu stehen will, mit der Gefährdung des ungeborenen Lebens auseinandersetzen.

Manchmal wird man den Verdacht nicht los, dass sich solche »Proteste« weniger gut verkaufen lassen. Und einige »Wecker« der Nation verstehen es wirklich sehr gut, ihre Proteste zu vermarkten.

Der Erfolg, wenigstens der scheinbare, in der Kultur- und Medienszene scheint ihnen freilich recht zu geben.

Recht geben muss man aber auch Rudolf Rolfs, der einen solchen Opportunismus als »Sieg der Heuchelei auf ganzer Schlangenlinie« bezeichnet.

Der Kunstschuss

Was halten Sie von folgender Geschichte: Ein zufällig abgegebener Schuss prallt auf einen Stein, hoch auf einem Berg. Der Stein beginnt herunterzufallen und stößt dabei zufällig auf einen größeren Stein. Dieser löst bei mehreren Felsbrocken einen Fall aus. Einer dieser Felsbrocken stürzt mit Getöse ins Tal, zufällig genau in eine Ziegelei. Er schlägt auf einen Haufen Ziegelsteine. Der andere Felsbrocken fällt in eine zufällig daneben gelegene Zementfabrik und platscht in einen riesigen Zementtrog. Der Zement aus demselben ergießt sich in die benachbarte Ziegelei und kommt gerade in demselben Augenblick an, in dem der erste Brocken den Ziegelsteinhaufen genauso getroffen hat, dass er sich in Form eines Hauses aufschichtet. Der Zement fließt nun zufälligerweise genau zwischen die einzelnen Ziegelsteine, so dass ein festes Haus entsteht. Ein dritter Felsbrocken ist in einen Bergwald gerollt und hat dort mehrere Bäume gefällt. Diese rollen wiederum zufällig vom Berg, genau in ein Sägewerk und stürzen als zufälligerweise genau zugeschnittene Bretter just zum richtigen Zeitpunkt auf das gerade entstehende Haus. Durch Zufall fügen sie sich zu einem Dachgeschoß zusammen und bilden Tür- und Fensterstöcke ... Ein vierter Brocken fällt zufällig ...

Genug, was soll der Unsinn, werden Sie fragen. Die Geschichte wird für Sie bestimmt nicht glaubwürdiger, wenn ich behaupte, der Schuss wäre nicht zufällig abgegeben, sondern ein Schütze habe seinen Schuss genauso auf den kleinen Stein gezielt, weil er wollte, dass dieser eine solche Kettenreaktion auslöse. Er habe also – im wahrsten Sinne des Wortes – auf dieses fertige Haus abgezielt. Allenfalls im Märchen lässt man einen solchen Kunstschützen gelten, wo ja mächtige Zauberer immer wieder vorkommen. In der zweiten Version der Geschichte entsteht das Haus aber immerhin nach einem gewissen Plan, den der Zauberer schon im Kopf hat, nicht durch lediglich immer wieder auftretende Zufälle. Aber wie gesagt, keiner glaubt nur annähernd an die Wirklichkeit, weder der ersten noch der zweiten Geschichte. Interessanterweise kenne ich aber eine ganze Reihe von Leuten, die wohl kein Problem haben zu glauben, eine Art solcher »Schuss ins Blaue«, ein zufälliger »Urknall«, hätte auf vielen Zufallswegen unser Weltall mit all seinen Wundern im Großen und im Kleinen hervorgebracht. Und der kleinste Grashalm auf unserer Erde ist, wie man weiß, schon ein weit größeres Kunstwerk, als das Haus in unserer Geschichte.

Was aber den Kunstschützen anbetrifft, so muss derselbe, der diesen ersten »Schuss« abgegeben hat und der alles in dieser Großartigkeit werden ließ einschließlich Ihnen, der Sie jetzt diese Geschichte vernehmen, wohl jemand sein, dessen Schöpferkraft uns nur mit ständigem Staunen erfüllen kann.

Der Ziegenkonflikt

Seit langer Zeit führt zwischen Ziegenhausen und Bocksbrunn ein Steg über den Geißbach. Er ist so schmal, dass man nicht nebeneinander gehen kann und dass man auch kaum aneinander vorbeikommt. Wie es der Zufall wollte, trafen sich jüngst zwei Ziegen auf ihm. Die eine wollte von Ziegenhausen nach Bocksbrunn und die andere von Bocksbrunn nach Ziegenhausen.

»Aus dem Weg«, rief die erste, »ich muss schleunigst nach Bocksbrunn.«

»Aus dem Weg«, meckerte die andere, »ich muss ganz schnell nach Ziegenhausen.«

So schrien sie sich eine Zeit lang an, ohne dass eine bereit war, nur einen Schritt zurückzugehen oder auszuweichen. Da sich beide im Recht fühlten, liefen sie endlich aufeinander zu, stießen zusammen und ... fielen ins Wasser. Da könnte die Geschichte enden, und man könnte hier vielleicht schon ihre Moral ablesen.

Die Geschichte wurde nach kurzer Zeit publik, und die Presse von Ziegenhausen und Bocksbrunn stürzte sich auf dieses Ereignis. Wie es halt heute so ist, veranstaltete man über diesen Ziegenfall ein Hearing, eine Podiumsdiskussion, zu der Vertreter der einzelnen Parteien geladen wurden.

Diese nahmen das Ereignis zum Anlass, gezielt Wahlreklame für die bevorstehenden Gemeindewahlen zu betreiben.

»Ich bin der Auffassung«, äußerte der Vertreter der NG (Nationale Geißenschaft), »und habe schon immer gesagt, dass alles an einem fehlenden Heimatbewusstsein krankt. Würden wir uns mehr auf die Grundwerte unseres angestammten Bodens besinnen, käme es nicht zu solchen Ortsveränderungen und damit zu Zusammenstößen. Ein alter Grundsatz unserer Väter war immer: Bleibe am Ort und grase redlich.«

»Unsinn«, meinte der Vertreter der FFZ (Fortschrittliche Freie Ziegen), »die Meinung meines Vorredners zeugt wieder einmal von einer konservativen Einstellung. Meines Erachtens ist das Ganze ein Problem der Gesellschaft. Unsere Gesellschaft ist einfach nicht in der Lage, die Grundbedürfnisse unserer Ziegengenossinnen und Ziegengenossen zu erfüllen. Der Konflikt wäre nicht passiert, hätte man unseren Vorstellungen genügt und breitere Brücken gebaut.«

»Das sind doch nur faule Kompromisse«, meinte da der Vertreter der RB (Rote Böcke). »Ich bin der Auffassung, nur eine Revolution kann die Missstände beseitigen. Ziegen aller Länder, vereinigt euch und sprengt sämtliche Brücken, um auch der letzten Dorfziege ins Bewusstsein zu bringen, dass unser derzeitiges Ziegensystem ein Bockmist, ein Saustall ist.«

Über diese Meinungen entspann sich eine rege Diskussion.

Nur ein Beitrag blieb ohne jede Beachtung: Eine nicht organisierte Geiß fragte, ob es eventuell nicht möglich gewesen wäre, dass die Ziegen miteinander geredet hätten, einander ausgewichen wären oder eine am Ufer gewartet hätte.

Igerl und die Esoterik

Eigentlich konnte sich Alfons Igerl an ihn gar nicht anders erinnern, als dass er schwarz gekleidet war. Gemeint ist der Ernst Grauvogel, den sein Spezi, der Pfanzelt Maxe, gelegentlich an den Stammtisch mitbrachte. So wie er angezogen war, so war auch seine Denkweise. Grauvogel sah alles grau in grau bzw. sogar schwarz in schwarz. Dabei hatte er geradezu eine geniale Fähigkeit, überall etwas Negatives zu entdecken.

Igerl las einmal ein Zitat von Menckens und musste sofort an den Ernst Grauvogel denken, der geradezu eine Verkörperung dieses Spruches darstellte: »Es gibt Menschen, die, wenn sie etwas von Blumen hören, sofort nach dem Sarg Ausschau halten.«

Ja, der Ernst Grauvogel war ein Mensch, von dem man den Eindruck hatte, dass er unter mehreren Übeln keines missen wollte und dessen offenbar einziges Glück – wenn man dieses Wort im Zusammenhang mit ihm überhaupt gebrauchen darf – darin bestand, unglücklich zu sein. So gehörte zu seinen beliebtesten Aussprüchen, wenn er wieder einmal ein Unheil angekündigt hatte und es tatsächlich eingetreten war, mit Leichenbittermiene aber gleichzeitig triumphierend zu sagen: »Hab i net recht ghabt?« Igerl hatte auch den Eindruck, dass der gute Ernst keinerlei Hobbys hatte. Wenn die anderen Karten spielten, saß er allenfalls als Kiebitz dabei und erlebte da wiederum seine größte Freude, wenn er mit einem unterdrückten Seufzer feststellen konnte, dass derjenige, dem er über die Schulter schaute, die ganze Hand voller Nieten hielt.

So schien sein einziges Steckenpferd das Blasen zu sein. Nicht das Blasen eines Instrumentes, sondern das Trübsalblasen.

»Eins tät i ja ganz gern wissen von dir«, fragte ihn einmal der Alfons Igerl bei einem Stammtisch, »was du mit dei'm Geld machst. Junggesell bist, Hobbys hast keine, auf eine Wohnung oder gar ein Haus hast auch nie was gspart, weil du tätest dir ja höchstens einen Luftschutzbunker kaufen. Sag einmal, was machst jetzt du eigentlich mit dei'm Geld?«

Da musste der Alfons, was ihn aber eigentlich gar nicht überraschte, erfahren, dass der Grauvogel Ernst den größten Teil seines Lohnes für alle möglichen Arten der Versicherung aufbrauchte. Es gab fast nichts, wogegen er nicht versichert war, wobei er aber immer bei Gelegenheit auch anfügte, dass die Versicherungen ohnehin eigentlich nicht sehr viel helfen.

»Dann musst halt noch einmal eine Versicherung gegen die Unsicherheit von Versicherungen abschließen«, meinte der Pfanzelt Maxe einmal sarkastisch.

Kein Wunder, dass sehr oft witzige Dialoge zwischen den Stammtischlern und dem Grauvogel entstanden. Eines muss man ihm aber bescheinigen, auf den Mund gefallen war er nicht. So konterte er die Bemerkung »Dass d' fei ja net vergisst zu lachen« mit einem »Ihr lachts doch lediglich, damits vergessts«. Oder: »Der Unterschied zwischen euch und mir is der, dass ihr glaubts, wasts hofft, aber i glaub, was i fürcht.« Oder: »Ihr mit euerm Optimismus. Ein Optimist ist

99

lediglich ein Zeitgenosse, der ungenügend informiert ist. Ihr meints doch bloß, dass Schwarz gleich Weiß ist, und wenn ihr glaubts, dass ihr in der besten von alle Welten lebts, dann kann i grad sagen, das fürcht i auch. Wenn ich«, pflegte er zu sagen, »jemals ein Optimist wäre, dann würde ich ständig von den Ereignissen dementiert werden.«

Aber auch seine Spezl waren nicht auf den Mund gefallen. Und als der Ernst wieder einmal Klage erhob, dass es immer unmoralischer zugehe, meinte der Maxe: »Siehst, das is eben der Unterschied zwischen einem Pessimisten wie dir und ei'm Optimisten wie mir. Du fürchtest, dass 's immer unmoralischer zugeht, und i hoffs. Im Übrigen: Lieber ein Optimist, der sich manchmal täuscht, als wie ein Pessimist, der dauernd recht hat.«

Kurz und gut, Grauvogel war zusammengefasst ein Mensch, dem es schlecht ging, wenn es ihm gut ging, aus Angst, dass es ihm schlechter gehen könnte, wenn es ihm besser ginge. Das ging so manches gute Jahr mit dem Ernst Grauvogel. Man hatte sich schon durchaus an seinen Pessimismus gewöhnt und an die Tatsache, dass er ihn nicht fertigmachte, nur seine Umgebung, als plötzlich der Pfanzelt Maxe eines Abends – der Grauvogel Ernst war an diesem Abend gerade bei einem Vortrag über das Thema »Angst vor der Angst« – triumphierend mit einem Büchlein in der Hand erschien.

»Jetzt hab ich's«, rief er, »mir funktionieren unsern Ernst Grauvogel um, schauts her, was ich da hab.«

Auf dem Büchlein stand der Titel »Das neue Lebensgefühl – Optimist im Schnellkurs«.

100

»Habts ihr schon mal was von New Age gehört?«, wollt er wissen.

Die Stammtischrunde schaute ihn nur verwundert an. »Also i war da gestern Abend in einer hochinteressanten Runde, und das warn alles New-Ager. Wenn das stimmt, was die sagn, müssn mir alle umdenken. Net nur der Grauvogel Ernst, sondern mir alle miteinand. Ja, ja, du schon auch«, redete er auf den Alfons ein, der ihn mit großen Augen anschaute, »du schon auch, du alter Grantlhauer. Das New Age«, sagte er, »das versprech ich dir, macht einen völlig neuen Menschen aus dir.«

»Mir gehst«, meinte der Igerl Alfons, »da müsst i mich ja gwaltig umstellen, jetzt wo i mich so schön an den altn Igerl gewohnt hab.«

»Und was tät dann i«, raunzte der Schorsch, »i wär plötzlich neu, und dann käm i heim und hätt mei Alte. Da käm ja unser ganzes Familienleben durcheinander.«

»Da sieht man's einmal wieder, wie kleinkariert dass ihr seids«, tadelte sie der Pfanzelt Maxe. »Ihr sehts eben alles mit euerm engen begrenzten alten Horizont. New Age erweitert den Horizont und gibt den Blick fürs Ganze frei. Beschäftigts euch grad ein paar Mal intensiv damit, dann werds sehn, da gehn euch die Augn auf. Ihr sehts euch und die Natur in ei'm ganz andern Licht. Grad du, Alfons«, meinte er an den Igerl gewandt, »wost alle daumenlang über irgendein neues Zipperlein jammerst und das letzte Mal gesagt hast: ›Wenn man mit Siebzge aufwacht und es tut einem nix weh, dann kann man sicher davon ausgehn, dass man gestorben ist‹.«

101

Und er begann zu dozieren: »Jeder Mensch kann, wenn er nur bereit ist, über seine psychischen Probleme nachdenken und seine Psyche und Physis in Einklang bringen, Spannungen lösen, sein Leben grundlegend ändern und so zu einem liebevollen Leben in größtmöglicher innerer Harmonie finden. Mit New Age«, fuhr er fort, »kriegts ihr endlich einmal euer Unbewusstes und Unterbewusstes in den Griff.«

In diesem Augenblick erschien, von dem Vortrag zurück, Ernst Grauvogel.

»Heut bei der Nacht«, begann er sogleich zu erzählen, »hab ich eine seltsame Erscheinung gehabt. Ich bin in einer völlig chaotischen Landschaft gsessen. Alles um mich rum war kaputt, da hab ich eine Stimme ghört, und die hat gsagt: ›Lächle, Ernst, und sei froh, es könnte schlimmer kommen‹.«

»Das darf doch net wahr sein«, unterbrach ihn der Pfanzelt Maxe, »du wirst doch net sagen, dass du plötzlich so was wie eine Hoffnung im Traum erlebt hast, und dir jemand den Weg zum Optimismus aufzeigt hat?«

»Ja wenns ihr mich net ausreden lassts«, meinte der Ernst, »das ist doch noch weitergangen. Wie die Stimm gsagt hat: ›Lächle und sei froh‹, hab i tatsächlich gelächelt und versucht, froh zu sein. Und was soll ich euch sagn, es ist tatsächlich noch schlimmer kommen.«

»Sehts es jetzt selber«, meinte der Pfanzelt Maxe an die anderen Spezln gewandt, »so geht das mit unserm Ernst nimmer weiter. Jetzt verfolgte sein Pessimismus ihn sogar noch bis in den Traum rein. Aber pass auf, i hab was für dich, Ernst.«

Und er begann dem Ernst in beredter Form die Grundzüge seines neuen »New-Age-Glaubens« zu entwickeln: »Dein Leben ist ein Spiegel deiner Gedanken. Dein Aussehen, dein Beruf und deine Beziehung zu den andern sind durch sie geformt«, sagte er mit leicht singender Stimme. »Ein einfacher Weg, deine Gedanken anzuheben und damit dein Leben zu verändern, sind die ständig positiven Verstärkungen. Der wichtigste Weg dabei ist dein entspannter Atem.« Der Pfanzelt Maxe lehnte sich plötzlich in seinem Wirtshausstuhl zurück und machte das oberste Kragenknöpferl auf. »Pass auf«, meinte er weiter singend, »ich mach euch was vor.« Er schnaufte plötzlich tief ein und sagte dazu: »Hiermit hole ich dich, du Uratem des Lebens, du Urhauch allen Werdens in mich hinein. Ströme herein in meinen Kopf, in meine Nase, in meine Ohren, meinen Hals, meine Brust, die Bauchregionen!«

»Hihi«, meinte der Igerl leise kichernd zu seinem Nachbarn, »Bauchregionen sagt er plötzlich zu sei'm Ranzen.«

»Erfülle meinen Unterleib«, sang der Pfanzelt Maxe weiter, »meine Lenden, meine Gliedmaßen« – der Igerl Alfons kicherte wieder leise – »und wandere bis in meine Zehen, komm wieder zurück, Atem, durchströme mich als Ganzes.«

»Findst du, dass da herin im Volkart-Eck heut so eine gute Luft ist«, neckte ihn der Eisenburger Schorsch, »ausgerechnet, wo der Obst Erich heut schon seine drei Virginia graucht hat. Vielleicht sollte man doch wenigstens einmal kurz lüften für deine ›New-Age-Blaserei‹.«

»Da, lests einmal das Buch«, meinte der Pfanzelt Maxe und wies auf den mitgebrachten Band, »da finds auch eine kurze Heilung für eure ganzen Leiden drinnen. Es gibt fast keine Krankheit, wo man net mit dem neuen Bewusstsein heilen könnt.«

Der Maxe gab das Buch in die Runde. Alfons Igerl schlug es auf und kam auf das Stichwort Hämorrhoiden. Da stand: »Wenn Sie an Hämorrhoiden leiden, stehen Sie ständig unter Druck.

Sie kneifen aus Angst die Pobacken zusammen. Die Angst, etwas falsch zu machen, bestimmt Ihr ganzes Handeln. Heilungsmöglichkeiten: Suggerieren Sie sich selber, mit Ihnen und der Umwelt in Harmonie zu leben. Lassen Sie sich los. Beginnen Sie jeden Tag voller Zuversicht. Was auch auf Sie zukommt, begrüßen Sie es immer mit freudigem Herzen und voll Frieden. Sagen Sie, ich habe mich für das Glück entschieden und lebe in einem ständigen ewigen Hier und Heute des neuen Kosmos.«

Auch der Ernst Grauvogel las lange und intensiv.

»Da, weilst es du bist«, meinte der Pfanzelt Maxe, »i schenk dir das Bücherl. Ich besorg mir morgen wieder ein neues. Nimm's mit heim.«

In den nächsten Tagen geschah etwas Ungewöhnliches. Das Buch hatte den Ernst Grauvogel offensichtlich völlig umgedreht. Zuerst konnten es die Stammtischbrüder gar nicht fassen, als er im Volkart-Eck erschien, sie anstrahlte und sagte: »Ich bin eine kosmische Größe, ein seelisch-geistiger Magnet, der alles Gute anzieht. Ich bin ein Wunder des Lebens.« Immer wieder sprach er solche Sätze vor sich hin, gleich worüber sich auch immer das Gespräch drehte.

»Meinst«, fragte der Igerl einmal den Pfanzelt Maxe, der schon längst wieder von seinem neuen Hobby abgerückt war, »meinst, dass jetzt die Sechz'ger endlich einen neuen Mittelstürmer kaufen, höchste Zeit wird's.«

»Die Zeit ist mein«, new-agete da der Grauvogel Ernst, »ich bin Zeit, Zeit bin ich, Zeit ist Kosmos, Zeit durchströmt mich. Ich bin der Herr meiner Zeit, ich bin der Herr des Kosmos.«

Ja, es genügte irgendein Stichwort, um den Grauvogel sofort in volle »New-Age-Fahrt« zu bringen.

»Wie wärs«, meinte der Schorsch, »sollte man net einmal wieder am Nymphenburger Kanal zum Eisstockschießen gehn?«

»Alle Kanäle sind frei, alle Tore offen«, erklärte Grauvogel mit Singsangstimme, »ich bin mein Bewusstsein, ich schaffe mir einen neuen Himmel, eine neue Erde. Ich bin der Kanal, durch den sich die ständig kosmische Schöpfung vollzieht.«

»Jetzt hat's ihn vollkommen erwischt«, meinte der Pfanzelt Maxe.

Darauf der Grauvogel: »Ich bin vollkommen entspannt, gelassen, weich. Ich bin ich selbst. Ich bin das Licht, Liebe ist das Licht. Kosmische Weisheit bestimmt mein Handeln. Alles in mir ist Harmonie.«

So war es auch nicht verwunderlich, dass er eines Abends am Stammtisch verkündete: »Der Mensch lebt nicht vom Tod allein, ich hab im Bestattungsamt gekündigt und konzentrier mich jetzt ganz auf meinen neuen Beruf als Lebenshelfer.«

»Kann man denn von der Lebenshilfe leben?«, fragte der Igerl Alfons sarkastisch.

Das war aber dem Grauvogel Ernst inzwischen gleichgültig geworden, und er ging völlig in seinem neuen Denken auf. Das äußerte sich auch in seinem äußeren Auftreten. In der gerade stattfindenden »New Age«-Ausstellung hatte er sich total neu eingekleidet und neu möbliert. Anstelle seines dunklen Anzuges trat nun eine lichtblaue Bekleidung. »Ich verkörpere ganz und gar«, sagte er einmal, »an und in mir den Äther des Seins.« Dazu gehörte sogar eine esoterische Unterwäsche, die aus ganz spezifischen Fasern gewebt war. Um den Hals hatte er ein Band, an dem mehrere kleine Kupfergegenstände befestigt waren. Kupfer war überhaupt der Lieblingsschmuck des Ernst Grauvogel geworden. Er trug einen Kupferreif um sein linkes, sein rechtes Hand- aber auch Fußgelenk, hatte bei Wind und Regen Sandalen an und roch seit neuestem ganz merkwürdig.

Der boshafte Pfanzelt Maxe sprach ihn auf das hin an: »Du stinkst ja wie eine ägyptische Gruftschnalln, wo bistn du reingfalln?«

»Jeder Mensch hat seine ihm ätherisch zugewiesene Duftnote«, belehrte ihn Grauvogel. »Ich habe mich lang von einem Dianoetiker beraten lassen. Mit jedem neuen Atemzug sauge ich mich selber in meinem Duft ein, bewege also den kosmischen Kreislauf des Dufts, des Ein- und Ausatmens.«

Das Höchste aber war, dass er jetzt zu den Stammtischabenden einen merkwürdig geformten Stuhl mitbrachte.

»Aha«, meinte der Pfanzelt Maxe, wie er ihn das erste Mal damit sah. »Traust den Stühlen vom Volkart-Eck nimmer, seit der eine das letzte Mal unterm

106

Iltis Martin z'sammbrochn is. Aber da kann der Stuhl nix dafür, das liegt an dem seine drei Zentner.«

»Das is kein Stuhl«, belehrte ihn der Grauvogel, »das ist ein Meditationssessel, den brauche ich zu meinem mentalen Training.«

»Ja, und was trainierst jetzt da, ausgerechnet bei uns?«

»Ich denke über mein Sein auch während des Abends nach«, entgegnete Grauvogel. »Ich durchlaufe die Stufen meines Werdens und Vergehens, meines Auf- und Eingehens ins Sein, meine Geburt und Wiedergeburt.«

»Da magst Recht habn«, meinte der Igerl Alfons ganz bissig, »eine Wiedergeburt hast schon ghabt. Dass aus ei'm Unglücksraben ein Rindviech werden kann, hätt i nie glaubt.«

Aber das beleidigte den Grauvogel auf Grund seiner neuen Einstellung überhaupt nicht mehr. Im Übrigen hatte er seine Freunde gebeten, ihn nicht mehr Ernst zu nennen, sondern bei seinem zweiten Vornamen, den er bisher verschwiegen hatte. »Sagt einfach in Zukunft Hilarius zu mir, das ist lateinisch und heißt ›der Heitere‹.«

Die Lebensweise des Hilarius hatte sich nun total verändert. Er stellte umfangreiche Studien nach seinem Biorhythmus an und passte sein ganzes Verhalten demselben an bzw. versuchte sich und seinen Biorhythmus in Einklang zu bringen. Ja, er entsprach sogar dem neuesten esoterischen Schrei, wonach die Pyramidenform die kosmische Gestalt schlechthin wäre und richtete sich zu Hause richtig pyramidisch ein.

107

Weil es nun ziemlich unbequem gewesen wäre (wegen des den Pyramiden eigenen Spitzes nach oben) solche Stühle zu benützen, konstruierte er Sitzgelegenheiten und Tisch mit auf den Kopf gestellten Pyramiden. Den Mittelpunkt seines »New-Age-Lebens« bildeten aber nun die Horoskope, deren Weisungen er getreulich befolgte.

Freudestrahlend kam er eines Abends mit einem Pergament in der Hand an den Stammtisch.

»Jetzt hab ich's«, rief er triumphierend, »das hat mir der Guru Raschid seit einiger Zeit schon versprochen. Ich hab doch heuer den größten Glückstag in meinem Leben. Alles ist an dem Tag in völliger Synthese und kosmischer Harmonie. An dem Tag, das weiß ich aus meinen Studien, kann nichts schiefgehen. Es gelingt einfach alles, was man tut. Und jetzt weiß ich genau, wann das ist. Der nächste Sonntag, der 2.2. Der Guru hat mir auch gesagt, dass die Zwei meine Glückszahl ist, und das kann stimmen, denn ich bin auch an einem 22.2. in der Früh um zwei geboren. Wie ihr wissts, wohn ich auf Hausnummer 22 im zweiten Stock. Daheim sind wir zwei Gschwister gwesn.«

»Und«, so unterbrach ihn der Pfanzelt Maxe, der immer seinen Senf dazugeben musste, »zwei Eltern hast auch ghabt, einen Vater und eine Mutter.«

Der Hilarius hörte aber gar nicht hin und verkündete nur stolz, was ihm sein Horoskop für eben diesen Tag prophezeien würde: »An diesem Tag wird Ihnen alles glücken, setzen Sie voll auf die ›Zwei‹, und Sie werden Ihr Wunder, Ihr kosmisches Wunder erleben! Alle Elemente sind auf Ihrer Seite. Sie werden Sie in ihrer Fülle überschwemmen.«

Am 2.2. ging der Hilarius das erste Mal nach Riem und setzte 22.222 Mark auf das Pferd Nummer zwei. Er verlor alles, denn das Pferd wurde zweiter. Als er nach Hause kam, erlebte er seine zweite unangenehme Überraschung. Er hatte vergessen, das Wasser im Bad abzudrehen und so musste er eine zweite Erfüllung seines Horoskops feststellen. Das Urelement Wasser hatte seine ganze Wohnung tatsächlich überschwemmt. Ein paar Tage später erschien der Hilarius bzw. der Ernst, wie er sich ab jetzt wieder nannte, wie gehabt in schwarzer Kleidung.

Es ist ja eine bekannte Tatsache, dass man bei einem Rückfall in eine alte Gewohnheit dieser umso intensiver frönt. Von seiner heilen Weltsicht war der Ernst ein für allemal geheilt. Zunächst hüllte er sich weitgehend in Schweigen nach dem Motto: »I sag gar nix mehr, und des werd man ja wohl noch sagn dürfn.«

Bald begann er wieder mit seinen Unkenrufen, seinen Unglücksprophezeiungen und seinen Katastrophenmeldungen. Wo auch immer etwas Negatives geschah, der Ernst Grauvogel bekam davon Kunde und erzählte es weiter. Jetzt hatte er genug Zeit dazu, seine Kassandra-Antennen auszuspannen und aus dem Äther, den er ja inzwischen auch aus seiner New-Age-Zeit gut kannte, Schwarzmeldungen aufzunehmen, denn er hatte nach seiner Kündigung im Bestattungsamt ja keinen festen Job mehr. Ich überlasse es dem geneigten Leser beziehungsweise Zuhörer dieser Geschichte, seine philosophischen Reflexionen darüber anzustellen, ob nicht wenigstens auch auf so Unglücksraben wie den Grauvogel Ernst das Sprichwort zutrifft: »Seltener ein Schaden, wo nicht auch ein

109

Nutzen dabei ist.« Denn seit kurzer Zeit hat Ernst Grauvogel eine äußerst gut dotierte Stelle im öffentlichen Leben inne. Er darf in einem der zahlreichen Kabelprogramme als Nachrichtensprecher die Tagesereignisse verkünden. Und dieser Beruf ist ihm wie auf den Leib geschrieben. Das werden Sie doch zugeben müssen, bei den Katastrophen und Unglücksmeldungen, die uns tagtäglich erreichen.

Mille auf der Suche nach der Mitte

Auf ihrer Suche nach dem Sinn sah das kleine Krokodil Nili plötzlich ein ganz merkwürdiges Wesen. Es lief bald nach vorne, bald zurück, bald zur einen, bald zur anderen Seite, ja, es überkugelte sich, blieb stehen und lief wieder weiter.

»Hallo!«, rief Nili diesem Wesen zu. »Hast du einen Moment Zeit für mich?«

»Eigentlich schon«, keuchte dieses, »aber ich kann keine Ruhe finden.«

»Wieso kannst du keine Ruhe finden?«, fragte Nili. »Das ist doch ganz einfach: Hör halt auf, bald dahin, bald dorthin zu rennen.«

Jetzt sah Nili dieses Tier genauer an. Es hatte einen ganz dünnen Leib und eine Unzahl von Füßen. »Sag einmal, wie heißt du denn?«, fragte Nili.

»Ich bin Mille, der Tausendfüßler. Hast du noch nie was von uns Tausendfüßlern gehört? Wir sind die Tiere mit den meisten Beinen. Willst du sie nachzählen?«

»Oh nein«, lachte Nili, »ich glaube, ich kann gar nicht so weit zählen. Ich bin froh, wenn ich meine eigenen vier Beine zusammenzählen kann. Sag einmal, Mille, kannst du mir weiterhelfen auf meiner Suche nach dem Sinn?«

»Nach dem Sinn?«, fragte Mille erstaunt. »Ich weiß nur, dass ich auch etwas suche, aber ob das der Sinn ist, ist mir nicht klar.«

»Was suchst du denn?«

»Ach, weißt du«, meinte Mille, »ich habe lange Zeit ein recht beschauliches Leben geführt, obwohl ich mit meinen vielen Beinen natürlich sehr beweglich bin und schneller als viele andere Insekten vorankomme. Eigentlich habe ich nie etwas Besonderes gesucht, nur etwas Nahrung und etwas zu trinken. Aber das wurde eines Tages ganz anders. Ich weiß es noch genau. Es war an dem Tag, als ich dem Raben Knox begegnet bin. Zuerst hatte ich schrecklich Angst vor ihm, weil ich meinte, er würde mich fressen. Knox aber sah mich immer nur traurig an und meinte: ›Wenn ich dich sehe, bekomme ich einen richtigen Komplex. Schau her, ich habe nur zwei Beine. Ich kann zwar fliegen, aber so viel Beine wie du, das ist ja phantastisch.‹ – Nach einer Weile meinte er: ›Weißt du, was mich interessieren würde? Wie das Ganze eigentlich abläuft, wenn du gehst. Sag einmal, mit welchem Bein fängst du eigentlich an zu gehen?‹ – Das hatte mich noch niemand gefragt. Und ich überlegte lange, wusste es aber nicht. – ›Versuch es doch einmal‹, riet mir der Rabe. ›Ich schau dir zu und sage dir dann, welches Bein es ist, dann bist du über dich selber aufgeklärt.‹ – Da begann ich es zu versuchen. Aber in dem Augenblick, in dem ich überlegte, mit welchem Bein ich gehen sollte, hatte ich plötzlich Probleme. Bald setzte ich das eine, bald das andere in Gang, was zur Folge hatte, dass ich eigentlich gar nicht mehr richtig laufen konnte. Der Rabe Knox sah mir kopfschüttelnd zu. – Nach längerer Zeit bemerkte er: ›Hast du dir eigentlich schon mal überlegt, welch große Chance du von der Natur bekommen hast, dadurch, dass du so beweglich bist und so viele Beine hast? Dir steht doch die Welt offen, denn du kannst

112

erreichen, was immer du auch willst. Ich kann zwar fliegen, aber du kannst in die kleinsten Ritzen kriechen. Du
kannst in Windeseile einen Berg ersteigen. Du kannst,
wenn du willst, nach links, nach rechts oder geradeaus
laufen, wie dir zumute ist. Glaub mir, es gibt so vieles,
was sehens- und erlebenswert ist. Also, entdecke die
Welt, wenn ich dir einen Rat geben darf.‹ Dann flog er
von dannen. – Da begann mein Unheil. Was hatte der
Rabe gesagt? Ich sollte mich auf dieser Welt umschau-
en. Da vorne sah ich gerade eine interessante Blume,
von der ich glaubte, sie noch nie gesehen zu haben. Ein
paar meiner Beine liefen los, aber im selben Augenblick
entdeckte ich links von mir etwas Essbares, und rechts
von mir sah ich einen appetitlichen Tautropfen. Hatte
ich jetzt mehr Hunger oder Durst oder mehr Wissbe-
gierde? Ein paar meiner Beine liefen nach links, ein paar
nach rechts, einige vorwärts. Ich schlingerte plötzlich,
was mir noch nie passiert war, hin und her, ja, ich über-
schlug mich sogar. Sag einmal, hast du schon einmal
darüber nachgedacht, was man alles sehen, riechen und
schmecken kann, was es zum Essen und zum Trinken
gäbe?«

»Das ist richtig«, meinte Nili, »aber man kann
nicht alles zur selben Zeit tun.«

»Da schau her, da vorne«, rief Mille.

Aber kaum dass er weglaufen wollte, lief er auch
schon wieder zurück, rannte zur Seite, kugelte sogar
in eine kleine Furche, die am Weg war. »Hilfe, wie
komm ich da wieder raus. Oder soll ich unten bleiben,
oder nach vorne oder rückwärts?«, schrie er.

»Ich helfe dir«, sagte Nili und zog ihn sorgsam
nach oben. Schon begann er wieder loszurennen.

»Gib doch endlich einmal Ruhe«, mahnte ihn Nili.

»Nein, nein«, antwortete Mille, »ich suche, ich suche, ich muss etwas suchen, ich muss etwas entdecken. Mir steht die Welt offen.«

»Ich glaube«, meinte Nili, »du musst zunächst einmal wieder dich suchen.«

»Mich suchen?«, fragte Mille, hin und her trabend.

»Ja«, sagte Nili, »ich glaube, deine Beine wissen gar nicht mehr, dass sie zu dir gehören. Das heißt, dass dein Kopf, deine Beine, deine Augen und dein Leib zusammengehören. Versuch einmal, dich wiederzufinden. Ich glaube nämlich, du hast deine Mitte verloren.«

Da begann Mille plötzlich innezuhalten. »Die Mitte«, überlegte er.

»Die Mitte ist da, wo du bist«, meinte Nili etwas rätselhaft, »schau also, dass du zu dir selber findest. Erst dann kannst du die Welt entdecken.«

›Vielleicht‹, überlegte Nili im Weggehen, ›habe ich sogar von Mille etwas gelernt: Ich sollte auch einmal darüber nachdenken, wo ich meine Mitte habe.‹

Kunst

Also viel versteh i ja net von der Kunst, wissen S'. Aber wenn man heutzutag hört, dass man die Kunst ja eigentlich gar net verstehn kann, bzw. verstehn darf, weil des, was man versteht, ja eigentlich keine Kunst net is, bin i eigentlich ein richtiger Kunstexperte. Selbstverständlich darf einem des auch net gfalln, was Kunst is: Kunst muss schockieren, hab i glesn, aber was einem gfällt, des schockiert einen ja eigentlich net. 's letzte Mal war i in einem solchen modernen Theaterstück. Das muass man sagn: Sparsam sind s' ja, unsere Theaterdirektoren. Das Bühnenbild warn zwei Obstkistln und sonst nix. Und auch mit den Schauspielern habn s' gspart. Des war bloß ein einziger, der hat sich einmal auf des eine und dann auf des andere Kistl gsetzt und eigentlich bloß mit sich selber gredt. Da is mir des eingfalln, was mein Freund, der Pfanzelt Maxe, immer sagt: Am liebstn red i mit mir selber, weil i erstens einmal jemand hab, der wo mir net allerweil dazwischenredt und mich ausredn lasst, und zweitns hab i auch jemand, dem man selber gern zuhört, weil er was zum sagn hat.

Also verstandn hab i ja nix von dem, was der eine Dings, äh, der zweite Dings da gsagt haben. Aber des is ja, wie gsagt, des Künstlerische dran an einem Kunstwerk. Es gibt aber auch noch andere Kunstwerke. Letzt Mal hab i in einer Galerie gsehn: Zwölf Steine warn übereinander glegt, ganz einfache Zieglsteine und drauf is ein abgschabter Hut glegn und auf dem Hut drobn is ein Plastikbecher voll Margarine oder irgendwas gstandn. Richtig granzlt hat 's in der Näh. Abgesang heißt die Plastik, is im Katalog gstandn. Verstandn hab i s' ja bis heut wieder net, die Kunst. Des heißt, eigentlich schon ein bisserl, denn dann hab i glesn, dass der Künstler des Kunstwerk für eine dreiviertel Million verkauft hat. Und des is doch wirklich eine Kunst, oder?

Igerl und die Mundart

Angefangen hatte die Geschichte damit, dass Alfons Igerl bei der Familie Krankl zum Kaffee eingeladen war. Bei der Gelegenheit tauschte man auch Erinnerungen aus. »Sagen S' einmal, Frau Krankl«, wollte Igerl wissen, »i kann mich noch erinnern, dass ihr zwei immer bei so einer Laienspielgruppe in der Pfarrei Zwölf Apostel gspielt habts. Is da eigentlich noch was los? Jetzt hab i schon lang nix mehr davon ghört. Ich erinnere mich gern an die Aufführungen, weil's net der übliche bayerische Klamauk war, sondern eigentlich recht originelle Stücke, und vor allem net gschert, wie man's sonst oft sieht und hört. Aber was die Sprach anbetrifft, i muss sagn, des war eine richtig gepflegte, schöne Mundart, die wo ihr gsprochn habts.«

»Ja, ja«, meinte die Kranklin geschmeichelt, »da is nix gangen, da hat unser Spielleiter, der Hans Vogel, schon immer aufpasst, dass kein falschs Wörterl reinkommt. Na, aber, Herr Igerl, um auf Ihre Frag zurückzukommen. Mir zwei, mein Mann und ich, haben schon lang nimmer mitgspielt. Wissen S', seit mein Mann den neuen Posten hat und so viel unterwegs ist, kommen wir halt gar nicht mehr dazu, weil die Proben so viel Zeit in Anspruch nehmen. Schad is es schon irgendwie, denn wir zwei haben halt leidenschaftlich gern Theater gespielt.«

»Ja, das hat man gmerkt«, pflichtete ihr Igerl bei. »Und wie ist's mit euerm Buben? Hat er was geerbt

117

von den Eltern? Da wird sich der Lehrer auch freuen, wenn er jemand in der Klass hat, der wo ihm so schön bairische Gedichte aufsagen kann. Wie heißt er denn übrigens, Ihr Bua?«

»Den Torsten meinen S'«, erwiderte die Frau Krankl. »Ja, ja, der Torsten wär, glaub ich, nicht unbegabt, aber mit'm Bayrisch is bei ihm nix drin.«

»Was«, meinte Igerl erstaunt, »heißt das, dass Ihr Bub, der … Dings, gar nicht in Mundart redt?«

»Na, na«, schaltete sich jetzt auch der Krankl ein, »da habn wir schon aufpasst bei der Erziehung, da is nix drin beim Torsten.«

»Ja, wieso denn«, fragte Igerl zurück. »Geh, Herr Igerl, wo denken S' denn hin«, mischte sich jetzt wieder die Kranklin ein, »wissen Sie denn nicht, was man mit der Mundart alles anrichten würde bei den Kindern, zwecks den Bildungschancen und überhaupt.«

»Bildungschancen«, fragte Igerl zurück, »also das kapier ich jetzt net.«

»Geh, Herr Igerl«, belehrte ihn der Krankl, »kennen Sie nicht die ganzen Untersuchungen, wo sich rausgestellt hat, dass mundartsprechende Kinder erheblich schlechtere Rechtschreibnoten kriegen wie die andern? Und überhaupt, im Aufsatz und in Deutsch usw., wo man doch heute aufpassen muss zwecks dem Numerus clausus.«

»Ja, und«, meinte Igerl, »ich hab auch keine Einser ghabt im Rechtschreiben.«

»Eben, eben«, konterte die Kranklin, »eben weil Sie Mundart reden, und zwar eine ganz hagelbuchene, wenn ich mir die Bemerkung gestatten darf, Herr Igerl.« Igerl wusste nicht, ob er lachen oder weinen sollte. »Also, Frau Krankl, Sie sind guat, was reden dann Sie und Ihr Mann, der wo doch so schöne bairische Verse vortragen hat, is das vielleicht net Mundart? Wie hat denn übrigens der … Dings, euer Bub, dann Hochdeutsch gelernt, wo's ihr beide doch so bairisch redts.«

»Ja«, meinte die Kranklin plötzlich in Hochdeutsch, »das ist es ja eben, weil wir mit dem Jungen schon von Anfang an in der Schriftsprache gesprochen haben, ganz eisern, verstehen Sie, Herr Igerl.«

»Immer noch net ganz«, brummelte Igerl. »Heutzutage«, erklärte der Krankl, jetzt ebenfalls in Hochdeutsch, »heutzutage, wo man in der Schule auf die Zehntelnoten aufpassen muss, damit man nicht diesen Dingsda, den Clausus, von Anfang an verpasst, und den Kindern nicht dann schon das Medizinstudium verbauen würden täte, da ist die deutsche Sprache eine wichtige Angelegenheit. Und deutsche Sprache ist nun einmal eine hochdeutsche Sprache, wie man weiß. Und deswegen waren wir so interessiert, dass unser Torsten sehr, sehr viel liest, damit er gleich von vorneherein ein gutes Sprachgefühl entwickeln würde, täte, und sich literarisch fortbilden kann. Also auf keinen Fall etwas Mundartliches, das ist für uns tabu.«

Igerl war noch immer fast sprachlos. »Ja, und jetzt sagen S' einmal, der Dings, ich kann mir den Namen einfach net merken, der redt wirklich kein Wort Bairisch?«

»Wenn wir es Ihnen doch sagen«, meinte die Frau Krankl, »Herr Igerl, wir sind sogar richtig stolz, ich kann es Ihnen gerne beweisen: Torsten, Torstilein, tritt doch bitte ein, der Herr Igerl möchte dich gerne kennenlernen!«, rief sie. Der kleine Torsten erschien mit einem Comicheft in der Hand. »Geh, Torstile«, bat ihn die Mutter, »sag doch dem Herrn Igerl einen guten Tag.« Torsten schaute den Igerl mürrisch an, schüttelte den Kopf und meinte lediglich: »Schnauf, schnauf, schnotter, schnotter, umpf, umpf, krächz, krächz, boing, boing, boing«, und zog sich mit seinem Hefterl in der Hand wieder zurück. Diese Begegnung beschäftigte den Alfons Igerl nun doch eine Zeit, und er begann etwas intensiver über die Mundart nachzudenken, zumal er von dem ihm befreundeten Rektor Ziebold erfuhr, dass es auch in Münchner Klassen vorkommen kann, dass kein Kind mehr die bairische Sprache beherrscht. Und wenn auch der Lehrer eventuell nicht aus diesem Land ist, man sich, weil es doch in den bayrischen Lehrplänen steht, dass man Mundartgedichte durchnehmen soll, damit behilft, dass man irgendein Tonband vorführen muss. »Sauber, soweit is kommen bei uns«, dachte er sich. Er selber hatte eigentlich nie besonders über Mundart nachgedacht, denn er war der Auffassung, dass zu viel Nachdenken auch einer Sache schaden kann. Da gab es doch das Beispiel von dem Tausendfüßler, der gefragt wurde, mit welchen seiner Füße er zunächst geht und der dann einfach, weil er darüber nachdenkt, zu stolpern beginnt. Oder so ähnlich war's auch mit dem Fußballer vom FC Bayern, der zunächst einmal eine Menge Tore geschossen hatte, als ihm dann der Trainer Gramer mehr Technik beibringen wollte, und er über seinen angeborenen Torinstinkt nachdachte, brachte er es zwar auf den ersten Blick zu einer besseren Ballbe-

120

handlung und mehr Technik, aber dafür traf er kein einziges Mal mehr in die Kiste. »Was meinen Sie jetzt zu der ganzen Sache?«, fragte er bei der nächsten Begegnung den Rektor Ziebold, der gleichzeitig auch ein sehr bekannter Volkskundler war.

Ziebold hielt ein begeistertes Plädoyer für diese Sprache. »Wissen Sie, Herr Igerl«, sagte er, »es ist doch bekannt, dass man dann, wenn man einige Zeit nicht mehr die Mundart gesprochen hat, in der man aufgewachsen ist, in irgendeiner existenziellen Situation fast automatisch wieder diese Sprache spricht, weil es eben die Sprache des Herzens ist, die nicht über so und so viele Gehirnwindungen und Reflexionen verläuft. Das bedeutet aber alles andere, als dass es sich, wie man uns weismachen will, um eine primitive Sprache handelt. Im Gegenteil, in einer solchen Sprache liegt viel mehr Ausdruck als in einer recht flachen Hochsprache, die gerade in den Medien häufig gesprochen wird.« Ja, oder in der Sprache von dem Buben von den Krankls. Herrschaft, wie hieß er denn gleich, dieser Uwe oder Karsten oder ... ›Is ja egal‹, dachte sich Igerl.

»Mundart«, fuhr Rektor Ziebold fort, »ist eine Sprache des Gewachsenseins, der Tradition und Kultur.«

»Ja, und was sagen S' jetzt zu dem, was die Krankls mit dem Numerus Dingsda erzählt haben?«

»Absoluter Unsinn«, meinte Ziebold. »Durch viel mehr Forschungsergebnisse lässt es sich widerlegen als belegen, dass es so ist. Gerade die Eltern, die fordern, dass die Kinder mehrsprachig aufwachsen, sollten darüber nachdenken, dass das Kind zunächst einmal eine Sprache braucht, in der es sich heimisch fühlt, in der es zu Hause ist.«

»Ja, ja«, lachte Igerl, »heutzutag leben wir einfach in einer mehrsprachigen Welt. Was mir alles beherrschen müssen: das Amtsdeutsch, die Computersprache, die Modeworte, die Schlagworte, die Werbeslogans, die Fäkalsprache von manchen Theater-Dramaturgen, das Fachchinesisch, und unsere Kinder wie der Krankl-Schraz sogar die Sprechblasensprach von diesen Comics da.«

»So ist es«, meinte Ziebold, »und deswegen sollten wir auch froh sein, dass in unseren Lehrplänen der Mundart eine besondere Bedeutung beigemessen wird. Im Übrigen zeigt sich, dass viele bedeutende Schriftsteller in der Mundart zu Hause waren, nicht zuletzt der Dichterfürst Goethe, der eben sein Hessisch gesprochen hat. Ich jedenfalls meine, man sollte sich viel mehr einer natürlichen Sprache befleißigen und keine Scheu haben zu reden, wie einem der Schnabel gewachsen ist. Eine solche Sprache könnte der Gefahr unserer schlagwortreichen Zeit etwas entgegenwirken. Wir werden ohnehin immer mehr von Worthülsen erschlagen, und es wird immer mehr geredet, ohne dass man etwas sagt. Schauen Sie, Herr Igerl, ich hab mir da ein Zitat von unserem Mundartdichter Max Dingler gemerkt, der sagt: ›Der bayrischen Sprache ist eine Anschaulichkeit und Bildkraft zu eigen, die diese Mundart zu den schönsten Kulturgütern deutschen Wesens macht.‹ Nehmen wir doch gleich ein paar Beispiele her, wo sich zeigt, dass die Mundart auch heute noch mitdenkt und immer wieder neue lustige und anschauliche Bilder hervorbringt. Zu jemand mit einem hohen Intelligenzquotienten sagen wir: Der is hell auf der Platten. Jemand, der im Kopf nicht mehr richtig ist, der hat ein Radl z' viel. Wie dürftig hört sich oft in der Schriftsprache an, wenn wir Eigenschaftswörter gebrauchen wie: sehr dick, sehr dünn, sehr eben, sehr brav, sehr lustig. Hört sich des nicht besser an, wenn man sagt: Er is zeckerlfett, zaundürr, das is bretteleben, die is kreuzbrav, schnackerlfidel, mucksmäuserlstill, pumperlgsund usw. ...«

Da kamen auch dem Igerl eine ganze Reihe von Beispielen in den Sinn, dass man zu einem Mann mit einem etwas dickeren Bauch sagt: dem sein Hendlfriedhof, zum Sekt hupferts Wasser, und zum kleinen Männchen ein Grischperlmanderl, zu jemand, der gern tanzt, der tanzt wie der Lump am Steckn. Die ganzen Nuancierungen bei Liebkosungen, aber auch bei Beschimpfungen fielen ihm jetzt ein, die der Herbert Schneider so herrlich in seinem Schimpfwortbüchl eingefangen hat: der Grantlhauer, die Zwiderwurzn, und so weiter, und so fort ... Wenn man da an das Kauderwelsch dachte, das sich manche Fernsehsprecher leisteten, die nicht einmal richtig Deutsch können, weil sie immer noch Schemie, Schina und Schirurgie sagen. »Da haben Sie recht«, meinte jetzt der gescheite Rektor Ziebold. »Wissen Sie, Herr Igerl, mir ist dann schon lieber Plattdeutsch oder Kölsch, als wie des ›Tschüßchen‹ oder ›der Tach‹. Von mir aus dann gleich eine ganz fremde Sprach.«

Igerl war jetzt richtig motiviert und besserte als Erstes beim Abendessen im Volkart-Eck in der Speiskarte beim Schweinebraten das ›e‹ zu einem ›s‹ aus. Bei der Nachspeise strich er die Schlagsahne und den

Quark durch und schrieb Rahm und Topfen dafür hin.

Wie's der Zufall so will, entdeckte der Igerl Alfons zu Hause in seiner Hauszeitschrift, der Altbayrischen Heimatpost, einen Hinweis auf eine Veranstaltung über bairische Mundart in Feldafing. Und da er an dem Wochenende gerade Zeit hatte, fuhr Igerl mundart-bildungsbeflissen zu dem Vortrag, den der neue Lehrstuhlinhaber für bayerische Literatur hielt. Ein bisserl resigniert ist er dann schon wieder heimgefahren, denn er hat erfahren müssen, dass er als gebürtiger Münchner eigentlich gar keine richtige bairische Mundart spräche. Seine A-Laute wären zu dumpf, seine E-Laute zu stumpf, und auch mit den Is würde es nicht ganz stimmen.

Das hätte er aber noch verkraftet. Am meisten zu schaffen machte ihm, dass der Referent, der ihm die richtige bairische Sprache beibringen wollte, Uwe Kneese hieß und erst vor einem Jahr aus Bielefeld nach München an die Universität berufen worden war.

Dass Alfons Igerl dann doch nicht, was die Mundart anbelangt, in tiefe Resignation verfiel, verdankte er einer einwöchigen Seniorenfahrt, die seine Pfarrei nach Griechenland veranstaltete. Da saß er nämlich in einer Taverne an irgendeinem kleinen Küstenort im südlichsten Teil des Landes und rätselte mit seinem Spezi, dem Pfanzelt Maxe, herum, was das wohl für ein Gericht sei auf der Karte.

Der schwarz gelockte Ober mit dem klassischen griechischen Profil bemerkte die Unsicherheit des Alfons, schaute ihm über die Schulter und meinte im ursprünglichsten Bairisch: »Das kann i Ihnen schon sagn, das is so was Ähnlichs wie Fleischpflanzl, bloß dass keine Semmel drin is.«

Und auf Igerls verwunderten Blick meinte er: »Gell, da schaun S'? I hab ein paar Jahr in Erding als Gastarbeiter g'arbeitet. Wenn wir uns hie und da treffn, a paar Spezln, die wo auch in der Gegend warn, na redn mir halt wieder Bairisch. Wissen S', denn eine solch schöne Sprach is wert, dass s' auch woanders gredt werd, sogar bei uns im tiefsten Griechenland.«

Wer den Kopf hängen lässt, sieht nicht viel

Kennen Sie die schönen Sprüche »Lieber Gold in der Kehle als Silber im Blick«, »Lieber Haar in der Suppe als Suppe im Haar«, »Lieber 100 Euro im Safe als 100 000 im Eimer«, »Lieber einen Koffer in Berlin als den Führerschein in Flensburg«, »Lieber Rosinen im Kopf als Haare im Kuchen«, »Lieber den Schalk im Nacken als die Faust im Genick«, »Lieber eine Fünf in Mathematik als gar keine persönliche Note« usw.?

Gott sei Dank sind diese Sprüche wieder stärker in Mode gekommen als jene Unheilssprüche, die man noch vor einiger Zeit an Wände sprühte und auf alle möglichen oder unmöglichen Stellen kritzelte. Auch wenn man ihnen keine zu tiefsinnige Bedeutung beimessen möchte, ist hier eine positivere Lebenseinstellung spürbar, als da, wo man die Welt nur Grau in Grau malte und nur das ernst nahm, was von einem unmittelbar bevorstehenden Weltuntergang kündete. Gewiss, in diesen Sprüchen taucht so etwas wie Galgenhumor auf. Aber für diesen Galgenhumor braucht es zumindestens mehr Welterfahrung und Weltverständnis, als wenn man die Welt als Ganzes von vornherein ablehnt oder sie als die schlechteste aller möglichen betrachtet. Die schlechteste aller Weltanschauungen ist nämlich, die Welt überhaupt nicht anzuschauen. Und man muss auch nicht meinen, schon eine Weltanschauung zu besitzen, wenn man nur kurz einmal auf den Globus geschielt hat. Es wäre sicher unkritisch, wollte man den Optimisten als denjenigen bezeichnen, der die Welt allein richtig sieht. Sie wissen ja, »der Optimist glaubt, dass wir in der besten aller möglichen Welten leben, und der Pessimist befürchtet, dass das stimmt« (Friedrich Joloff). Oder: »Ein Optimist ist ein Mensch, der ohne Geld in der Tasche Austern bestellt – in der Hoffnung, von den gefundenen Perlen die Zeche bezahlen zu können.« (Ugo Tognazzi). Sicher muss man in einer gewissen Weise auch John B. Priestley Recht geben, der sagt: »Ein Optimist ist in der Regel ein Zeitgenosse, der ungenügend informiert ist.« Aber hat nicht auch Jean Marsac recht, wenn er vom Pessimisten sagt: »Der Pessimist ist der Mensch, der sein Leben lang zittert, dass der Optimist recht haben könnte.« Eines aber ist wohl sicher, wer ständig den Kopf hängen lässt, sieht selten viel, und wer verbessern will, muss auch einmal ein frohes Lied auf den Lippen haben und nicht nur Trübsal blasen. Wer aber gar erziehen will, der darf die Welt und die Menschen nicht von ihrer schlechtesten Seite her betrachten. Im Gegenteil: »Wer die Menschen für gut hält, macht sie besser«, stellt Helen Keller fest.

Die Welt ist weder eine total heile noch eine absolut unheile. Hans Habe meint: »Die Welt ist zu einem Prozent schlecht und zu 98 Prozent neutral. Deshalb kommt es darauf an, was jeder Einzelne tut.« Treibstoff für dieses Tun liefert aber garantiert nicht die Resignation, sondern das Bemühen, in allem wieder etwas Gutes zu sehen. Wie heißt der schöne Spruch, den man leider viel zu wenig hört: »Ein seltener Schaden, wo nicht auch ein Nutzen dabei ist.« Und sogar dem Haarausfall kann man positive Seiten abgewinnen, wie ich das in einem Spruch in einem Friseurladen las: »Ärgern Sie sich nicht, wenn Ihnen die Haar ausfallen. Stellen Sie sich vor, Sie müssten gezogen werden wie Zähne.« Im Übrigen ist wohl der gescheiteste Spruch über Optimismus und Pessimismus der von Charly Rivel: »Der Optimist hat nicht weniger oft unrecht als der Pessimist, aber er lebt froher.« Und das, so meine ich, spricht doch wohl eher für eine optimistische Weltanschauung.

Eingeschaltet

»Also, ich weiß nicht«, entgegnete Alfons Igerl, als seine Freunde am Stammtisch im Volkart-Eck wieder einmal über die letzte Fernsehsendung diskutierten, »also, ich weiß nicht, was ihr immer habt mit dem Fernsehen. Bei mir zu Hause spielt der Kasten fast gar keine Rolle. Fernsehen ist doch nur Kaugummi für die Augen«, sagte er. Igerl hatte diesen Satz vor nicht allzu langer Zeit in einem Kalender gelesen. Dann geriet er geradezu ins Philosophieren. »Überlegt euch doch einmal: Ganz früher haben die Menschen nicht lesen und schreiben können, und da haben sie sich mit Bildern verständigt. Daraufhin haben sie die Bilderschrift erfunden, wo es für jedes Wort ein eigenes Bild gegeben hat. Dann die Silbenschrift und dann die Buchstaben. Jahrtausendelang hat dieser Bildungsvorgang gedauert. Von den Bildern über die Hieroglyphen, die Keilschrift und das Alphabet bis zum heutigen Tag. Und jetzt sitzen die Leute wieder stundenlang vorm Bildschirm. Weit haben wir es gebracht«, brummelte er vor sich hin. Und weil er gerade einmal so richtig im »Granteln« drin war, schimpfte er gleich weiter: »Das ganze Familienleben ist durcheinander geraten mit diesem Fernsehen. Der Familienkreis ist zu einem Halbkreis vor der Glotze geworden. Für mich ist Fernsehen lediglich eine aktive Form der Faulenzerei. Schaut euch doch einmal die Sportsendungen an: Früher sind wir wenigstens noch auf den Fußballplatz gegangen. Heut sind die meisten schon dazu zu faul und warten nur mehr, dass ihnen das Spiel frei Haus geliefert wird. Der einzige Sport, den die meisten treiben, ist doch, dass sie ein Bierflascherl aus dem Keller holen, und die Kaubewegungen, die sie mit den Erdnüssen und Salzstangen machen. Lediglich in den Fingern bekommen einige noch ein paar Muskeln, weil sie ständig zwischen dem ersten, zweiten, dritten Programm und den diversen Privatsendern hin und her schalten auf ihrem Fernbediener. Der Fernbediener ist ohnehin der Schalthebel der Faulheit. Früher ist man einmal an den Apparat gegangen und hat ihn ausgeschaltet. Heute schaltet man lediglich noch um. Da ist mir mein Radio«, so schloss er seine Schimpfkanonade, »doch noch lieber.«

»Ganz so schlimm, wie du sagst, ist es ja nicht«, meinte sein Freund, der Pfanzelt Maxe, im Anschluss an diesen längeren Monolog, »aber irgendwie hast schon recht. Für manchen ist das Fernsehen eine richtige Seuche geworden. Ich für meine Person schaue ja ganz selten in den Kasten. Für mich ist einfach bei dem ganzen Programmangebot zu wenig dabei«, stellte er leicht überheblich fest. »Ich mach mir mein eigenes Programm selber.«

»Ach so, du meinst Video?«, fragte der Eisenburger Schorsch dazwischen.

»Ach wo, wo denkst du denn hin? Video ist doch auch nichts für mich«, entgegnete der Pfanzelt. »Ich mein die Telespiele.«

Alfons Igerl schaute ganz erstaunt auf. Der Pfanzelt Maxe erklärte ihm, dass es heutzutage eine ganze Menge Telespiele gebe, dass man da nur ein kleines Gerät brauche und dann auf dem Bildschirm Fußball,

130

Hockey, Tennis spielen könne, sogar Radrennen und Autorennen und vieles mehr sei möglich. Fast alle Sportarten könne man zu sich ins Wohnzimmer holen und sogar mit Freunden und Bekannten kleine Meisterschaften austragen. »Komm doch einmal bei mir vorbei. Dann zeig ich es dir«, lud ihn der Maxe ein.

Das ließ sich Igerl nicht zweimal sagen; am Samstag rückte er in der Wohnung des Pfanzelt Maxe an, wo ihn bereits zwei andere sportbegeisterte Rentner erwarteten.

Das wurde ein sportlicher Nachmittag! Alfons Igerl schaltete erstaunlich schnell und bewies am Spielschalter beziehungsweise -drücker eine bemerkenswerte Geschicklichkeit, vor allem aber ein gutes Reaktionsvermögen. Irgendwie begeisterte es ihn auch wie einst in seinen Bubentagen, einmal in die Rolle des Fußballnationalspielers, dann in die des Tenniscracks, dann wieder in die des Autorennweltmeisters zu schlüpfen.

Igerl war so begeistert, dass er spontan beschloss, sich auch ein solches Spielgerät zuzulegen. Da saß er nun immer mit irgendeinem Spezi und spielte die ganzen Spiele durch. Er war so angetan von der Sache, dass er kaum mehr zu seinen üblichen »Rentnerspielen« kam: Das »Platschgen«, das Eisstockschießen, aber auch die donnerstägigen Runden im Müller-Volksbad kamen nun viel zu kurz. Igerl beschränkte seine sportliche Betätigung auf das Sitzen vor dem Bildschirm und das Bedienen des Schalthebels und Schaltknopfes.

Nach einiger Zeit wurde es aber seinen Freunden etwas langweilig, und Igerl bekam immer seltener einen Partner. Auch die Begeisterung des Pfanzelt Maxe hatte sich inzwischen gelegt.

Da kam ihm ein Zufall zu Hilfe. Als nämlich sein Apparat kaputt war und ein Fernsehmechaniker kam, klagte er ihm sein Leid.

»Macht nichts, Herr Igerl«, tröstete ihn dieser. »Wir haben doch jetzt auch Spiele entwickelt, da können Sie gegen sich selber spielen, oder vielmehr gegen eine Art eingebauten Computer. Da können Sie den Schwierigkeitsgrad selber bestimmen und sich mit diesem Roboter messen.«

Das war ja fantastisch! Igerl legte sich sofort diesen Apparat zu, und nun ging es erst richtig los. Er kämpfte, schoss und spielte gegen seinen elektronischen Gegner, dass es eine wahre Freude war. Richtig ins Schnaufen und Schwitzen geriet er. Das Spiel ging ihm sogar oft richtig an die Nerven. Vor allem weil der Computer in den meisten Fällen gegen ihn Sieger blieb. Denn Verlieren, das hatte der Alfons Igerl schon als kleiner Bub, als er noch auf der Lacherschmied-Wiese in der Volkartstraße kickte, nicht so recht gekonnt.

Aber schon damals ist der Alfons ein recht einfallsreicher (heute würde man sagen kreativer) Bursche gewesen und hat sich einiges einfallen lassen. Und so ist er auch jetzt auf eine hervorragende Idee gekommen.

Nachdem er sich mit seinem Fernsehmechaniker intensiv unterhalten hatte, kaufte er sich ein kleines Zusatzgerät, mit Hilfe dessen er sich das ständige Umschalten, Drücken, Reagieren und so weiter, vor allem aber damit auch die Nerven, sparen konnte.

Inzwischen sitzt er stundenlang in seinem Fernseh-
sessel und verfolgt auf seinem Bildschirm, welch harte
Schlachten sich Computer A gegen Computer B im
Fußball, Tennis, Autorennfahren liefert. Und er selber
hat es gut: Seine sportliche Aktivität kann sich ganz
und gar auf das Ein- und Abschalten des Gerätes
beschränken.

Ein merkwürdiger Volksstamm

Professor Fronius hat eine aufsehenerregende Entdeckung gemacht, einen ganz merkwürdigen Volksstamm hat er gefunden. Irgendwie brauchen wir den Stamm ja, ich glaube sogar, wir könnten gar nicht ohne ihn auskommen. Aber wenn uns etwas danebengeht, dann sind meist die Angehörigen dieses Stammes schuld. Man kann leicht alles auf sie schieben.

Sie liefern aber auch eine Menge Konfliktstoff. Wir müssen uns plagen, und sie haben's viel besser, obwohl sie sich in keiner Weise mit uns vergleichen können.

In derselben Situation schneiden sie viel schlechter ab. Sind wir vorsichtig, dann verhalten sie sich feig, sind wir tapfer, sind sie unbesonnen und draufgängerisch. Wir sind ordentlich, sie aber kleinlich und pedantisch. Wir sind ehrgeizig, sie ehrsüchtig. Wir sind betriebsam und fleißig, sie »Gschaftlhuber«, wir freundlich, sie heuchlerisch oder schmeichlerisch, wir halten einen gesunden Abstand, sie sind hochmütig und arrogant. Wir sind klug, sie sind gerissen. Wir sind sparsam, sie sind Geizkragen, wir achten auf unser Aussehen, sie sind eitel. Wir sind freigiebig, sie aber verschwenderisch. Wir sind wissbegierig, sie neugierig. Wir sind witzig, sie albern. Wir sind gute Unterhalter, sie sind geschwätzig. Wir haben einen Standpunkt, sie sind unbeweglich. Wir sind tolerant, sie aber indifferent. Wir sind kontaktfreudig, sie aufdringlich. Wir gehen mit der Zeit, sie sind Opportunisten. Wir denken rationell, sie sind berechnend. Wir haben Fantasie, sie lügen. Wir sind Idealisten, sie Fanatiker. Wir sind originell, sie sind komische Käuze.

Sie werden mir recht geben, ein merkwürdiger Volksstamm ist das. Der Volksstamm heißt im Übrigen: die anderen. Und Lichtenberg hat über ihn geschrieben: »Jeder Fehler scheint unglaublich dumm, wenn andere ihn begehen.«

Nur leider gehören wir selbst auch dem Stamm an, weil wir für die anderen eben die anderen sind!

Das Kleine entdecken

Wir alle kennen den schönen Spruch »Klein, aber fein«. Aber wieso heißt es eigentlich »aber«? Könnte es nicht genauso gut »Klein, also fein« heißen? Irgendwie scheint der »Duft der großen weiten Welt« doch interessanter zu sein als das Kleine.

Das ist natürlich nichts Neues, denn zu allen Zeiten hat der Mensch das Große, Monumentale bewundert. Weltwunder, das waren die Pyramiden und der Koloss von Rhodos, und sicher ist das Universum, der Kosmos, vielleicht das Wunder schlechthin. Was wäre das große Wunder aber, wenn es nicht die vielen ungezählten kleinen Wunder jedes Mikrokosmos gäbe? Bekommen wir je einen Blick für das Große, wenn wir nicht vorher das Kleine, Überschaubare entdeckt haben? Das Sprichwort: »Man sieht den Wald vor lauter Bäumen nicht« könnte genauso gut heißen: »Man sieht den Baum nicht mehr vor lauter Wald«, d. h., muss man nicht den Baum in seiner Einmaligkeit, in seiner Großartigkeit zunächst kennengelernt und erfahren haben, ehe man die Schönheit des Waldes wirklich begreift? Wie viel war in den letzten Jahren von der Menschheit, von der Gesellschaft die Rede und wie wenig vom konkreten Menschen und seiner Frage nach dem Sinn des jeweiligen persönlichen Daseins?

Langsam schicken wir uns Gott sei Dank wieder an, das Kleine, Überschaubare, Persönliche zu entdecken. Der alte didaktische Grundsatz vom Nahen und Fernen gewinnt wieder Bedeutung. Das Kennenlernen der heimatlichen Umwelt wird in den Lehrplänen wieder groß geschrieben. Man fragt sich freilich, ob es so vieler Irrtümer bedurfte, wie beispielsweise auf dem Sektor des Schulhausbaus, bis man endlich erkannte, dass die Mammutschule, die Lernfabrik, nicht das Wahre sein könne, bis man die Ungemütlichkeit der Wohnsilos entdeckte, bis sich der gesunde Menschenverstand und die Erkenntnis durchsetzten, dass Gemütlichkeit nicht unbedingt in großen Flächen wohnt, sondern in kleinen Ecken, Nischen und Winkeln, dem Erker, der Stube und nicht in der Halle oder im Saal.

Ist es nicht sinnvoller, bevor man sich auf die großen Bundesstraßen und Autobahnen wagt, zunächst einmal die Freuden am Weg und Wegrand erlebt zu haben? Das Kleine braucht bekanntlich ein wenig Zeit; man muss es sich genau anschauen. Vielleicht sollten wir mehr mit Lupen als mit Ferngläsern oder auch Fernsehapparaten arbeiten. Wäre nicht das Nahe und Nächste eine echte Programmalternative zum Fernsehen?

Nur wer mit sich selbst und seiner unmittelbaren Umwelt zurechtzukommen versucht, wird auch in weiteren Bereichen wirken können. Bloß in dieser überschaubaren und erlebbaren Welt kann ich erfahren, was wesentlich und wichtig ist, und worum es im Leben immer wieder geht: das kleine Glück, Lieben und Geliebtwerden, Freude und Traurigkeit, aber auch Hoffnung und Vertrauen auf das Gute. Der ganz große Frieden beginnt mit dem Frieden in uns und um uns. Und der nationale und internationale Umweltschutz fängt mit der Verantwortung für unsere nächste Umwelt an.

Es heißt nicht, die Wunderwelt der Technik in Frage stellen, wenn wir zunächst einmal die Wunder und das Wundersame in unserer Nähe wieder entdecken und erleben. Im Übrigen stellen die Wunder der Technik und die Wunder der Schöpfung beileibe keinen Gegensatz dar.

Sagh stellt treffend fest: »Den Glauben an Wunder wird der Mensch nicht verlieren, so lange es farbig gedruckte Samenkataloge gibt.« In der Tat birgt nicht jedes Körnchen, jeder Same das Wundersame schlechthin in sich: neues Leben, das wiederum Leben weitergeben kann. Wie sagt doch Eichendorff in dem kleinen und großartigen Gedicht *Wünschelrute:*

Schläft ein Lied in allen Dingen,
die da träumen fort und fort,
und die Welt hebt an zu singen,
triffst du nur das Zauberwort.

Der kleine König und der Zufall

»Grüß Gott«, sagte der kleine König.

»Grüß Zufall«, sagte der Mann in dem Wohnwagen. »So ein Zufall, dass du bei mir vorbeikommst.«

»Das ist kein Zufall«, sagte der kleine König, »dein Wohnwagen hat eine solch schöne orange Farbe, ich habe ihn von Weitem gesehen.«

»Das ist Zufall, dass mein Wohnwagen orangefarben ist. Alles ist Zufall.«

»Was machst du denn da?«, fragte der kleine König, als er sah, dass der Mann aus einer großen Tüte kleine Puzzleteile ausschüttete.

»Ich spiele Puzzle.«

»Das ist schön«, meinte der kleine König, »das spiele ich auch gern. Wollen wir eines zusammensetzen?«

»Was heißt da zusammensetzen? Wir schütten es aus und warten, dass es der Zufall zusammensetzt.«

»Du meinst tatsächlich, aus diesem Haufen von Puzzleteilen wird eines Tages ein fertiges Bild werden?«

»Selbstverständlich, wenn man genug Zeit zur Verfügung hat. Ich habe in der Zwischenzeit genügend zu tun. Mir wird die Zeit nicht lang«, sagte der Mann mit dem Wohnwagen, nahm einen großen Würfelbecher und schüttelte ihn.

»Was tust du denn nun wieder?«, fragte der kleine König.

»Ich dichte.«

»Das ist aber eine seltsame Form, Gedichte zu schreiben«, meinte der kleine König.

»Gar nicht seltsam. Ich habe in den großen Becher 36874 verschiedene Buchstaben hineingegeben. Die schüttle ich und werfe sie immer wieder.«

»Was soll da herauskommen?«

»Ich habe es dir doch vorhin gesagt, ein Gedicht.«

»Du meinst, dass aus diesen 36448 …«

»36 874«, verbesserte ihn der Mann.

»Ist ja gleich«, meinte der kleine König.

»Das ist gar nicht gleich. Es sind durch Zufall 36 874 geworden.«

»Also, du meinst, dass aus diesen vielen Buchstaben ein Gedicht entsteht?«

»Wenn es der Zufall will, wird ein Gedicht herauskommen, das so großartig ist, dass es in Zukunft in allen Lesebüchern nachzulesen ist.«

Dieser Mensch ist fürwahr sehr sonderbar, dachte sich der kleine König. »Sag einmal, wo wohnst du denn eigentlich?«

»In diesem Wohnwagen, das siehst du doch.«

»Ich meine aber, ob du nicht eine Wohnung und ein Haus hast?«

»Ich werde ein Haus besitzen«, sagte dieser, »ich warte nur noch, bis es fertig ist.«

Der kleine König schaute sich um, und er sah einen großen Haufen von Steinen, einige Säcke Zement, Rohre, Holz, Ziegel, Glas und anderes Baumaterial.

»Und wann werden denn die Handwerker das Haus bauen?«

»Ich brauche dazu keine Handwerker«, sagte der Mann.

»Dann baust du es also selber?«, meinte der kleine König. »Zeig mir doch einmal den Plan, den du für dein Haus gemacht hast. Oder hast du da einen Architekten genommen?«

»Wozu brauche ich einen Plan oder gar einen Architekten?«, fragte dieser zurück. »Ich überlasse es ganz dem Zufall, was aus diesen Dingen wird.«

»Du glaubst also wirklich, dass aus diesen vielen Steinen, aus dem Holz, dem Glas und was noch alles da liegt, eines Tages, ohne das Dazutun eines Handwerkers, eines Maurers, Schreiners, Glasers, ein Haus entstehen wird?«

»Ich habe genügend Zeit zu warten«, sagte der Mann, »und einmal wird der Zufall es schon wollen, dass ein fertiges Haus dasteht.«

»Wie kommst du eigentlich darauf«, fragte darauf der kleine König, »dass du glaubst, alles wird durch Zufall entstehen?«

»Mich besuchte«, sagte der Mann, »vor einigen Jahren ein Wissenschaftler, der einen Lehrstuhl an einer Universität hat. Er hat ein dickes Buch darüber geschrieben, dass die Erde, die Planeten, die Menschen, Tiere, Pflanzen, alles durch Zufall entstanden sei. Er hat für diese Aussage sogar einen Preis gewonnen und wird als großer Wissenschaftler gefeiert. Deshalb wird er wohl recht haben. Schau dich einmal auf meinem Planeten um. Siehst du den Baum dort stehen?«

»Ja«, sagte der kleine König, »er ist sehr schön.«

»Und es wachsen auf ihm ganz süße Kirschen. Schau dir diesen Baum einmal genau an und überleg dir, dass er aus einem kleinen Kirschkern gewachsen ist und jedes Jahr viele Tausend süße Kirschen trägt. Der Baum, die Blätter, die Blüten, die Kirschen, alles ist, wie du gehört hast, Zufall. Wenn so etwas Kompliziertes wie Blühen, Wachsen und Leben aus einem Zufall hervorgegangen ist, um wie viel wahrscheinlicher ist es, dass aus diesem Haufen von Baumaterial eines Tages durch Zufall ein Haus wird.«

»Auf Wiedersehen«, sagte der kleine König, »vielleicht sehen wir uns eines Tages wieder.«

»Das müsste rein zufällig sein«, antwortete der Mann, »aber wenn Gott diesen Zufall will, kann es schon sein.«

Der Mann war vielleicht gar nicht so sonderbar, dachte sich der kleine König und machte sich wieder auf die Reise.

VON VERGANGENHEIT UND ZUKUNFT

Nachholbedürfnis: Gegenwart

»Geht er schon in die Vorschule?« Diese Frage bekam ich immer zu hören, wenn bekannt wurde, dass unser Bub »schon« vier Jahre alt war. Und diese Frage war es auch, die mich immer ein wenig ärgerlich machte. Nicht dass ich grundsätzlich etwas gegen Vorschule und schon gleich gar nichts gegen den Kindergarten hatte, ärgerlich machte mich das von Vielen beileibe nicht schlimm gemeinte »schon«. Kann er das schon, weiß er das schon, hat er das schon? Und wenn er es nicht schon kann, wird es höchste Zeit, dass er es lernt. Wenn ich unsere Zeit charakterisieren müsste, würde ich als ein besonderes Merkmal die »Ungeduld« nennen. In einer Zeit, wo alles immer schneller »geht«, wo man dem natürlichen Wachstum »nachhelfen« kann, künstlich und in Treibhaussituation Obst und Gemüse züchten und mit Hormonspritzen das Wachstum von Tieren manipulieren kann, hat man offensichtlich verlernt zu warten. Allmählich kommt man zwar wieder drauf, dass es sich lohnt, auf die natürliche Entwicklung zu warten und dass sich das Warten oft auf die Qualität auswirkt – bei Menschen hat man aber offensichtlich noch nicht geschaltet. Niemand kann leugnen, dass es auch Aufgabe der Erziehung sein muss, für später vorzubereiten, das »Später« in den Blick zu nehmen. Manchmal aber hat man den Eindruck, man würde in unserer modernen Pädagogik nur noch vom Später reden. Erzeugen wir nicht manchmal mit Gewalt Reife und versuchen, die natürliche Entwicklung künstlich voranzutreiben, damit wir und selbstverständlich unsere Kinder ja nicht etwas versäumen? Aber versäumen wir denn dabei nicht gerade das Kostbarste, was es im Leben gibt: Zeit? Nehmen wir nicht im Vorausgriff auf das »Später« dem Kind die Möglichkeit, die Gegenwart als etwas Schönes erleben zu dürfen? Treiben wir dem Kind nicht schon früh die Freude am Leben aus, wenn Leben eigentlich nie jetzt stattfinden darf, weil man immer ein schlechtes Gewissen empfindet, wenn das Kind »bloß« in der Gegenwart aufgeht?

Das Spiel als spielerisches Versinken in der Gegenwart wird von verschiedener Seite immer noch abgewertet und bekommt nur dort die pädagogische Absegnung, wo es ein Lern-Spiel ist, ein Spiel, mit dem man die »Zeit nicht einfach vertut«, sondern etwas »spielerisch« für später lernt. Inzwischen hat man herausgefunden, dass viele Jugendliche an einer gewissen »Zukunftsverdrossenheit« leiden. Könnte dies neben anderen Ursachen nicht auch die haben, dass man ihnen von frühester Kindheit an die Gegenwart als etwas nicht so Wertvolles hingestellt hat und bei manchen ein Nachholbedürfnis für die Gegenwart, das Jetzt und Heute durch die Überbetonung des Morgen entstanden ist? Wo die Gegenwart kein Recht bekommt, fehlt für die Zukunft eine ganz wichtige Basis.

Ich bin der festen Überzeugung, dass nur dort, wo ein Mensch seine Kindheit als etwas Schönes, Erfreuliches hat erleben dürfen, die Freude für das spätere Leben grundgelegt wird. Auch wenn uns manche Pädagogen weismachen wollen, die Arbeit mit »logischen

145

Blöcken«, das Lesen und Rechnen könne doch den Vierjährigen einen großen Spaß machen – ich glaube nicht so recht daran und denke da ein wenig an Rousseaus Ausspruch: »Die Natur will, dass die Kinder Kinder seien, ehe sie erwachsen werden. Wollen wir diese Ordnung umkehren, so werden wir frühreife Früchte hervorbringen, die weder Saft noch Kraft haben: junge Gelehrte und alte Kinder.« Unsere Gegenwart und Zukunft braucht aber Menschen, die freudig aktiv und kreativ die Welt gestalten können, »gestandene Leute«, keine Treibhauserzeugnisse, die bei den leichtesten Schwierigkeiten resignieren, fliehen, aussteigen. Darum ist es notwendiger denn je, dass sich unsere Erziehung wieder stärker auf dieses Recht auf eine gesunde Kindheit besinnt.

Mit Kanonen auf Spatzen schießen

Ich habe es mir wieder einmal angetan, eine Stunde lang an einem Wochenende mich in dem sogenannten Kinderprogramm der Fernsehanstalten durchzuzappen. Leider muss ich sagen, dass man einen Teil davon inzwischen nicht mehr nur als albern, sondern geradezu als pervers bezeichnen muss. Das gilt vor allem für die Zeichentrickfilme: Blutsaugende Wesen, Monster usw., Gemeinheiten verschiedenster Art, Diebstahl, Körperverletzungen, Mord beherrschen die Szenerie. Und das alles ist auf »lustig« gemacht. Hässliche Fratzen, schrille, kreischende Figuren stimmen unsere Kinder »fröhlich« in den Alltag ein.

Bei ein paar Zeichentrickfilmen habe ich mitgezählt: 3 Brandstiftungen, 4 Sprengattentate, 12 schwere Körperverletzungen, 7 Morde in 5 Minuten. Aber das ist ja alles doch nicht so schlimm, höre ich immer wieder, weil diese Figuren ja gar keine Wirkung zeigen und ohnehin nach den schwersten Zerstückelungen wieder fröhlich Auferstehung feiern. Außerdem hat da irgendeines dieser obskuren Forschungsinstitute festgestellt, dass das Kind es gar nicht so empfindet. Wo die das nur her wissen? Wie sehr wünschte ich mir, dass verschiedenste Stellen, die mit Kinderschutz zu tun haben, sich rühren und sich endlich einmal Vernünftiges einfallen lassen.

Da erlebe ich jetzt aber zu meinem großen Erstaunen, wie man auf die Barrikaden geht, als der

Bayerische Sportschützenbund nachfragt, ob nicht 8-jährige Kinder den Umgang mit Sportwaffen erlernen dürfen. Vielleicht spreche ich als Sohn eines mehrfachen deutschen Meisters im Sportschießen nicht ganz unvoreingenommen, und es ist bekannt, dass ich mich immer wieder zum Sprecher von Vereinen im sportlichen und kulturellen Bereich mache. Darf ich dennoch an diejenigen, die jetzt mit Kanonen auf Spatzen schießen, die Frage stellen, ob sie jemals bei einem solchen Verein tätig waren, z. B. in der Nachwuchsbetreuung. Ich habe zwar durchaus Bedenken, wenn man das Kind zu früh zu irgendwelchen sportlichen Leistungen hindrängt, aber mir ist es doch zehnmal lieber, die Kinder werden in der Gemeinschaft des Vereines, möglicherweise auch noch mit ihren Eltern zusammen, betreut, als dass sie beispielsweise allein vor einem der pervers-gewalttätigen Computerspiele sitzen.

Wo sind denn die Verantwortlichen, die sich über Computerspiele beschweren, bei denen Kinder und Jugendliche permanent nicht auf eine harmlose Scheibe zielen, sondern Tier und Mensch mit einem Knopfdruck erledigen oder verstümmeln? Ich warte nur noch ab, dass man sich jetzt auch noch gegen die Vereine wendet, die Kinder und Jugendliche im Judo unterweisen.

Bekanntlich ist es so, dass gerade in den sogenannten Kampfsportarten eine vorbildliche Ethik gelehrt wird, die man ansonsten vermisst. Es wäre höchstinteressant, einmal festzustellen, wie wenig Kinder, die bei Vereinen Judo trainieren, in irgendeine Rauferei verstrickt sind. Das sind meistens ganz andere. Denn ich weiß aus eigener Erfahrung, welche vorbildliche Arbeit unsere ehrenamtlichen Betreuer hier leisten.

Nochmals zurück zum Schießen. Ich finde es auch nicht besonders lustig, wenn bei sogenannten Kinderfaschingsbällen nur mehr mit »Spielzeug«-Maschinengewehren und Pistolen bewaffnete Kinder umherballern. Aber ich erinnere mich auch an meine Bubenzeit, in der halt Pfeil und Bogen oder eine aus Holz gebastelte Pistole zum festen Zubehör für Cowboy- und Indianerspiele gehörten. Und trotzdem sind aus den damaligen Winnetous und Old Shatterhands, wenn ich sie hin und wieder einmal treffe, durchaus friedliebende Menschen geworden. Das zeigt sich immer ganz besonders, wenn ich die schönen Karl-May-Festspiele meines Freundes Fred Rai in Dasing besuche, wo sogar ältere Jahrgänge in Indianerkleidung oder mit Cowboyhut unter den Besuchern sind.

Ja, gehörte es nicht zum Statussymbol des damaligen Buben, dass er sich aus einer Astgabel mit Hilfe eines Einwegglasgummis eine Steinschleuder bastelte, die natürlich wesentlich gefährlicher war, als wenn ein Bub oder ein Mädchen unter der Aufsicht des Schützenmeisters auf eine Papierscheibe anlegt? Auch wenn man nur auf eine Kastanie auf dem Baum zielte, mancher Schuss verfehlte das Ziel und ging eventuell in eine Fensterscheibe.

Im Übrigen war meine »Steinschleuderschützenkarriere« sehr schnell beendet. Als mich mein Vater nämlich einmal ertappte, dass ich mit diesem Gerät auf Mäusejagd gehen wollte, hielt er mir eine Ansprache, die ich bis heute nicht vergessen habe und deren

Quintessenz war: »Quäle nie ein Tier zum Scherz, denn es fühlt wie du den Schmerz.« Ich weiß, dass ich seine Worte bis heute beherzigt habe. Mein Vater war, wie gesagt, Schützenmeister und Sachverständiger für die Anlage von Schießplätzen.

Am Bach sitzen

Seit ich mich zurückerinnern kann, gehört es für mich zu den schönsten Erlebnissen, still an einem Bach zu sitzen und die Füße in ihm baumeln zu lassen. Ich erinnere mich noch gut, wie ich als Kind bei einem Beusch auf dem Land die Kinder beneidet hatte, die in der unmittelbaren Nähe eines Baches wohnten.

Noch heute benütze ich jede Gelegenheit an einem schönen Sommertag, vielleicht in der Mittagspause, an einer einsamen Stelle im Englischen Garten zu sitzen und meinen Gedanken nachzugehen, die sich dann irgendwie mit dem Fließen des Wassers vereinen. Hier erlebe ich den Augenblick in seiner Fülle. Während ich still sitze, fließt das Wasser an mir vorbei, unaufhaltsam irgendwohin. Unwillkürlich denke ich immer an Heraklits Ausspruch, dass alles fließt, auch wenn es uns immer gleich erscheint. Seit Jahr und Tag ist es der gleiche Bach, und doch ist er immer ein anderer.

Wie hat Heraklit gesagt? Man steigt nie zweimal in denselben Fluss. Nicht nur, dass der Eisbach leider nicht mehr der ist, der er vor einigen Jahren noch war, weil die Wasserqualität nicht mehr die beste ist (vielleicht wird sich auch das wieder in ein paar Jahren hoffentlich zu seinen Gunsten ändern), auch ich bin natürlich nicht mehr der »Alte« bzw. ich bin jedes Mal ein »Älterer«.

Ich denke über das Woher nach, das Entspringen des Baches an einer Quelle, aus irgendeinem geheimnisvollen Dunkel heraus. Zunächst rinnt das Gewässer langsam dahin. Dann wird es schneller, die Quelle wird zum Bach, der Bach zum Fluss, bald ist es ein Strom, der irgendwo im Meer mündet.

Immer wieder ist der Bach auch mit dem Leben verglichen worden, bei dem die Zeit ja auch zunächst ganz langsam zu verrinnen scheint, die Zeit gleichsam noch Zeit hat, bis sie dann immer schneller und rascher vergeht, immer breiter und unübersehbarer wird, um sich dann im großen Meer der Ewigkeit zu verlieren. Viel kann für unser Leben symbolhaft gesehen werden. Das Dunkel unseres Woher, das Ungenaue unseres Wohin. Aber was bin ich dann? Was hält sich bei diesem Bach, diesem Fluss durch? Quellen, Bäche, Flüsse und Meere haben ihre eigenen Namen, aber ich bin doch eigentlich immer ich von meiner Geburt bis zu meinem Tod hin, obwohl auch ich im Flusse bin.

Aber vielleicht bin ich auch nur ein kleiner Tropfen in diesem großen Bach. Unsere Erde, ja unser Sonnensystem könnten wir uns auch symbolisch als den Bach vorstellen, der wieder in einem größeren System, dem Fluss unserer Galaxie, seinen Platz hat. Und diese wiederum wäre vielleicht mit dem großen Meer des Alls zu vergleichen. Auch der Gedanke an den Wassertropfen hat mich immer wieder fasziniert, vor allem als ich einmal einen im Mikroskop gesehen habe. Jeder Tropfen ist eine eigene Welt. Bin ich also vielleicht nur ein Tropfen, der im großen Fluss aufgeht, sich dann als sich selber verliert? Oder bin ich der, der nur im großen All des Alles oder Nichts aufgeht? Was ist der Sinn? Fließen, Vergehen, Aufgehen, der ewige Kreislauf des Lebens? Ewiges Leben, persönliches Weiterleben?

152

Noch etwas: Hat dieser Bach da nur seinen Sinn, dass er in das große Weltmeer fließt? Ist das Große, der Fluss, der Strom, das Meer, letzter Sinn oder hat nicht alles, auch das Kleine, seinen Eigen-Sinn? Auch das erste kleine, kristallklare Rinnsal aus dem Felsen, jener Bach da, der mich im Augenblick so beglückt und mich über mein Leben nachdenken lässt. Wäre es nicht verkehrt, diesem Bach nur seine Bedeutung im Hinblick eines Zubringers des Wassers fürs Meer zu sehen? Ist es nicht etwas Großartiges, dass dieses Fließen, das nie still steht, dennoch so etwas wie eine ewige Gegenwart hat? Und in der Tat, jetzt, da die Sonne ein wenig im Wasser funkelt, zeigt sich in diesem Fließen irgendwie der Schein des Hellen und Beständigen und lässt gleichsam das Fließen der Zeit stillstehen. Kein Wunder, dass die Menschen die Quellen, Bäche, Flüsse und Meere immer wieder als etwas Geheimnisvolles betrachtet haben, sie mit Nixen und Wassermännern beleben. Märchen und Geschichten aus meiner Kindheit fallen mir ein und jenes Lied vom Schneegebirge, wo ein Brünnlein kalt fließt, »und wer daraus getrunken, wird jung und nimmer alt«, kommt in mein Gedächtnis. Ein satirischer Spruch aus jüngster Zeit fällt mir ein. »Unsere Gewässer werden allmählich immer mehr zu ›Jungbrunnen‹. Denn wer aus ihnen trinkt, wird auch nicht alt.« Welch banaler Schluss für so tiefschürfende Überlegungen. Ich glaube, man nennt das »tragische Ironie«.

Igerl und die Zeitverschiebung

»Du sag einmal, Maxe«, fragte Alfons Igerl seinen Begleiter, als sie am Montag nach dem letzten Wiesn-Sonntag von ihrem Inspektionsgang auf der Theresienwiese zurückkamen, auf dem sie erkunden wollten, ob das Oktoberfest dieses Jahr nicht doch einmal um eine Woche verlängert worden wäre. »Du, sag einmal, Maxe, welche Zeit habn wir denn jetzt eigentlich?«

»Jetzt is genau viertel nach drei, fünfzehn Uhr fünfzehn«, antwortete derselbe nach einem Blick auf seine Zwiebel, wie er die alte Taschenuhr, welche er von seinem Onkel Emanuel geerbt hatte, immer nannte.

»Na, na Maxe, i mein net die Uhrzeit, sondern die Jahreszeit«, sagte Igerl.

Der Maxe schaute ihn verwundert an. »Die Jahreszeit? Geh weiter, Alfons spinn dich doch aus. Des weißt doch, dass jetzt im Oktober Herbst is. Wie kommst jetzt da drauf?«

Igerl wies stumm auf die Auslage eines Ladens, in der in der späten Herbstsonne einige Schokoladen-Nikoläuse vor sich hinschmolzen. »Da schau«, sagte er. »Nikoläuse, jetzt, Anfang Oktober.«

»Ja, ja«, meinte der Maxe lakonisch, »die hab i schon gsehn, im Einkauf-Center draußen habn sie's schon seit 14 Tag dort stehn.«

»Seit 14 Tag, geh zu«, meinte Igerl, »des heißt ja, dass schon seit Mitte September Nikoläuse verkauft werdn. Des darf doch net wahr sei. Zu meiner Zeit …«

154

»Zu deiner Zeit«, unterbrach ihn der Maxe, »i weiß ganz genau, was jetzt wieder kommen wird, dass früher, zu deiner Zeit, alles besser und schöner gwesn is. Die Brezn warn rescher und der Schweinsbraten billiger, und einen viel interessantern Fußball habn s' damals gspielt. Vielleicht behauptest auch noch, dass das Weihwasser damals net so dünn war ... ha, ha, ha. Alfons, i hab dir schon oft gsagt, du musst einmal umdenken, die frühere Zeit is vorbei, Vergangenheit, verstehst! Es liegt an dir, was du aus der Zeit machst. Und wenn du sagst ›zu deiner Zeit‹, na is doch heut, jetzt, wo mir grad spaziern gehn, auch deine Zeit. Schieb doch net die Schuld immer bloß auf alles andere. Zum Schluss kommst noch daher und jammerst, wennst in Spiegl reinschaust, dass der Spiegl auch nimmer des is, was er früher war. Wir müssn uns halt dran gewöhnen, dass alles ein bisserl anders wordn ist. Die Zeit von den Postkutschn und von der Stangerl-Trambahn is vorbei und, was die Fuaßballer anbelangt, da hat sich natürlich was gändert. Früher habn s' ihre Suppn daheim gessn, heut essn s' sie im Werbefernsehen, ha, ha, ha. Merk dir eines«, schloss der Maxe seinen langen Monolog im reinsten Hochdeutsch, um auf die Wichtigkeit seiner Schlussaussage aufmerksam zu machen, »es nützt nichts, der Vergangenheit nachzutrauern, nur die Gegenwart hat Zukunft.«

Das klang zwar sehr geistreich, befriedigte aber den alten Grübler Igerl nicht ganz. »Wo bleibt denn da die Gegenwart?«, sinnierte er. »Wennst bloß den Nikolaus anschaust, habn mir heut, morgen oder übermorgen vielleicht Nikolaus? Und du wirst es schon sehn,

155

des dauert keine paar Tag mehr, dann habn s' bereits Weihnachtsstern in den Auslagen.«

Aber der Maxe beharrte hartnäckig auf Widerspruch. »Wer heutzutag mit der Zeit gehn will, muss automatisch seiner Zeit voraus sei. Und außerdem brauchst dir ja keinen Weihnachtsstern kaufn. Und der Nikolaus, der is ja sowieso schon nix mehr für dich, so kindisch wirst doch net sein, oder?«

Kopfschüttelnd ging Alfons Igerl weiter. Er sah ja ein, dass die Zeiten anders geworden waren. Aber es wollte ihm doch nicht ganz einleuchten, dass nichts seine Zeit haben dürfe, und er dachte ein wenig wehmütig wieder einmal zurück an seine Kindheit. War es nicht das Besondere gewesen, dass noch irgendwie alles seine Zeit hatte und damit ein gutes Maß der Freude zusammenhing, weil es eben noch nicht alles immer gab. Da buk man noch das Weihnachtsgebäck eben erst in der Adventszeit, färbte die Ostereier erst kurz vor dem Osterfest usw., aber heutzutage gibt es ja das ganze Jahr über gefärbte Eier zu kaufen, und der Fasching beginnt mit der Inthronisation des Prinzenpaares auch schon am 11. November. Der Winterschlussverkauf findet im Herbst statt, und der Sommerschlussverkauf im Hochsommer. Es mag ja auf den ersten Blick ganz angenehm erscheinen, dass man während des ganzen Jahres Erdbeeren und Kirschen kriegen kann, nicht nur die aus der Tiefkühltruhe. Trotzdem geht etwas Besonderes verloren, wenn alles immer zur Verfügung steht, meditierte er weiter. Wird die Zeit nicht fader und eintöniger, überlegte er, wenn es keine Feste und Höhepunkte mehr gibt? Ihm fiel das Bild von einem Mixer ein, in den man alles hineinschmeißt: ein Osterei, ein

Stück von einer Martinsgans, einen Faschingskrapfen, ein Glas Maibock, Weihnachtspunsch und natürlich einen Schokoladen-Nikolaus. Was da herauskäme, würde wohl auch ein bisserl fad schmecken, voraussichtlich wenigstens.

»Vielleicht kommt alles bloß davon«, murmelte er nun etwas nachdenklich vor sich hin, »weil wir heutzutage nichts mehr erwarten können.«

»Wie meinst jetzt des?«, fragte der Pfanzelt Maxe.

»Sei einmal ganz ehrlich«, sagte Alfons Igerl zu seinem Spezi, »findest du des so schön, des mit dem Aufstelln von den Christbäumen?«

»Wie kommst jetzt auf einmal auf die Christbäum'?«, wollte der Maxe wissen.

»Überleg dir doch einmal, auch wennst jetzt gleich wieder eine blöde Bemerkung machst, früher hat man die Christbäum wirklich erst in der Weihnachtszeit aufgestellt. Dann, sagn mir einmal so um 1950 rum, habn sie sie bereits auf Nikolaus aufgestellt. Seit ein paar Jahr stelln schon Mitte November manche Geschäfte Christbäum auf und spieln Weihnachtslieder. Im Jahr 2020 sind's dann vielleicht so weit, dass die ersten Christbäum zum Oktoberfest aufgstellt werdn. Im Jahr 2025 werdn s' dann an Maibaum gleich zum Christbaum umfunktionieren und noch ein paar Jahr später dürfn Kinder dann unterm Christbaum Ostereier suchn.«

»Geh zu, du alter Grantler«, unterbrach ihn der Pfanzelt Maxe, »i wüsst da was: brauchst bloß recht viel Knoblauch essn.«

»Was hat denn des mit'm Knoblauch zum tun?«, wollte Alfons Igerl wissen.

»Mei, des weißt doch, dass man mit'm Knoblauch alt wird, und dann erlebst du's vielleicht im Jahr 2030 noch, dass alles um ein Jahr vorgruckt is, und Weihnachten endlich wieder mit'm Heiligen Abend z'sammfällt, ha, ha, ha.«

Über dem Gespräch waren sie in ihrem Stammlokal, dem Volkart-Eck, gelandet, wo sich der Nostalgiker Igerl eine Wiesnmaß genehmigte, der Pfanzelt Maxe aber provokatorisch einen Maibock verlangte.

In derselben Nacht hatte der Maxe einen Traum. Bei einem Besuch in der Fußgängerzone entdeckte er einen Stand, wo als große Neuigkeit ein Ring angeboten wurde mit dem seltsamen Namen Zuabitrara. Der Ring hatte die Eigenschaft, dass man auf nichts mehr warten müsste, sondern alles Zukünftige sofort in die Gegenwart hereinbringen könnte. Der Maxe kaufte sich ein Exemplar und probierte es prompt zu Hause aus. Er wünschte sich, über die grauen Novembertage, die jetzt bevorstanden, den Weg in den Weihnachtsurlaub anzutreten. Prompt war er mittendrin in dieser Wunschzeit.

Um diese Zeit war es natürlich kalt, und der Maxe fror, und prompt drehte er wieder an seinem Ring und wünschte sich in die schöne Frühjahrszeit hinein.

Weil er aber da noch keinen Urlaub hatte, drehte er wieder an seinem Ring und schon lag er an einem schönen Augusttag faul am Ufer des Sees. Als ihm aber dort zu wenig los war, wünschte er sich in eine zünftige Wiesn-Stimmung hinein. Und der Maxe drehte und drehte, und er drehte sich aus seinem Berufsleben hinein in die Zeit seiner Pensionierung, wo er genügend Zeit für sich zu haben glaubte. Und schon war er mittendrin in der Zeit der Pension. Aber auch da ließ er der Zeit keine Zeit und drehte sich vorwärts und vorwärts. Auf einmal sah er sich allein und alt auf einem Bankerl hocken. Seine alten Spezi waren nicht mehr da, auch der Igerl Alfons nicht. Und da wachte er auf.

Den ganzen Tag war er etwas nachdenklicher als sonst.

Und abends im Volkart-Eck meinte er zum Alfons: »Ganz so unrecht hast gestern eigentlich net ghabt.« Und das wollte beim Pfanzelt Maxe etwas heißen. »Es ist schon richtig, wir sollten uns wieder mehr vom Jahr sagen lassen, was an der Zeit is, net bloß vom Einkauf-Center. Wirst es sehn, ab jetzt ändert sich meine Konsumhaltung«, fügte er noch etwas geschwollen hinzu.

Als Igerl dann am 1. Dezember seine Nikolaus-Einkäufe tätigen wollte, weil ihn doch der Übelacker Franz gebeten hatte, bei seinem Neffen, dem 10-jährigen Martin, diesmal als Nikolaus einzuspringen, indem dass der Rudi, sein Bruder, der ihn bisher gemacht hatte, gerade einen Badeurlaub in Gran Canaria verbrächte, da musste er mit Entsetzen feststellen, dass es in keinem Geschäft mehr Ruten oder Schokoladen-Nikoläuse gab. Traurig rief er den Übelacker Franz an.

»Halb so schlimm«, tröstete ihn der. »Auf so was legt der Martin zurzeit ohnehin net so viel Wert. Wenn's dir nix ausmacht, na kaufst ihm lieber einen Cowboy-Hut und einen Colt. Da machst ihm die höchste Freud, weil der Martin Mitte Dezember bei seinem Freund eingladn is zu einer Faschingsparty.«

159

Der kleine König beim Pädagogen

»Guten Tag«, sagte der kleine König.

»Sprich einen ganzen Satz«, befahl der Pädagoge. »Es heißt: Ich wünsche dir einen guten Tag. Sag es langsam nach.«

»Ich wünsche dir einen guten Tag«, sagte der kleine König artig.

»So ist es recht«, sagte der Pädagoge und zog ein Büchlein aus der Tasche.

»Was hast du da?«, fragte der kleine König.

»Ich trage dir eine gute Note für gutes Betragen ein«, antwortete der Pädagoge. »Willst du in meine Schule gehen?«, fragte er.

»Was muss ich da tun?«, fragte der kleine König.

»Du musst zunächst einen Eignungstest machen.«

»Eignungstest, was ist das?«, fragte der kleine König.

»Ich muss kontrollieren, ob du lernfähig bist.«

»Lernfähig wozu?«, fragte der kleine König.

»Das ist nicht so wichtig«, sagte der Pädagoge, »das Wichtigste ist, es lässt sich leichter kontrollieren.«

»Gut. Dann fange an, mich zu testen.«

Der Pädagoge reichte dem kleinen König ein Arbeitsblatt.

»Lies den Text leise durch und kreuze die richtigen Antworten an!«, befahl er.

»Aber«, sagte der kleine König, »ich kann doch gar nicht lesen.«

160

Der Pädagoge war empört: »Du willst in die Schule und kannst noch nicht lesen? Was hast du denn für eine Frühförderung gehabt?«

»Frühförderung, was ist das?«, wollte der kleine König wissen.

»Frühförderung heißt, wir Pädagogen haben festgestellt, dass es notwendig ist, Kindern vor der Schule Lesen, Rechnen und logisches Denken beizubringen, damit sie das nicht erst in der Schule lernen müssen.«

»Und was lernt man dann in der Schule?«, fragte der kleine König.

»Die Schule baut«, sagte der Pädagoge, »auf der Vorschule auf und kann sich dann wissenschaftlichen Dingen zuwenden. Sie bereitet so vor auf die weiterführenden Schulen. So spart man eine Menge Zeit. Was hast du denn in deiner Vorschulzeit bisher gemacht?«, fragte er den kleinen König.

»Ich habe gespielt.«

»Spielen ist Zeitverschwendung«, sagte der Pädagoge. »Waren es wenigstens Lernspiele?«

»Das weiß ich nicht«, sagte der kleine König, »ich habe zum Beispiel gemalt. Willst du es sehen?«, fragte er und zeigte dem Pädagogen sein Bild mit der Schlange, die einen Elefanten gefressen hat.

»Na gut«, meinte der Pädagoge, »das ist wohl die Umgrenzung von Nullelementen in einer Menge.«

»Elemente von was?«

»Hast du noch nie etwas von Mengenlehre gehört? So wirst du den Numerus clausus nie schaffen.«

Der kleine König schaute fragend.

»Schon gut«, meinte der Pädagoge, »ich will es dir erklären. Das Wichtigste im Leben ist die rechtzeitige

161

Vorbereitung. Die Vorschule bereitet auf die Grundschule, die Grundschule auf die weiterführende Schule, die weiterführende Schule auf die Universität, die Universität auf den Beruf vor. Hast du verstanden?«

»Und auf was bereitet der Beruf vor?«, fragte der kleine König.

»Auf die Pension natürlich.«

»Und die Pension?«

»Du bist aber ein entsetzlicher Quälgeist«, sagte der Pädagoge. »Wenn jemand in seinem Leben etwas geleistet hat, wird er auch seinen Ruhestand zu nützen wissen, damit die Leute einmal an seinem Grab sagen können, er habe ein erfülltes Leben gehabt.«

»Komisch«, sagte der kleine König, »ich habe den Eindruck, jemand der immer nur vorbereitet wird, hat nie Zeit gehabt zu leben.«

»Das verstehst du noch nicht«, sagte der Pädagoge schroff. »Sag mir lieber, was du bisher noch geleistet hast. Bringst du wenigstens ein biologisches Wissen mit? Welche Pflanzen und Tiere kennst du?«

»Ich habe auf meinem Planeten eine Rose.«

»Es gibt viele Rosenarten«, entgegnete der Pädagoge. »Ich habe hier ein Arbeitsblatt über Rosen. Da du nicht lesen kannst, will ich es dir vorlesen:

1. Arbeitsaufgabe. Meine Rose ist
a) eine Pfingstrose,
b) eine Polyanderrose,
c) eine Heckenrose,
d) eine Hochstammrose.
Kreuze die richtige Antwort an!

2. Arbeitsaufgabe. Welche chemischen Prozesse vollziehen sich bei der Nahrungsaufnahme der Rose?

Du hast wieder mehrere Antworten zur Auswahl.

3. Bilde mindestens 5 zusammengesetzte Hauptwörter mit Rose wie Rosenkohl, Rosenduft!«

»Meine Rose duftet sehr gut«, unterbrach ihn der kleine König.

»Guter Duft ist im kognitiven Erfassungsbereich nicht vorgesehen, der lässt sich schlecht kontrollieren und gehört daher nicht in den Lernzielkatalog«, winkte der Pädagoge ab.

»Ich mag meine kleine Rose«, sagte der kleine König, »und denke immer darüber nach, wie ich sie vor dem Schaf auf meinem Planeten schützen kann.«

»Über Pflanzenschutzmittel sprechen wir dann im chemischen Sachkundeunterricht. Du wirst sehen, das ist sehr interessant.«

»Und ich freue mich jeden Tag an meiner Rose!«

»Freude ist ein affektives Lernziel. Das ist nicht so wichtig, aber von mir aus darfst du am Schluss der Unterrichtsstunde auch noch Freude über Rosen empfinden. Ich werde schon einen Weg finden, wie ich kontrollieren kann, ob deine Freude lernzielspezifisch war.«

»Ich will mich aber nicht nur freuen, wenn es auf deinem Plan steht«, sagte der kleine König.

»Zur ständigen Freude haben wir leider keine Zeit, sonst erreichen wir unsere Lernziele nicht«, sagte der Pädagoge unwirsch. »Und wenn wir die nicht erreichen, bist du lebensuntüchtig. Nicht für die Schule, sondern für das Leben lernen wir.«

»Du hast recht«, sagte der kleine König, »darum glaube ich, ist deine Schule doch nichts für mich.« Und er machte sich wieder auf die Reise.

»Halt, halt!«, rief ihm der Pädagoge nach. »Du hast noch gar nicht gehört, wie meine didaktische Analyse weitergeht und welche Lernziele ich noch vorgesehen habe: Rechnen mit Rosenkranzperlen im Religionsunterricht, Mikroskopieübungen bei Rosenblättern. Bestimmung der Kadenzen im Lied ›Sah ein Knab ein Röslein stehn‹. Über Bräuche sprechen und Freude über den Rosenmontag empfinden. Das literarische Werk Herbert Rosendorfers würdigen lernen. Die Gewinnspanne des Rosenheimer Verlagshauses bei Zöpfl-Büchern ausrechnen ...«

Aber das hörte der kleine König nicht mehr, denn er hatte sich ganz schnell davongemacht, um nicht noch eine Neurose zu bekommen.

Meine Zeit im Gymnasium

Häufig bitte ich meine Erstsemester-Studenten, die den Lehrerberuf ergreifen wollen, sich kurz an ihre Schulzeit zu erinnern. Es ist für mich jedes Mal wieder aufschlussreich, was sich bei vielen an »Wesentlichem« der Schulzeit im Gedächtnis eingeschrieben hat. Als jemand, dessen Abitur nun schon über 40 Jahre zurückliegt, will ich es nun selber versuchen. In meiner Zeit war es noch üblich, dass man eine Aufnahmeprüfung schreiben musste. Drei Tage lang bin ich damals in Deutsch, Rechnen und Religion geprüft worden. Als ich dann am vierten Tag das Ergebnis erfahren habe, hat der Mathematiklehrer Heim aufmunternd gesagt: »Du wirst einmal ein guter Schüler bei uns werden.« Ein ganz so guter Schüler bin ich aber dann die neun Jahre gar nicht gewesen. Wenn es damals schon den Numerus clausus gegeben hätte, wären mir bestimmt einige Berufe versagt geblieben.

In der 2. Klasse des Gymnasiums ereignete sich etwas, was ich noch heute bis ins letzte Detail schildern kann. Zur damaligen Zeit regierte der »Zeus«, der Anton Weier, als Oberstudiendirektor das Theresiengymnasium. Hin und wieder bekamen wir es mit ihm zu tun, wenn er einen Unterrichtsbesuch bei einer noch jüngeren Lehrkraft machte und dann selbst das Wort ergriff. Ich weiß noch genau, wie er uns damals die Lautmalerei beigebracht hat, indem er vor der Klasse auf und ab ging und immer wieder den Satz sprach: »Im

165

Zickzack zuckt der Blitz.« Wir hatten einen gehörigen Respekt vor ihm, der, wenn er einen Schüler zurechtwies, noch die Angewohnheit hatte, in der dritten Person zu ihm zu sprechen: »Was hat er, Bursche, wieder angestellt?« Es war die letzte Stunde vor der Pause, eine Biologiestunde. Hinter mir saß ein etwas raubeiniger Klassenkamerad, der mir aus irgendeinem Grund angedroht hatte, er würde mich in der Pause »aufmischen«. Da ich seinerzeit ein ziemliches »Grischperl« war, hatte ich natürlich gehörige Angst vor der angekündigten Abreibung und rannte, sobald das Glockenzeichen ertönte, in den Gang hinaus. Unser Klassenzimmer war im ersten Stock, und es gab damals noch einen eigenen Lehrergang. Angesichts des hinter mir herlaufenden Wöhrmann Franzi lief ich in meiner Verzweiflung in den Lehrergang hinein. In dem Augenblick öffnete sich die Tür des Lehrerzimmers, und der erboste Zeus jagte hinter uns her. Den Atem der beiden hinter mir spürend, rannte ich in das Erdgeschoss. Da schubste mich der Franzi in die Schülertoilette, zog mich in eine Kabine und sperrte, nun auch selbst vor Angst bibbernd die Tür zu. Das war natürlich völlig sinnlos, denn inzwischen stand der Zeus vor unserer Tür und brüllte: »Komme er sofort heraus!« Widerstrebend öffnete der Franz das Schloss, der Zeus packte uns beim Krawattl und fragte mit zornrotem Kopf, in welche Klasse wir »üblen Burschen« gingen.

»In die 2 a«, stammelten wir.

»So, so«, sagte er, »2 a, dann wollen wir weitersehen.« Er nahm uns mit bis vors Lehrerzimmer. Da mussten wir dann auf ihn warten. Keiner von uns war in der Lage, auch nur einen Satz zu sprechen. Nach

166

einiger Zeit kam er wieder heraus, packte uns beim Kragen und führte uns in unser Klassenzimmer. Da hatte der Unterricht gerade begonnen. Wir hatten damals den von mir noch bis heute verehrten Klassenleiter Ludwig Bayerle in Deutsch und Latein. Der Zeus riss die Tür auf und fragte unseren Lehrer, der gerade mit dem Unterricht begonnen hatte: »Kennt er diese beiden Subjekte?«

»Ja, freilich«, sagte der, »Zöpfl und Wöhrmann.«

»So, so«, meinte der Zeus, »dann hat er es also mit diesen beiden üblen Knaben zu tun.«

Bayerle murmelte, dass wir gar nicht so schlimm seien und allenfalls der Franz hin und wieder mal ein kleines Raubein sei. Der Weier Toni aber bestand auf der Meinung, dass wir bösartige Knaben sind, die des Theresiengymnasiums unwürdig seien, und sprach trotz des Protestes unseres Klassenleiters einen Direktoratsarrest über uns aus.

Man kann sich vorstellen, wie ich an diesem Tag aus der Schule heimgekommen bin. Meine Eltern, die natürlich auch schockiert waren, wandten sich sofort an unseren Klassenleiter. Der aber befürchtete, dass gegen diese Entscheidung von oben wohl nichts zu machen sei. Und jetzt kommt das Tragische bei dieser Geschichte. Der arme Anton Weier schied auf eigenen Wunsch, wegen eines schrecklichen Missgeschickes, das sich in den nächsten Tagen in seiner Familie ereignete, von einer Minute zur anderen aus seinem Dienst aus. Wir haben also die Strafe nie antreten müssen.

Ich habe , als ich bereits an der Universität studierte, den Namen Weier im Vorlesungsverzeichnis wiedergefunden. Er war ein exzellenter Homerfachmann, und ich habe im ganz kleinen Hörerkreis seine Vorlesung über die Odyssee besucht. Einmal bin ich nach der Veranstaltung zu ihm hingegangen und habe ihm gesagt, dass ich als Schüler des Theresiengymnasiums glücklich sei, eine so großartige Vorlesung von meinem ehemaligen Oberstudiendirektor erleben zu dürfen. Seine Augen haben geglänzt. Er hat die Hand auf meine Schulter gelegt und gesagt, dass es ihn sehr freue, wenn Schüler seines viel geliebten Theresiengymnasiums zu ihm kämen. Dann hat er mir die Hand ganz fest mit den Worten gedrückt: »Ich wünsche ihm alles Gute für seine Zukunft.«

Ich habe mich inzwischen oft gefragt, was wohl heute ein Schüler anstellen muss, damit er einen Direktoratsarrest aufgebrummt bekommt. Aber so ändern sich halt die Zeiten.

Ich erinnere mich aber auch an viel Erfreuliches. So durfte ich, nachdem wir bei der ersten Musikstunde alle einmal vorgesungen hatten, bis zu meinem Stimmbruch im Chor des Theresiengymnasiums mitwirken. Unser junger Musiklehrer Hartmut A. Gärtner leitete seinerzeit einen beachtlichen Schülerchor, der auch in der Matthäuspassion singen durfte. Voller Stolz sind wir in die Proben gefahren. Die Matthäuspassion stand damals unter der Leitung des heute hochberühmten Dirigenten Sir Georg Solti. Wie stolz waren wir alle, dass wir neben hochberühmten Solisten singen durften! Heute kann ich, wenn jemand meine Stimmqualität anzweifelt, sagen: »Im Gegensatz zu dir oder Ihnen habe ich schon unter Solti gesungen.« Bei der Gelegenheit habe ich auch mein erstes Geld verdient. Wir bekamen nämlich nach der

Aufführung das Trambahngeld, das wir für unsere Proben und die Aufführung gebraucht hatten, ausbezahlt. Aber statt der uns zustehenden einen Mark (eine Straßenbahnfahrt kostete damals noch für Kinder ein Zehnerl) wurden uns stolze zwei Mark in die Hand gedrückt.

In den ersten Jahren hatten wir noch einige Lehrer, die wirklich Originale waren. Neben dem Zeus gab es damals noch den zwar strengen, aber herzensguten Biologielehrer Löwenick, der es von der ersten Klasse an geschafft hat, uns die Freude an der Großartigkeit der Natur zu vermitteln. Er war im Übrigen auch ein sehr frommer Mann, der zur rechten Zeit das Wort »Schöpfung« in den Mund genommen hat.

Weiter war da noch der Mathematiklehrer Strebel, der alle daumenlang ein »Siehste wohl« sagte. Wenn die Mathematikstunde einmal zu langweilig war, haben wir auf einem Blatt jedes Mal, sobald es wieder über seine Lippen kam, ein Strichlein gemacht und uns über jeden neuen »Rekord« gefreut. Bald hatte er auch den Spitznamen »Siehste wohl« in der ganzen Schule weg.

Von der ersten bis zur vorletzten Klasse – dann wurde er leider pensioniert – hat uns auch der von mir hoch verehrte Religionslehrer Hermann Schneller begleitet.

Ihm verdanke ich sehr viel, denn er war bei aller Strenge und Konservativität jemand, der uns für die Sinnfragen und Philosophie Augen und Ohren öffnete. Es gehörte fast zur Selbstverständlichkeit, dass wir den wöchentlichen Schülergottesdienst in der Stephanskirche besucht haben.

Mit besonderer Dankbarkeit erinnere ich mich auch an meinen Turn- und Geographielehrer Dr. Robert Großmann, der erst vor wenigen Jahren tragisch verunglückte. In den ersten Jahren war ich teilweise vom Turnunterricht befreit, weil ich einen doppelseitigen Leistenbruch hatte. Zunächst war das ja durchaus angenehm, wenn man beim langweiligen Geräteturnen nicht teilnehmen musste. Als aber dann der Arzt grünes Licht gab und mir bescheinigte, dass mein Leistenbruch ohne Operation gut verheilt sei, begann ich mit zunächst kläglichem Erfolg, meine ersten leichtathletischen Übungen zu absolvieren. Bis zum Abitur hat mich der Großmann Robert ermutigt, mich zu plagen und zu trainieren, mich mühsam zunächst einmal an den Klassendurchschnitt heranzuarbeiten und dann später zu den Besten aufzuschließen. Es mag lächerlich klingen, aber ich denke oft, wenn es wieder einmal gilt, mich durchzubeißen, an das Turnabitur, bei dem am Ende der 1000-Meter-Lauf auf dem Münchner MTV-Platz bei glühender Mittagshitze stand. Der Einser, den mir unser Sportlehrer zum Abitur gab, obwohl ich im Geräteturnen nicht unbedingt Spitze war, hat mich mehr aufgebaut als jede andere Note.

Bei der Rückerinnerung kommt mir natürlich auch vieles in den Sinn, was wir heute als das »Schulleben« bezeichnen. In der Nähe Luise-Kieselbach-Platz wohnend, bin ich zwar meistens mit der Straßenbahn in die Schule gefahren. Aber heim sind wir dann schon hin und wieder gelaufen. Und das natürlich besonders gerne, wenn gerade auf der Theresienwiese das Oktoberfest stattfand. Nie wieder hat ein Eis so gut geschmeckt wie das Zehnerl-Jopa-Eis, das es damals zum ersten Mal nach dem Krieg gab. Die »Wiesn« brachte für uns allerdings auch den Nachteil, dass wir zu der Zeit keine Wiese für unsere Klassenfußballspiele hatten. Diese waren ganz große Ereignisse in meinen ersten Schuljahren. Wir ließen keine Gelegenheit aus, vor und nach der Schule hinter dem Ball herzulaufen. Da dienten sogar die paar Meter um das Kaiser-Ludwig-Denkmal als Minifußballfeld. Die ersten Jahre habe ich Torwart gespielt. Noch heute können zwei ausgeschlagene Zahnecken von dieser sportlichen Vergangenheit erzählen. Als ich dann bei einem Schulspiel sogar in der Unterstufenauswahl im Tor stehen durfte und bei einem 0:5 Debakel feststellen musste, dass ich auf Grund meiner Körpergröße diesen Posten doch nicht ganz ausfüllen könne, entschloss ich mich, als Linksaußen meine Feldspieler-Laufbahn zu beginnen. Erst später habe ich erfahren, dass Torwarte und Linksaußen bei Fußballfachleuten immer als etwas Verrückte gelten. Unser damaliger Schriftführer, der heutige Landtagsabgeordnete Hans Kolo, hat aber meinen Entschluss nie akzeptiert und, obwohl ich dann sogar Spielführer der Oberstufenmannschaft geworden war, mich nur gelegentlich in der Klassenmannschaft aufgestellt. Bei unserem 30-jährigen Klassentreffen habe ich dann nochmals ein Spiel im THG-Hof arrangiert. Robert Großmann hat es gepfiffen. In der letzten Minute hat meine Mannschaft ausgerechnet durch ein Tor von Hans Kolo verloren, dem ich es jetzt doch noch einmal hatte zeigen wollen.

Apropos Klassentreffen. Ich finde es eigentlich sehr schade, dass beim Jahrestreffen oft so wenig

171

Theresianer erscheinen. Das jetzt hundert Jahre alte Theresiengymnasium hat uns in einer für das Leben ganz entscheidenden Zeit Heimat gewährt und ist für mich immer noch, sobald ich in seine Nähe komme, ein besonderer Bezugspunkt, bei dem mein Herz schneller zu schlagen beginnt und in Sekundenschnelle Bilder wie die geschilderten vor meinem geistigen Auge ablaufen. Auch wenn ich neulich einen schönen Spruch von Peter Hohl gelesen habe: »Klassentreffen sind Veranstaltungen, bei denen man sich wundert, wie alt die anderen aussehen.«

Nichts mehr original

»Pfui Teufl«, schimpfte Alfons Igerl und legte die Zeitung weg. »Wennst des da liest, was heutzutag in den Lebensmitteln alles drin is. Da schau her«, sagte er und zeigte auf den eben gelesenen Artikel: »Im Fleisch sind Östrogene drin, in der Wurst Nitrite, im Wein Dioxide. Da kommst dir glatt vor, wennst zum Essen gehst, wie wennst in einem Chemielabor drinhockst. Am besten wär's, man tät gleich aus'm Reagenzglas essn und trinkn. Wenn i da an früher denk!«

»Ja, mei«, versuchte ihn sein Gegenüber, der Pfanzelt Maxe, zu beschwichtigen, »wir leben halt in einem industriellen Zeitalter, schau. Da is halt alles ein bisserl anders. Des darf man net so einseitig sehn wie du. Schau, die meistn Mittel sind ja für was gut. Mit den Konservierungsstoffen haltn sich die Sachn einfach länger, als das in den sogenannten guten alten Zeiten möglich war. Früher is des Zeugs alles schnell kaputtgangen, und du hast es wegschmeißn müssn, oder man hat sich den Magn verdorbn oder eine Wurst-, Fleisch- oder Fischvergiftung kriegt!«

»Geh weiter«, konterte Igerl, »erstens hat man halt früher alles zsammgessn, so lang's frisch war, und wenn man wirklich was Altes 'gessn hat, war man selber schuld. Heutzutag bist aber geradezu verurteilt, dass d', wennst was essn möchst, Giftstoffe in dich aufnimmst. Des warn noch Zeitn, wo die Giftmischer verurteilt wordn sind.«

173

»Du mit deine früheren Zeitn«, meinte der Pfanzelt, »du hast manchmal einen richtign nostalgischen Fimmel.«

»Stimmt doch«, schimpfte der, »des meiste is nimmer Natur, fast nix mehr is echt, net bloß beim Essn, überall is des heut so. Überall des Zeugs aus der Retorte, Kunststoff, Kunstdünger. Jetzt spieln s' sogar schon auf dem Kunstrasn Fuaßball. Richtig rasend kanntst da werdn, wennst nix Echtes mehr siehst oder zum Essn kriegst.«

»I weiß aber was, was noch echt is«, meinte der Pfanzelt schmunzelnd.

Igerl schaute fragend.

»Eins is allerweil noch so echt wie früher«, grinste der Maxe witzig, »der Kunsthonig, ha, ha!«

Igerl verzog nicht einmal das Gesicht. »I weiß gar net«, sinnierte er, »wo mir heuer unsern Vereinsausflug mit unserem Heimgartenverein hinmachen solln. Jeds Jahr hab i mich immer auf ein guts Essn in einer nettn Wirtschaft zum Schluss gfreut, aber wenn i des alles so lies, vergeht mir jetzt schon der Appetit.«

»Wegen dem Ausflug, da brauchst dir nix denken«, tröstete ihn der Pfanzelt Maxe. »Da hab i schon recherchiert.«

»Was hast?«, fragte Igerl.

»Recherchiert, mich umgschaut halt. Da hab i einen Geheimtipp, an Jahrhunderttipp kriegt von meinem Cousin, am Mayereder. Des is ein Kenner von alle möglichen Oasen, die wo's bei uns in Bayern noch gibt. Und der hat mir schon vor einem Jahr gsagt, mir solltn einmal nach Engelpolding zum ›Alten Wirt‹ fahrn, da täten mir uns bloß noch wundern. Der Alte

174

Wirt schlacht' selber, und er hat noch einen Hof, wo er alles selber züchtet: das Viech, Kartoffeln und Gmüs. Und düngen tut er allerweil noch mit einem echtn Naturodl. Alles echt und net künstlich. Du wirst deine wahre Freud dran habn. Sogar 's Brot backen s' noch selber in so einem altn Backhaus im Hof. Ein richtiger Biobetrieb, ganz modern, progressiv. Der ›Alte Wirt‹ is der reinste Urgrüne.«

Igerl dachte kurz darüber nach, wie verrückt es doch eigentlich auf dieser Welt zugehe und wie sich die Begriffe wandelten. Was gerade noch altmodisch im Quadrat klang, das ist heutzutage das Aktuellste und Modernste schlechthin. Man muss bloß abwartn können, dann is man wieder total »in«, dachte er sich und hätte sich sicher als Avantgardist gefühlt, wenn er mit diesem Wort etwas hätte anfangen können. So begnügte er sich mit einem »Was hab i dir immer gsagt, da siehst es wieder einmal«. Als der Maxe noch hinzufügte, dass auch noch der ganze Rahmen, das Haus und die Wirtsstube einfach und schlicht und alles noch von früher sei, sogar mit einem alten Ofn drin, schlug sein konservativ-progressives Herz in der Vorfreude noch höher. Bei der nächsten Versammlung der »Flora« hielt der Igerl eine so glühende Ansprache für den »Alten Wirt« in Engelpolding, als ob er dort ständig Stammgast wäre. Die Rede hinterließ einen solchen Eindruck, dass der Beschluss, den Ausflug dort ausklingen zu lassen, einstimmig gefasst wurde.

Der Ausflug ins Erdinger Hinterland fand leider bei strömendem Regen statt. Umso mehr freuten sich die »Florianer« auf den vom Pfanzelt Maxe so gepriesenen »Alten Wirt«, allen voran Alfons Igerl. Es lief

175

ihm im Vorgeschmack des Schweinsbratens mit echten handgeriebenen Kartoffelknödeln das Wasser im Mund zusammen.

Um 19 Uhr hielt der Kleinbus in Engelpolding vorm »Alten Wirt«. Als man die Gaststube betrat, meinte der Pfanzelt Maxe: »Ui, i glaub, die habn renoviert.«

Tatsächlich musste eine größere Veränderung gegenüber früher stattgefunden haben. Die Einrichtung bestand nun aus jenen so häufig in Wirtschaften zu findenden Möbeln im imitierten rustikalen Stil. An der Wand hingen irgendwelche Nachahmungen von alten Schützenscheiben, und auf den Tischen standen in Plastikvasen Plastikblumen. Die künstliche Beleuchtung kam aus nachgemachten Stalllampen, in denen Neonröhren brannten. Durch den Raum klang Zithermusik, die offenbar vom Tonband kam.

Ein Ober mit dunklen Locken, in einem Pseudo-Miesbacher Trachtenanzug, begrüßte die eintretenden Gäste mit einem »Guaten Tag«.

»Ui, den kenn i«, flüsterte der Maxe dem Alfons zu, »des ist der Jonny, der hat früher im ›Eastside‹ als Barmixer garbeitet, ja so was!«

Dem Alfons Igerl blieb die Luft weg: »Also, wenn des echt sei soll da herin, dann friss i einen Besn mitsamt der Putzfrau«, masselte er an den Maxe hin.

»Mei, so schlimm is' auch net«, meinte der, freilich schon etwas verunsichert. »Der Wirt wird halt des alte Zeug rausgschmißn habn, vielleicht ist der Holzwurm drin gwesn. Aber wart einmal aufs Essn, dann vergeht dir dein Grant schon wieder.«

Der Ober brachte unter den kritischen Augen von Igerl eine Speisekarte in Kunstleder, aus der dieser sich

176

skeptisch seine Mahlzeit bestellte. »Ein Bier, aber vom Fass, eine Leberknödlsuppn, einen Schweinsbratn mit Knödl und Salat und eine Nachspeis.«

Der Ober servierte dem kopfschüttelnden Alfons Igerl der Reihe nach ein Bier aus der Flasche, eine Leberknödelsuppe, die unschwer als Büchsenerzeugnis zu erkennen war, einen Krautsalat, der garantiert aus einer jener riesigen Haushaltsdosen stammte, und einen sicherlich aufgetauten Schweinsbraten mit Packerlsoß. Klar, dass die Knödel keine handgeriebenen und die Nachspeise ein Pudding mit künstlichem Aroma war, auf den der Ober vorm Servieren noch einen Schuss Schlagrahm aus der »Sahnespritzdose« gezischt hatte. Igerl stocherte mürrisch in den dargereichten Speisen, mit bitterbösen Blicken auf den Pfanzelt Maxe, aß aber getreu dem alten Spruch »Lieber den Magn verrenkt wie dem Wirt was gschenkt« alles auf. Zwischendurch grantelte er, die Stimme des Maxe nachahmend, immer wieder zu diesem hinüber: »Alles echt, alles original, nix künstlich!« Wie's der Teufel haben will, entdeckte Igerl in dem Schlagrahm noch ein dunkles, gekräuseltes Haar, zweifelsohne vom Ober. Als schlagkräftigste Bestätigung des Reinfalls hielt er es dem Pfanzelt Maxe unter die Nase, und geradezu masochistisch triumphierend höhnte er in einem Anflug von Galgenhumor: »Alles original, alles echt. Da, da, des is des einzig Echte, des wo i da herin kriegt hab.«

Die Fahrt endete in ihrer vertrauten Wirtschaft, dem Volkart-Eck, wo der Maxe dem Alfons als Buße ein paar Halbe frisch vom Fass spendierte. Und da konnte er dem inzwischen längst wieder beruhigten

Alfons ein Geständnis machen: »Du, Alfons, des mit dem Haar vom Ober, du weißt schon, dass das des einzig Echte war, stimmt übrigens auch net. Der Jonny, du weißt schon, der neue Kellner vom ›Alten Wirt‹, der hat nämlich, des weiß i ganz gwiss, ein Toupet.«

Nili und die Spinne Wabra

Nili kam auf ihrer Suche nach dem Sinn zur Spinne Wabra.

»Grüß Gott«, sagte Nili.

»Hallo«, grüßte die Spinne zurück. »Du schaust so aus, als wenn du etwas suchtest.«

»Das stimmt«, erwiderte Nili, »ich suche den Sinn.«

»Den Sinn?«, fragte die Spinne. »Dann bist du bei mir genau richtig. Schau hin, was ich hier arbeite. Bestimmt hast du noch nie etwas Sinnvolleres gesehen.«

»Und was ist das?«, fragte Nili erfreut in der Hoffnung, auf ihrer Suche fündig zu werden.

»Schau doch her«, forderte sie die Spinne auf. »Siehst du das Netz nicht, an dem ich webe?«

»Das Netz da?«

»Ja eben dieses Netz. Ein Netz ist der Sinn schlechthin, es verbindet alles mit allem. Schau nur richtig hin. Dieser Faden da ist im Netz mit jedem anderen Punkt verbunden, und ich kann auf meinem Netz von hierher zu jedem Punkt gelangen. Netze machen alles erreichbar. Vielleicht webe ich einmal ein Netz, das alles mit allem auf der ganzen Welt verbindet.«

»Alles auf der ganzen Welt?«, staunte Nili. »Da brauchst du aber viele Fäden.«

»Ich weiß«, meinte Wabra nachdenklich »aber es ist ein lohnenswertes Werk. Stell dir vor: Alles wäre in

179

dem Netz erfasst. Du würdest alles in meinem Netz finden.«

»Wirklich alles?«, wollte Nili wissen.

»Natürlich«, sagte die Spinne bestimmt, »wenn etwas von einem Netz erfasst ist, weiß man alles und besitzt es auch. Vernetzung heißt Wissen und Wissen ist bekanntlich Macht.«

»Hat man damit auch den Sinn erfasst?«, fragte Nili hartnäckig weiter.

»Du bist aber sehr begriffsstutzig«, schimpfte die Spinne, »das kommt bestimmt daher, dass du nicht vernetzt denkst. Im Übrigen weiß ich auch schon, woher ich das Material für mein weltweites Netz nehme. Gerade ist mir ein Licht aufgegangen. Siehst du diese dicken Fäden, an denen dieses Netz am Baum hängt? Die werde ich verwenden, um mein Netz zu erweitern.« Und schon knabberte sie die Fäden ab.

Da sackte das ganze Netz zusammen und begrub die Spinne unter sich. Mit Mühe gelang es Nili, Wabra aus dem Gewirr zu befreien.

»Ich glaube«, rief sie Wabra zu, »man darf bei aller Sinnhaftigkeit von Netzen nicht vergessen, dass sie Haltepunkte brauchen, wenn man nicht weiß, an was man sich halten muss, wird auch das größte und kunstvollste Netz sinnlos!«

Heimat

In den vergangenen Jahren, in denen so viel wie nie zuvor über Bildungspolitik, Bildungswettlauf, Bildungsplanung die Rede war, man aber wie selten vorher die Bildung selbst vergessen hatte, war das Wort Heimat nicht mehr aktuell. Das lag hauptsächlich daran, dass man meinte, Wissen über die Heimat sei bloß konservativer Bildungsballast und belaste die Lernkapazität des Kindes unnötig. Das Fach Heimatkunde wurde von übereifrigen Wissensaposteln durch die dem wissenschaftlichen Zeitalter vermeintlich angemessener und objektiver klingende »Sachkunde« ersetzt. Heimat und wissenschaftlicher Fortschritt schienen Gegensätze zu sein. Der Blick nach vorne auf das Heil einer technologischen Zukunft durfte nicht durch Unwesentliches wie Tradition, »Gemütsmäßiges«, verstellt werden. Die altbekannte Tatsache, dass Heimatliebe und Weltoffenheit keine Gegensätze sind, sondern sich gerade gegenseitig bedingen, wurde vergessen. Heimatgeschichte, heimatliches Literatur- und Musikgut, aber auch die erste Orientierung an der heimatlichen Umwelt wurden mit der »geistreichen« Bemerkung ins Abseits gerückt, die Kinder hätten ja heute mittels der Medien Film, Funk und Fernsehen die ganze Welt im Wohnzimmer und wüssten über Texas mehr als über ihre eigene Heimatgemeinde. Statt dass man dem pädagogisch entgegengewirkt hätte, förderte man mancherorts geradezu einen Verlust an Heimatgefühl. Die Wissensinhalte für das Kind in seiner heimatlichen Verwobenheit, die leicht erfahrbar und erlebbar waren und so zu lebendigem Wissen werden konnten, wurden durch das kalte Wort »Sachlichkeit«, durch die Regel: vom konkreten Nahen zum Fernen, durch die Forderung einer möglichst frühen Abstrahierung ersetzt. Vielleicht ist es ganz interessant zu wissen, dass das Verbum, von dem abstrakt kommt, abstrahere, »wegziehen«, bedeutet.

Manche siebengescheiten Leute bereiten sich selbst ein »gutes Gewissen«, indem sie auf die Tatsache verweisen, dass auf die eine Welle eben wieder eine andere folge.

Das ist aber gefährlich, denn einer ganzen Generation wurde in der Schule – sofern nicht vernünftige Lehrer dem entgegenwirkten – diese für die Bildung so wichtigen Bereiche entzogen. Wer damals warnte, wurde als fortschrittsfeindlich und unwissenschaftlich abqualifiziert.

Nun aber hat ein neues Heimatbewusstsein eingesetzt, das, wenn nicht alles trügt, für die nächste Zeit bestimmend sein wird. Ausgelöst wurde es nicht zuletzt aus der Erfahrung heraus, dass Kognitives nicht alles ist, dass Fortschritt nicht automatisch etwas Gutes ist, sondern auch Probleme in sich birgt.

Dies wurde spürbar aus der nicht mehr zu leugnenden Gefahr einer emotionalen Verarmung von Kindern und Jugendlichen einerseits, aber auch der drohenden Vernichtung heimatlicher Umwelt andererseits. Es ist eben eine uralte Erkenntnis, dass dem Menschen oft erst angesichts des Verlustes der Wert einer Sache aufgeht, die ihm bis dahin als selbstverständlich galt.

Zwar hat sich Heimatliches immer irgendwie im Bewusstsein erhalten, und sei es nur in der so oft recht schmalzigen Ecke der Heimatlied-Sendungen, die sich mitunter hinter dem neusprachlichen Titel der »weiß-blauen Hitparade« verbargen. Zwar war in der Heimat- und Volksmusikpflege auch in dieser Zeit vieles geschehen, aber den eigentlichen Ausschlag zur Rückbesinnung gaben Bewegungen, die sich gegen die zunehmende Zerstörung der Natur wandten. Es trat wieder einmal die Merkwürdigkeit ein, dass das, was noch vor kurzer Zeit als »anti-progressiv« gegolten hatte, nun als das Progressive schlechthin galt und der Blick nur dort vorwärts gerichtet schien, wo man zurückschaute. Technik und Fortschritt, gerade noch Mittelpunkt und Ziel der Heilserwartung, waren über Nacht zu Unheilbringern geworden.

Als ich vor vielen Jahren als Pädagogik-Student in einer einklassigen Landschule hospitierte und ein kleines Referat zu dem Thema Heimatkunde vorzubereiten hatte, kam mir der Gedanke, dass es aufschlussreich wäre, zu erfahren, was die Kinder sich eigentlich unter dem Begriff Heimat vorstellen. Ich startete eine schriftliche Befragung, von der mir bis heute die Antwort eines zwölfjährigen Buben im Gedächtnis geblieben ist, dessen schulische Leistungen nicht besonders gut waren. Er schrieb auf die Frage »Woran denkst du, wenn du das Wort ›Heimat‹ hörst?«: »An unseren Gnächt.« War ich zunächst versucht, mich nicht nur über die typischen Rechtschreibfehler, sondern auch über diese mir mehr als komisch vorkommende Antwort lustig zu machen, belehrte mich ein Gespräch mit dem Klasslehrer eines Besseren. Er erzählte, dass die familiären Verhältnisse im Elternhaus des Buben äußerst problematisch seien und er nur im Hause des Knechts seines Vaters ein wenig Liebe und Geborgenheit erfahre. Heimat bedeute ihm also in erster Linie Geborgenheit, Nähe.

Heimat beinhaltet Menschen, die man mag, die man gern hat, die einen aber auch mögen. So meint Max Frisch: »Heimat ist der Mensch, dessen Wesen wir vernehmen und erreichen«, und Christian Morgenstern sagt: »Nicht da ist man daheim, wo man seinen Wohnsitz hat, sondern wo man verstanden wird!« Was heißt das, wenn man sagt, »Ich fühle mich wie daheim«? – Doch nichts anderes, als dass man ungezwungen in einer vertrauten Atmosphäre Geborgenheit erfährt.

Diese ursprüngliche Nähe ist für jeden Menschen etwas existenziell Notwendiges. Jeder Mensch braucht diesen Bezugspunkt, er braucht eine Atmosphäre des Sich-geborgen-fühlen-Dürfens, die ihn dann das ganze Leben hindurch zumindest in der Erinnerung begleitet. Heimat bedeutet auch Zeit, Zeit für Erlebnisse und Erfahrungen, Zeit, die wir uns und dem anderen lassen müssen, um zu vernehmen, aufzunehmen, anzunehmen.

Gerade heute besinnen sich Pädagogik und Psychologie Gott sei Dank wieder stärker darauf, was dies heißt. Heimat bedeutet dann auch eine Verpflichtung für uns selber, Geborgenheit, Heimat zu geben. In diesem Sinne ist auch das Wort von Ina Seidel zu verstehen, dass wir nicht nur Heimat suchen, sondern Heimat werden sollen. Heimatliche Geborgenheit in der Familie bedeutet dann aber für das Kind auch, nicht nur gefordert und radikal hinausgestoßen zu werden in eine zunächst fremde Welt der Wissenschaft oder in einen ohnehin noch früh genug einsetzenden Leistungsstress.

Es wäre verfehlt zu glauben, der Mensch könne sein ganzes Leben in Geborgenheit verbringen. Wie es einseitig ist, im Erzieherischen nur vom Wachsenlassen, Gewährenlassen, vom Reifen zu sprechen, sondern auch das Führen, das Herausziehen, das Erziehen dazukommen müssen, so bedeutet Menschsein auch ein Herausgehen, Weggehen vom Gewohnten, der Geborgenheit. Heimat ist nicht etwas, das man ein für alle Mal hat.

Der Mensch ist immer wieder verglichen worden mit dem Wanderer, der nirgends eine ganz und gar feste Bleibe hat, der immer den Hinausgang wagen muss, zum Abschiednehmen geradezu gezwungen wird.

Was gibt es für ihn Sicheres, Unverlierbares? Besagt nicht Leben ein ständiges Suchen, ein Sich-Hinausbegeben in die Fremde der Unsicherheit? Es sei an den alten Brauch erinnert, sich als Geselle auf die Wanderschaft zu begeben. Man machte sich auf, um draußen Neues, Unbekanntes kennenzulernen, auf der Fahrt etwas zu erfahren – auch auf die Gefahr hin, weitab von der heimatlichen Geborgenheit Abenteuer bestehen zu müssen. Dieses Weggehen ist nicht selten zunächst ein Herumirren in einer weiten Welt voller Wege und Straßen, die nicht immer mit richtungsweisenden Wegmarkierungen versehen sind.

Für ein wahres Heimatgefühl hat dieses Weggehen aber einen positiven Aspekt. Derjenige, der fortgeht,

185

Abschied nimmt, sieht plötzlich das Gewohnte, Vertraute in einem ganz neuen Licht. So wie Nietzsche sagt: »Von dem, was du erkennen und messen willst, musst du Abschied nehmen, wenigstens auf Zeit. Erst wenn du die Stadt verlassen hast, siehst du, wie hoch sich ihre Türme über die Häuser erheben.«

Das ist auch die Lehre der folgenden alten Legende:

Es waren einmal zwei Mönche, die lasen miteinander in einem alten Buch, am Ende der Welt gebe es einen Ort, an dem Himmel und Erde sich berührten. Sie beschlossen, diesen Ort zu suchen und nicht aufzugeben, bis sie ihn gefunden hätten. Und so durchwanderten sie die Welt, erlitten viele Entbehrungen und bestanden viele Gefahren, ließen sich aber nicht vom Ziel abbringen. Eine Tür sei dort, so hatten sie gelesen, und man brauche nur anzuklopfen und befinde sich an einem Ort, der sich Himmel nenne.

Nach langer Wanderung fanden sie endlich einen Platz, der dem beschriebenen ähnelte. Sie klopften an die Tür und sahen, wie sie sich öffnete, und als sie eintraten, standen sie daheim in ihrer Klosterzelle. Da begriffen sie: Der Ort, an dem Himmel und Erde sich berühren, kann sich an der uns zugewiesenen Stelle befinden.

Im Rückblick sieht man vieles, was zuvor selbstverständlich war, neu, und man erkennt, wie lieb und teuer einem etwas war und ist, auf das man oft gar nicht mehr besonders geachtet hatte. Diese Situation zeigt sich besonders bei den Heimatvertriebenen, die aus dem aufgezwungenen Abschied heraus eine geradezu sprichwörtlich gewordene Heimatliebe zeigen.

An ihrem Beispiel erkennen wir aber auch ein weiteres Phänomen, nämlich dass man aus starker Verbundenheit zur alten Heimat in der Lage ist, sich eine neue Heimat zu schaffen. Heimat ist zwar in gewisser Weise ein ruhender Pol, an dem man sich orientiert, Heimat ist aber auch etwas zu Schaffendes, neu zu Gewinnendes. Ich muss mich um Heimat bemühen. Bloß hinausgehen genügt meines Erachtens nicht; der Mensch muss sich auch um Heimholung bemühen. Ein Leben ohne eine wie auch immer geartete Form des Heimischen ist nicht lebbar. Hinausgehen darf nicht zur Heimatlosigkeit werden. Nietzsche beschreibt diese Situation in einem berühmten Gedicht, das bezeichnenderweise den Titel »Vereinsamung« trägt:

> *Die Krähen schrein*
> *und ziehen schwirren Flugs zur Stadt:*
> *Bald wird es schnein.*
> *– Weh dem, der keine Heimat hat.*

Der Wanderer, der nach seiner Wanderung in seine Heimat zurückkehrt, bringt das Neue, das er auf seiner Fahrt kennengelernt hat, in das Alte ein. Er bringt seine Erfahrung ein, er sieht jetzt vieles anders. Da kann es dann auch sein, dass er Altes, Überkommenes da und dort zu verändern sucht. Denn Heimat ist nicht ewiger, unveränderlicher Besitz, sie ist Aufgabe. Freilich ist es oft schwierig, Altes und Neues zu vereinen. Aber muss der ständige Kampf immer so uneinsichtig und radikal geführt werden zwischen dem »bloßen Bewahren« und dem »nur Verändern«?

Bewahren und Verändern haben ihre positiven Seiten, wenn sie nicht zum Selbstzweck werden. Heimat ist also unserer Verantwortung anheimgestellt. »Heimat ist ein geistiger Raum, in den wir mit jedem Jahr tiefer eindringen« (Reinhold Schneider). Heimat, das ist ein dynamisches Verhältnis zu einem mehr oder weniger festen Bezugspunkt, etwas, an das man sich erinnert, das uns die ersten Wertmaßstäbe vermittelt. Woher anders lernen wir etwas bewerten als aufgrund unserer ersten (heimatlichen) Erfahrungen und Erlebnisse? Das ist auch die so notwendige, im wahrsten Sinne des Wortes grundlegende Bedeutung des Faches Heimatkunde (dessen Wert man heute wieder zu schätzen weiß), dass hier in einer heimatlichen Umgebung erste Eindrücke gewonnen werden, aber auch in Ruhe Erlebnisse verdaut werden können und dürfen, da man sich zunächst dort auszukennen lernt, wo man heimisch ist und damit die abstrakten Werte »schön«, »gut«, »wahr« und »echt« im Konkreten erfährt, erfasst, erlebt.

Auf diese ersten Erfahrungen und Erlebnisse baut alles Spätere auf. Auch wenn die »Welterfahrung« dann so manches in Frage stellt, was bis dahin für einen galt, sind diese Besinnungen nur dadurch möglich, dass man einen ursprünglichen Maßstab hat.

Zum Daheimsein gehört übrigens auch die Mundart, gehört, dass das Kind eine Sprache hat, in dessen Welt es zu Hause ist, dass Worte nicht bloßer Schall und Rauch sind, sondern das Kind Vorstellungen, Erlebnisse und Erfahrungen damit verbinden kann.

Ist es nicht die große Gefahr in unserer schlagwortreichen Zeit, dass man tatsächlich von der Wortfülle, von Worthülsen fast erschlagen wird, dass man immer mehr redet und immer weniger sagt? Am liebsten würde man Kinder ja heute schon nicht nur zwei-, sondern drei- und viersprachig aufwachsen lassen, damit sie den Bildungswettlauf nicht schon im Kindergarten verlieren. Ohne hier zu weit auf diese Problematik eingehen zu wollen, halte ich es für jede Erziehung für grundlegend, dem Kind die Möglichkeit zu geben, zunächst in einer Sprache heimisch zu werden. Heimatsprache und Mundart, in denen man so spricht, wie es einem ums Herz ist, sind eine sinnvolle Grundlage für das Erlernen anderer Sprachen.

Die Muttersprache lässt uns in der Begriffswelt erst heimisch werden, erfüllt sie mit Leben. Erst mit diesen Namen, die wir lebendig erfahren haben, können wir die Welt deuten – so wie in der kleinen Geschichte, in der ein Münchner in Köln an der Rheinbrücke von ebenfalls einem Fremden gefragt wird, wie der Fluss heiße, und er ihm antwortet: »Bei uns nennt man des Isar!«

Nur wer einen Standort hat, kann eben auch Stand gewinnen. Ich behaupte auch, wenn wir Geborgenheit bieten und Heimat für andere werden sollen, müssen wir etwas anbieten, etwas geben, etwas ausstrahlen. Das ist aber nur da möglich, wo wir uns um einen Standort bemühen.

Damit ist ebenfalls gesagt, dass dieses Verständnis in krassem Gegensatz zu einem engstirnigen Nationalismus steht, der nur das Eigene gelten lässt. Und ist nicht die ganze Welt auch irgendwie unsere Heimat, in die wir als Menschen hineingestellt sind? Dazu ist freilich notwendig, dass wir Heimat zunächst in einem begrenzten, überschaubaren, erlernbaren Raum erfahren. Wie heißt es noch in einem alten russischen Sprichwort? – »Wer sich überall zu Hause fühlt, ist nirgends daheim.«

Es ist halt, wie's ist

Igerl und der Pechvogel

Kennengelernt hat ihn Alfons Igerl, als er gerade mit seinem Freund, dem Pfanzelt Maxe, in einem kleinen Café am Viktualienmarkt saß und es einen dumpfen Platscherer tat.

Ohne dass der Maxe viel aufsah, stellte er fest: »Jeggerl, jetzt ist der Zirngiebel Lothar schon wieder von seinem Urlaub z'rück.«

Zwei Tüten im Arm, sah man eben diesen Lothar Zirngiebel vor einer am Boden zerplatzten Tüte stehen, aus der es gruselgelb hervorquoll.

»Wenn der Zirngiebel vier Tüten hat, von denen bei drei nix passieren kann, fallt ihm todsicher die eine, bei der was Zerbrechlichs drinna is, runter«, stellte der Maxe halblaut fest.

Alfons Igerl fiel es auf, dass der Zirngiebel mit einer gewissen Routine den Schaden behob, wobei die Bedienung, die ihn offensichtlich kannte, gar nicht sonderlich berührt zusah. Nach den erledigten Aufräumungsarbeiten fragte Zirngiebel nach einem freundlichen Gruß, ob es gestattet sei, sich dazuzusetzen.

»Selbstverständlich«, sagte der Pfanzelt Maxe, brachte aber gleichzeitig die zerbrechlichen Gegenstände auf dem Tisch in Sicherheit. Nicht zu Unrecht, wie es sich ein paar Minuten später herausstellte, als Zirngiebel nämlich just in dem Augenblick kurz aufstand, in dem die Bedienung wieder mit dem vollen Tablett vorbeiging und es nur so schepperte.

192

»Brauchen S' eahna nix denkn«, beruhigte der Lothar den Alfons, als ihm ein ›um Gottswillen‹ entfuhr. »Brauchen S' Eahna nix denkn, i bin guat versichert.«

»Und die Versicherung, wost dabei bist, auch, gell, Lothar?«, fügte der Maxe hinzu, »sonst wärn's schon längst pleite gangn mit dir.«

Dieser nickte mit einem melancholischen Lächeln auf den Lippen zustimmend.

»Jetzt erzähl einmal«, ermunterte ihn der Maxe nach einiger Zeit. »Wie war's denn in dei'm Urlaub heuer? Das übliche, ha?«

»Also verhältnismäßig is ganz guat gangn«, begann dieser zu erzählen. »Angangn is 's sogar so guat, dass i fast ein schlechts Gfühl kriegt hab, weil nix schief gangn ist. Das Taxi is rechtzeitig am Flugplatz ankommn, i bin in die richtige Maschin reinkommen und sie is auch in dem Ort, in dem i gebucht hab, glandt. Mit dem, wie üblich, verwechselten Koffer, hab i diesmal eigentlich auch Glück ghabt, weil's ausnahmsweis net Frauensachn warn, die drin warn, sondern ein Herrenkoffer, und die Sachn habn mir auch noch verhältnismäßig guat passt. Und ein paar Tag vor der Abreise is dann sogar mein richtiger Koffer nachkommen. Ein bisserl problematisch is 's dann wordn, wie i feststelln hab müssn, dass s' in der Buchung was mit den Hobbykursen durcheinanderbracht habn. Du weißt doch, dass i ein begeisterter Amateurkoch bin und deswegn hab i ein ganz neues Angebot bucht ghabt, wo man 14 Tag lang einen Kurs für italienische Küche machn kann. Die wechsln sich in dem Hotel aber immer mit Kurse ab, und durch den

193

Buchungsfehler bin i in den 14 Tagen reinkommen, wo's grad an Diätkurs gmacht habn, mit dem entsprechenden sportlichen Beiprogramm dazu: Surfen, Tauchen, Jogging usw. Und eins dürfts mir glauben, wennst einmal in so einen Hobbyurlaub einprogrammiert bist, dann hilft dir gleich gar nix mehr. Mit Turnen is 's angangn. In aller Früh sind mir von so einem Animateur gweckt wordn. Dann is 's aufgangn: Bodybuilding, Trimmen, Stretching, Aerobic, Jogging. Bis i das durchbracht hab, is mir meistens net einmal eine Viertelstund für mein Frühsport bliebn, den wo i sonst von daheim aus gwohnt bin. Und hernach hab i in den jeweiligen Neigungsgruppen antretn müssn. Meine Hauptneigung wär jetzt a schöns Frühstück gwesn, in Ruhe, aber da is natürlich nix gangn. Zuerst war allerweil das Surfen dran. Was mir da alles passiert is, brauch i kei'm erzähln, der mich kennt. Zuerst hab i noch drauf ghofft, dass's mich bei mei'm sprichwörtlichen Ungeschick im Umgang mit Geräten, insbesondere Sportgeräten, nach kurzer Zeit wegen einer entsprechenden Einbuße im Materialbereich ausschließn tätn, aber die Sportgeräte von heut sind auch nimmer des, was s' früher warn, und sind so stabil wordn, dass net einmal i eine Chancn dagegn ghabt hab. Mit Abstand das schwächste Glied in der Kette, wie man so sagn kann, war natürlich i. Nachdem i gspannt hab, dass 's mit dem Materialschadn nix is, da hab i allerweil ghofft, dass 's mich einmal irgendwie erwischt und i wenigstens für ein paar Tag ausfallen tät. Aber da is nix gangn. Wenn irgendwas gfehlt hat, is so ein moderner Bader kommen, ›Fit-Macher‹, wie man das heutzutag nennt, hat mich mit irgendwelchen Essen-

194

zen und Ölen behandelt und an mir umeinander knet'
wie der Bäcker Eberl an sei'm Brotteig, bis 's mir dann
z' blöd wordn is und i halt wieder fit gwesn bin. Aber
des war ja noch net alles ...«

Lothar Zirngiebel erzählte noch eine halbe Stunde
von seinem Urlaub und dem, was alles gelaufen bzw.
schiefgelaufen war. Das, was er erzählte, hätte Stoff
für mindestens zehn Filme aus der Klamottenkisten-
Zeit gegeben, wäre aber wohl schon seinerzeit als
stark übertrieben betrachtet worden. Als sie sich ver-
abschiedeten, hatte der Igerl so viel Gefallen an seinem Gesprächspartner gefunden, vielleicht auch in
einer Art Regung des Mitgefühls, dass er ihn zum
Stammtisch ins Volkart-Eck einlud. Igerl lernte ihn als
einen äußerst hilfsbereiten Menschen kennen, der aber
wohl die eindeutigste Konkretisierung des Murphy-
Gesetzes darstellte: »Wenn etwas schiefgehen kann,
dann wird es auch schiefgehen.« Das Besondere an
Zirngiebel war nun, dass er mit diesem ihm offensichtlich auferlegten Schicksal keineswegs mehr
haderte, sondern bereits begonnen hatte, es – um es
geschwollen auszudrücken – in seine Persön-
lichkeitsstruktur zu integrieren. Natürlich äußerte er
sich nicht so kompliziert, weil er kein »gstudierter«
Psychologe oder Soziologe war. Er brachte es vielmehr auf den schönen Satz, den Sigi Sommer einmal
formuliert hatte: »Wo i bin, is' nix und überall kann i
net sein.« Mit der Zeit stellte Igerl fest, dass sich der
Zirngiebel wohl auf Grund seiner vielfältigen Erfahrungen eine eigene Misserfolgsphilosophie zusam-
mengestellt hatte und durchaus gescheite Sätze
formulierte, von denen der Alfons allerdings nicht

wusste, ob sie auf seinem eigenen Mist gewachsen waren oder ob er sie irgendwo gehört oder gelesen hatte.

»Das Wichtigste im Leben«, sagte er manchmal, »is net, dass man einen Erfolg hat, sondern dass man mit seinem Misserfolg fertig wird.« Oder er pflege nebenher einzuwerfen: »Wenn's dir guat geht, brauchst dir nix denka, aa des geht vorbei.«

Manchmal mutet es auch makaber an, wenn er sich selbst Mut zum Ertragen des mit einiger Sicherheit zu erwartenden Missgeschickes machte und sagte: »Kopf hoch, as Schlimmste kimmt erst no.« Es war ja auch ganz unterschiedlich bei ihm. Manchmal funktionierte am Anfang schon überhaupt nichts. Lief aber alles wie geschmiert, dann musste er immer wieder erleben, dass plötzlich irgendwo der Wurm drin war, was er etwa so kommentierte: »De Sachan funktioniern bloß deswegn, damit's aa schiafgehn könna.«

Für Igerl war es interessant zu beobachten, dass der Zirngiebel trotz seiner Pechvogelhaftigkeit alles andere als ein unglücklicher Mensch war. Im Gegenteil, wenn er an andere dachte, bei denen es oft wie geschmiert lief und überlegte, dass sich diese oft gar nicht mehr freuen konnten, war es beim Zirngiebel immer wieder schön zu bemerken, dass er die kleinen Strecken, in denen es nicht schiefging, ungeheuer genoss und dass er schon eine gewisse Befriedigung auch darin hatte, wenn er feststellte: »Was hab i gsagt?«

Irgendwie erinnerte er Igerl an die alte Kassandra, die die Fähigkeit hatte, jedes Unglück vorauszusehen, der aber niemand geglaubt hatte. So ähnlich, dachte er sich, mag es dieser Dame, Gott hab sie selig, auch

196

gegangen sein, weil sie ja auch sehr »erfolgreich« war, indem sie eben mit größter Erfolgsquote den Misserfolg prophezeite, und alles ohne Computer und Hochrechnung. In dem Fall tut man sich auch schwer, überlegte Igerl weiter, der ja immer eine gewisse Neigung zu kleinen philosophischen Höhenflügen hatte, zu sagen, ob der Zirngiebel jetzt eigentlich ein Pessimist oder ein Optimist ist. Pessimist vielleicht, weil er damit rechnet, dass er mit der schlechten Voraussage recht hat. So wie der Zirngiebel ausschaut, ist er wahrscheinlich ein Realist. Oft war es dem Igerl aber nicht ganz wohl bei dem Gedanken, dass das einzige Geschick vom Zirngiebel sein Missgeschick sein sollte, und deswegen heckte er einen Plan aus.

Der Kleingartenverein »Flora«, bei dem Alfons Igerl bekanntlich in der Vorstandschaft saß, veranstaltete jedes Jahr ein großes Sommerfest, bei dem es natürlich auch eine Tombola gab. Igerl erinnerte sich noch genau, wie ihm einmal Zirngiebel erzählt hatte: »Wenn's bei einer Lotterie oder Tombola tausend Lose gibt und 999 Gewinne dabei san, dann kennan S' mit mir wettn, dass i de oanzige Niatn ziag.«

In der Abwesenheit von Zirngiebel besprach sich Alfons Igerl mit seinen Stammtischfreunden, und sie kamen überein, aus der Stammtisch-Kasse ein Rad anzuschaffen, das sie dann als Hauptpreis bei der »Flora«-Tombola zur Verfügung stellen wollten und, soweit glaubte Igerl seine Kompetenzen der Vorstandschaft ausdehnen zu dürfen, dieses Rad musste als Gewinn unbedingt dem Pechvogel Zirngiebel zufallen. Es würde zu weit führen zu erzählen, wie sie den Zirngiebel überhaupt dazu brachten, Lose zu kaufen, und wie sie ihm das Los mit dem Haupttreffer zuschanzten, er das Los selbstverständlich gleich verlor, sie es aber in gemeinsamer Suche fanden, und er schließlich den Hauptgewinn in Empfang nahm. Der Münchener Schriftsteller Werner Schlierf, den Alfons Igerl aus seiner Jugendzeit gut kannte und dem er die Geschichte erzählte, hatte das, was dann Zirngiebel mit diesem Rad alles an Pech passierte, wortgetreu beschrieben. Während sich aber sonst die Verlage um Beiträge von Werner Schlierf rissen, wurde ihm diesmal die Geschichte von allen Seiten abgelehnt. Der Grundtenor der Ablehnung bestand in dem Satz: »Des glauben S' doch selber net, dass man so viel Missgeschick haben kann, total unglaubwürdig.«

Als Werner Schlierf lachend die Story in seinem Freundeskreis der Schlaraffen erzählte, kam einer aus der Runde auf einen Einfall: »Weißt was«, sagte er, »für den Zirngiebel gibt's gar nix anderes, als wia dass er in den Klub kommt, den ich kenn; da sind die größten Pechvögel, die's bei uns in Bayern gibt, versammelt.« Es handelt sich um den bekannten Klub der »Schiefgeher«. Tatsächlich wurde Zirngiebel in diesen Klub aufgenommen und fand darin eine neue Heimat, die ihn mit Freude und Stolz erfüllte. Interessanterweise brachte er es in diesem Klub geradezu zu dem, was man eine Karriere nennt. Nach zwei Jahren stand er tatsächlich als Vorstand an. In der Zwischenzeit hatte ihm aber Schlierf geraten, er solle doch einmal seine gesammelten Erlebnisse zu Papier bringen. Zirngiebel folgte diesem Rat und verfasste tatsächlich ein Büchlein mit dem Titel »Schiefer geht's nimmer«. Und was niemand geglaubt hatte: Dieses Buch wurde ein

Bestseller. Für Zirngiebel wurde dieser Erfolg aber schließlich trotzdem zum Misserfolg, denn er wurde aus dem Klub der »Schiefgeher«, der ja auf der Idee der Erfolglosigkeit beruhte, kurz vor Erreichung der Präsidentschaft auf Grund seines Erfolgs ausgeschlossen.

Der Allergiker

Das Zusammensitzen nach der Donnerstags-Kegelrunde im Volkart-Eck war für den Scherm Ade immer die beste Gelegenheit, seine Witze loszubringen, die er sich im Laufe der Woche aus irgendwelchen Illustrierten zusammengeschrieben und auswendig gelernt hatte. Gerade war er wieder dabei: »So, liebe Freunde, jetzt prüfe ich eure Intelligenz. Wissts ihr, warum ein Elefant grau, groß und runzlig is?«

Die Kegelspezis wackelten mit dem Kopf, denn selbst wenn einer die Lösung gewusst hätte, wollte man dem Ade seinen Spaß an der Pointe nicht verderben.

»Net?«, lacht der. »Soll ich's euch sagn? Also, wenn der Elefant net grau, groß und runzlig wär, dann – hatschi – hatschii – hatschiii –«

Der Scherm Ade bekam einen furchtbaren Niesanfall und konnte die Pointe nicht mehr erzählen. »I weiß gar net, was mit mir los is«, hustete er hervor, »es is furchtbar, i glaub, i hab einen Heuschnupfn. Letztn Donnerstag is' mir schon so gangen.«

»Habn mir schon gspannt«, lachte der Pfanzelt Maxe, »meinst, mir habn vergessn, wie mir alle eine Leberknödlsuppn bstellt habn, und du hast einen solchen Anfall kriegt, dass alle Knödl aus den Suppntellern gflogn sind. Ha, ha, ha.«

Der Klein Pauli hatte sich an dem Gespräch nicht beteiligt und immer nur mit dem Kopf gewackelt.

»Was is denn mit dir los, Pauli?«

»I möcht jetzt endlich wissn, warum ein Elefant grau, groß und runzlig is.«

»Geh«, meinte der Pfanzelt Maxe, »des is doch ein uralter Witz. Wenn er weiß, klein und glatt wär, könnt man ihn leicht mit einer Kopfwehtablettn verwechseln.«

»Feigling«, meinte der Scherm, »jetzt hast mir die Pointe weggnommen, die wollt doch i verzähln.« Und schon wieder bekam er einen Niesanfall.

Als er sich wieder erholt hatte, fühlte er sich offensichtlich genötigt, wenigstens noch einen Witz zum Besten zu geben. »Ihr kennt doch alle an Kornexl Josef vorn vom Eck, der wo so unterm Pantoffel steht.« Ohne eine Antwort abzuwarten, fuhr er fort: »Der hat mir 's letzt Mal Folgendes erzählt: ›Mei‹, hat er gsagt, ›is des ein Lebn, i hab eine so schwere Arbeit. In der Früh um sechs geht's an, und dann steh i in der Waschgarage. Den ganzn Tag muss i nur Autos waschn, Autos waschn, Autos waschn und Autos waschn. Und wenn i heimkomm, was find i vor? Ein dreckigs Gschirr, des wo i waschn muss, und d' Waschmaschin voll dreckerter Wäsch, die wo i waschn muss.‹

›Ja, und‹, hab i gfragt, ›sag einmal, du bist doch verheirat', was is 'n da mit deiner Frau?‹ – »Hatschi – hatschii – hatschii«, entfuhr es ihm wiederum.

Die Stammtischspezln schauten ihn ungläubig an. »Ja, sag einmal«, meinte der Igerl Alfons, »des is ja bei dir direkt schon neurotisch. Jeds Mal, wennst zur Pointe kommst, kriegst einen Niesanfall. Bist du gegn Pointn allergisch? Des wär was anders, wenn mir auf deine altn Witz hin einen Niesanfall kriegtn, denn einen Lachanfall kannst ja bei uns net erwartn.«

201

»Jetzt möcht' i aber doch wissn, wia's ausgangn is«, meinte der Klein Pauli, der wieder mit dem Kopf gewackelt hatte, »i kenn den Witz nämlich noch net.«

»Also, Pauli«, klärte ihn der Pfanzelt Maxe auf, »wie der Herr Kornexl angeblich dem Ade vorgjammert hat, dass er abends auch noch 's Gschirr und d' Wäsch waschn muss und der gfragt hat: ›Ja, und Ihre Frau?‹ – da hat der Kornexl gsagt: ›Na, die Gott sei Dank net, die wascht sich selber.‹«

Nun schloss sich eine längere Debatte darüber an, was man denn dem Scherm Ade raten könne, der von sich behauptete, dass es eigentlich sonst unter der Woche nicht so schlimm sei, aber seit einigen Wochen habe er diese Anfälle fast regelmäßig nach dem Kegelscheiben, wenn er in der neugestalteten Stube des Volkart-Ecks sitze.

»Derweil habn s' es jetzt so schön hergricht«, meinte er, »schauts euch des nur an. Der neue Besitzer legt offensichtlich Wert auf Imagepflege da herin. Der alte hat's aber auch ganz schön verrotten lassn, am Schluss zu.«

»Ja«, stimmten die Stammtischspezln zu, »es is eine wahre Freud, seit der Neue drauf is, der weiß wenigstens, was er seinen Gästen schuldig is. Eine kleinere Speiskartn hat er wie der Vorherige, aber dafür kommt alles frisch auf'n Tisch. Und die Preise stimmen auch noch. Letzts Mal hab i ein Wiener Schnitzel gessn, des hängt noch richtig übers Teller runter, wie die draußn beim Baserl in Kirchasch. Was mich aber am meistn gfreut, is, dass er uns eigens an unsern Stammtisch die schöne Vasn voller Blumen hergstellt hat. Des is ein Service, des findst sonst bei kei'm.«

Nachdem der Scherm Ade noch einmal einige Anläufe mit Witzen unternommen hatte, aber regelmäßig die Schlusspointe verniest hatte, beziehungsweise sie ihm der Maxe vermiest hatte, indem er gleich rechtzeitig dem wissbegierigen Klein Pauli die Pointe erzählt und dann sogar noch interpretiert hatte, gingen die Kegelbrüder nach Hause. Vorher aber hatte der Krautsieder Thomas noch fürsorglich gemeint: »Du, pass einmal auf, Ade, ein Baserl mütterlicherseits hat so was Ähnlichs ghabt wie du. Bei der war des ganz schlimm. Die is zu x-verschiedenen Doktorn gangn, und keiner hat ihr gholfn. Nachher hat ihr vorigs Jahr ein Cousin von ihrem Mann, ein gewisser Jürgen Röhling, der wo einige Zeit in China war, ein Mittel aus China gebn, den Tigerbalsam, und damit hat sie sich jedn Abend vorm Einschlafn d' Nasn eingschmiert, und nach einer Woch war des ganze Teufelszeugs vorbei.«

»Ja, und wo kriegt man denn den Tigerbalsam?«, wollte der schon wieder zu einem Niesen ansetzende, leidgeprüfte Scherm Ade wissen.

»Da gibt's doch jetzt gnug so chinesische Lädn bei uns in der Stadt. Übrigens, in der Lachnerstraß hat jetzt auch ein chinesisches Restaurant aufgmacht. Frag da, die wissn bestimmt Bescheid.«

Der Scherm Ade aß am nächsten Abend im »Kung Wang Wu« in der Lachnerstraße zu Abend, obwohl er eigentlich mit dem chinesischen Essen bis dato nicht viel am Hut gehabt hatte. Der Scherm Ade war nämlich ein sehr konservativer Mensch, der immer dem Grundsatz huldigte: »Was der Bauer net kennt, frisst er net.« Da saß er also vor einer ewig langen Speise-

203

karte und wanderte mit seinem Blick unschlüssig zwischen den verschiedenen Gerichten aus Entenfleisch hin und her, deren Namen ihm im wahrsten Sinne des Wortes ziemlich chinesisch vorkamen. Oh mei, überlegte er sich, is des im Volkart-Eck einfach, da gibt's meistens nur an ein paar Tag im Jahr eine Ente, und eine Ente ist eine Ente. Höchstens, dass sich der Pfanzelt Maxe immer aus einer gewissen Penetranz heraus andere Knödl serviern lässt.

Wenn er nur den Ober hätte fragen können, was es mit diesen Wungs und Fangs und Jengs auf sich hatte! Aber, ob die wohl richtig Deutsch konnten? Der Scherm Ade erinnerte sich, dass er vor Jahren als Bub einmal einen Karl May mit dem Titel »Der blaurote Methusalem« gelesen hatte, und darin kam ein gewisser Kapitän Turnerstrick vor. Dieser hatte vorgetäuscht, er könne chinesisch, indem er an alle deutschen Wörter ein »ing«, ein »ang« oder ein »ung« anhängte. Aber diese Methode würde hier bestimmt nicht funktionieren. Oder vielleicht sollte er es doch probieren?

So rief er beim nächsten Mal dem Ober zu: » Entschuldigung. Speisung.«

Der Ober kam freundlich näher und meinte: »Bestellung?«

Donnerwetter, überlegte sich der Ade, sollte der alte Turnerstrick doch recht gehabt haben? Nun, schaden könnte es ja nichts. Und so schaute er den Ober fragend an und meinte: »Empfehlung.«

Der Ober überlegte ein wenig und meinte dann lächelnd, indem er auf eine bestimmte Zahl in der Speisekarte hinzeigte: »Meine Meinung.«

Mei, was bleibt mir da noch anders übrig, überlegte der Ade. So rief er dann nur lakonisch: »Bring, bring.«

Nach relativ kurzer Zeit brachte der Kellner einen riesengroßen Teller mit undefinierbarem Zubehör. Der Ade schaute hilflos auf die gebrachte Speisung. Gott sei Dank gab es wenigstens Messer und Gabel, denn er hatte schon befürchtet, noch mit Stäbchen essen zu müssen.

Skeptisch schob er sich die ersten Bissen in den Mund. Aber das Zeug schmeckte nicht einmal schlecht. An was erinnerte ihn das bloß? Ah ja, an das Gansjung, das er immer bei seiner Schwägerin, der Weithammer Burgl, bekam. Gansjung, überlegte er sich, vielleicht ist das auch ein chinesisches Gericht? Klingen tut es jedenfalls so: Gans-jung. Ob die Weithammers vielleicht sogar chinesisch kochten? Dann hätte er sie ja gleich wegen des Tigerbalsams fragen können.

Oh jeggerl, der Tigerbalsam. Deswegen war er ja eigentlich hergekommen. Als er fertig gegessen hatte, rief er den Ober und meinte: »Bezahlung, Rechnung.«

Er gab dem Ober ein für seine Verhältnisse größeres Trinkgeld, und als der freundlich seine »Danksagung« murmelte, wagte der Ade die Frage: »Entschuldigung, habung Tigering Balsamung?«

»Einen Tigerbalsam?«, fragte der plötzlich in lupenreinem Hochdeutsch. »Diese Pasten in einem kleinen Döschen zum Einreiben? Den bekommen Sie am Ende dieser Straße. Da ist ein chinesisches Geschäft, mein Herr. Grüßen Sie den Besitzer. Er ist mein Onkel. Auf Wiedersehen, mein Herr.«

205

Der Scherm Ade schaute ihn mit großen Augen an. Ja, so was, überlegte er sich, spricht der so gut Deutsch. Des wenn i gwusst hätt, hätt i mich net so plagn müssn und mit ihm Chinesisch redn.

Hocherfreut ging er in das Geschäft und besorgte sich vorsorglich gleich ein paar von den kleinen Döschen. Er konnte es kaum erwarten, bis er den Laden verlassen hatte. Dann machte er die Dose auf. Das Zeug roch sehr stark, aber nicht unsympathisch, und so schmierte er sich gleich eine ganze Menge um die Nase. Das tat er nun regelmäßig während der nächsten Tage. Und tatsächlich stellte sich nicht der geringste Niesreiz mehr bei ihm ein.

Freudig kam er am Donnerstagabend wieder zur üblichen Kegelrunde. Alles schien bestens zu laufen. Kein einziger Nieserer, während er freudestrahlend ein paar Mal rufen konnte: »Alle Neune!« – oder: »Ein Kranz, gell Alfons, da tust dich schwer mit dem Saunagl« und so weiter.

Dann saßen sie also wieder am Stammtisch. Der Blumenschmuck schien ihm heute noch schöner als das letzte Mal. Und so begann er wieder den neuesten Witz, den er sich gerade aus irgendeiner Zeitung angelesen hatte, zu erzählen: »Geht der Gsottmeier zum Bauern: ›Du, sag einmal, was is denn mit deiner Schweinezucht wordn?‹

›Ja‹, meint der, ›gar net so schlecht, bloß anfangs hat's mit dem Eber net so richtig 'klappt. Aber dann bin i zu unserm neuen Tierarzt, und der hat ein Supermittel aufgschriebn, und des hab i ihm gebn. Da schau her‹, meint er zum Gsottmeier, »siehst den Erfolg? Einen Haufn junge Fackerln!‹

206

›Tatsächlich‹, meint der Gsottmeier, ›des is ja phänomenal. Sag einmal, wie heißt'n des Mittel?‹

›Des Mittel …‹«

In diesem Moment packte den armen Ade wieder ein Niesanfall, der es in sich hatte. »Ja, sag einmal«, meinte der Pfanzelt Maxe, »jetzt hab i denkt, der Tigerbalsam hätt gwirkt bei dir. Und jetzt geht's schon wieder los. Bei dir is ja Hopfn und Malz verlorn.«

»Entschuldigung«, meldete sich jetzt der Klein Pauli, »wie hat'n des Mittel jetzt gheißn? I möcht den Schluss von dem Witz erfahrn.« Da der Ade immer noch nieste, sprang der Pfanzelt Maxe wieder einmal ein und erzählte zu Ende: »Ja, wie der Gsottmeier gfragt hat, wie des Mittel heißt, hat der Bauer gsagt: ›Den Namen weiß i net genau, aber es schmeckt nach Pfefferminz.‹«

Nach einer halben Stunde schien es beim Scherm Ade wieder etwas besser zu werden.

So fing er schließlich einen weiteren Witz an: »I hab euch da neulich von dem Herrn Kornexl erzählt, der wo so unterm Pantoffel steht. Stellts euch vor, i weiß schon wieder was Neus von ihm. Neulich is er mir begegnet, und da hab i zu ihm gsagt: ›Na, wie geht's daheim?‹

›Ja‹, hat er stolz gsagt, ›jetzt hab' i meine Frau richtig im Griff. Kaum dass i ihr was anschaff, bringts' es schon. Stelln S' sich vor, gestern Abend bin i heimkommn und hab gsagt: Bring mir ein warms Wasser, und kaum dass i 's gsagt hab, hats' mir schon einen ganzn Kübel voll hingstellt.‹

›Na und‹, hab i gfragt, ›für was brauchen Sie denn ein warms Wasser?‹

207

›Mei‹, hat er gsagt …‹« – und da begann der Scherm bereits wieder anzusetzen, so dass die ganzen Stammtischspezln eiligst ihre Leberknödelsuppen in Sicherheit zu bringen suchten.

»Des is ja entsetzlich mit dir!«, meinte der Pfanzelt Maxe, und die anderen saßen da und wackelten mit ihrem Kopf. Nur der Klein Pauli fragte wieder: »Ja, und was hat er dann gsagt?«

»Mei«, meinte der Pfanzelt Maxe, »schaust'n du net fern? Im ›Gaudimax‹ war doch der Witz schon vor zwei Jahr dran. Wie er gsagt hat: ›Warum brauchen S' von Ihrer Frau ein warms Wasser?‹, hat der gsagt: ›Ja mei, weil i halt abends immer 's Gschirr abwaschn muss.‹«

Dieses Mal gab der Alfons Igerl dem leidgeprüften Scherm einen Tipp: »Also, einem entfernten Vetter von mir, der hat so was Ähnlichs ghabt, dem hat eins gholfn, nachdem alle bisherigen Mittel total versagt habn. Der is so erschrockn, dass mit der Nieserei ein für allemal Schluss war.«

»Ein für allemal!«, wiederholte der Pauli.

»Ja, und durch was is er dann erschrockn?«, fragte der Maxe zurück.

»Mei, des is ein ganz berühmter Leichtathlet gwesen. Ein Stabhochspringer, du weißt doch, was des is.«

»Natürlich«, meinte der Maxe. »Also, wie der Schlummberger Sebastian, so hat der nämlich gheißn, bei den Bayerischen Meisterschaften gstart is – das ganze Stadion war voll bsetzt und er is grad dabei, dass er die Lattn bei fünf Meter fünfzig überquert, da fällt ihm plötzlich ein, dass er ohne Stab ghupft is. Kannst du dir vorstelln, wie der erschrockn is? Hi, hi,

208

hi«, lachte der Igerl über seinen eigenen Witz. »Aber im Ernst, Ade, i hab des fei schon öfter ghört, dass ein richtigs Erschreckn eine ganz heilende Wirkung ausübt. Probier's einmal, lass dich halt einmal erschreckn. Schau halt einfach in da Früh, wennst aufwachst, in' Spiegl rein. Des is bei dir gwiss keine Eitelkeit, sondern sowieso eine mutige Tat.« Und wieder kicherte er drauflos.

Der Scherm Ade ging nachdenklich nach Hause. Er selber hatte auch schon einmal gehört, dass das mit dem Schrecken eine Heilwirkung haben könne. Aber wie sollte er es schaffen, in einen heillosen Schrecken zu geraten? Zu Hause angekommen, blätterte er die Zeitungen nach einem Horrorfilm durch. Das könnte es vielleicht sein. Da lief in dem alten, kleinen Flohkino, das es immer noch im Westend gab, der Film »Der Schrecken der Nacht«. Der entpuppte sich aber dann zum Schrecken des Max als eine harmlose Ehekomödie. Der Max schaltete im Fernsehen nur mehr die Titel ein, die ihm irgendwie Horror verhießen, aber er merkte sehr bald, dass er schon sehr abgestumpft war und dass die täglichen Nachrichtensendungen eigentlich viel erschreckender waren als das, was er in den konstruierten Horrorfilmen sah. Außerdem war er halt schon von seiner frühesten Jugend an ein oktoberfestgeisterbahnerprobter Mensch, den so leicht nichts aus der Ruhe bringen konnte.

Den ersten richtigen Schrecken bekam er erst am Donnerstag beim Kegeln, als ihn der Pfanzelt Maxe mit der Hiobsbotschaft begrüßte: »Du, weißt schon das Neueste? Ins Volkart-Eck soll ein McDonald's reinkommen. Jetzt musst es dann ein bissl umstelln, deine Essgewohnheiten. Aus is's mit dei'm Beuscherl, deiner Schlachtschüssel und einer Halben Dunkels. Da musst dich umstelln auf ein ›McLüngerl‹, an ›Bluten-Burger‹ und an ›Milchshake‹.« Da half es dann auch nichts, dass ihm der Maxe später erklärte, dass es sich nur um einen verfrühten Aprilscherz gehandelt habe. Der Schrecken saß dem Ade in allen Gliedern. Aber das war's ja eigentlich, was er gewollt hatte. Jetzt konnte sicher nichts mehr passieren!

Dann, nach der Kegelrunde, saß er mit seinen Spezln gemütlich am Stammtisch, freute sich wieder über die schöne Blumenpracht, lobte den Wirt ob seiner Aufmerksamkeit und aß dann die hervorragende Schlachtschüssel. Schließlich wischte er sich genüsslich die letzten Reste davon mit der Serviette ab und meinte: »So, jetzt probiern mir's noch einmal. Passts guat auf: Da kommt einer in eine Bar rein und sagt zu einem, der wo schon recht angeberisch ausgschaut hat: ›Sie, i hätt ein Rätsel für Sie. Wissen S', was des is? Des is rot wie ein Burgunder, flach wie eine Flunder, und brennen tut's wie Zunder.‹

›Des weiß i net‹, hat der gsagt. ›Sagn S' mir's.‹

›Des is …‹« Ob man's glaubt oder nicht, der Ade bekam wieder einmal seinen Niesanfall. Der Pfanzelt Maxe wartete gar nicht mehr ab, bis der Klein Pauli die obligatorische Frage nach der Pointe gestellt hatte, sondern fuhr fort: »Er hat gsagt: ›Des is Ihr Sportwagn draußn auf'm Parkplatz.‹«

Der Ade probierte es aber noch einmal und begann: »Da kommt die Frau Hackl mit ihrem Bubn zum Psychiater. ›Stelln S' sich vor‹, sagt s', ›unser Bub bild sich ein, dass er eine Parkuhr is.‹

210

›So, so‹, meint der, ›aber warum sagt er denn des net selber …‹« – und schon ging der neue Niesanfall an. Als er einigermaßen abgeklungen war, meinte der Pfanzelt Maxe, an den Klein Pauli gewandt: »›Geht net‹, hat die Frau Hackl gsagt, ›der Bub hat wieder einmal das Maul voller Parkzehnerl.‹ Im Übrigen bist du für mich«, meinte der Pfanzelt Maxe zum Ade hin, »auch langsam ein Fall für den Psychiater.«

»Du wirst lachn«, meinte der, »des hab i mir auch schon überlegt. So jedenfalls geht's bei mir net weiter.«

»Da hast recht«, meinte der Alfons Igerl mitleidig, »schau einmal an, wie blass du wordn bist in der letztn Zeit. I glaub, des is bei dir wirklich psychisch bedingt. Wie i 's letzte Mal einen kleinen Spaziergang gmacht hab am Kanal, bin i durch die Bothmerstraß 'kommen, und da hab i glesn, dass dort ein Psychotherapeut seine Praxis aufgmacht hat. I tät's einmal probiern.«

Der Ade wackelte zwar noch etwas unschlüssig mit dem Kopf, aber als er am nächsten Tag im Spiegel sah, dass er wirklich furchtbar blass geworden war, machte er sich doch auf den Weg und läutete in der Bothmerstraße auf Nummer 18 bei einem gewissen Dr. Dr. Edwin von Ringelen. Als der Ade das Wartezimmer betrat, saß nur ein Mann vor ihm, der alle paar Minuten heftig mit den Beinen auf den Boden klopfte.

Wie ihn der Ade etwas erstaunt anschaute, meinte der: »Wissen Sie, das muss ich einfach machen, das hält mir die Sibirischen Nebeltiger vom Leibe.«

»Was«, fragte der Ade erstaunt, »Sibirische Nebeltiger? Aber bei uns gibt's doch gar keine Sibirischen Nebeltiger.«

211

»Na, sehen Sie«, meinte der Mann, »wie gut meine Methode wirkt.«

Nachdem er kurze Zeit im Wartezimmer gesessen war, holte ihn der Chef höchstpersönlich ab. »Na, was fehlt uns denn?«, fragte der von Ringelen.

»Ja«, antwortete der Ade, »ich leide da immer unter Niesanfällen.«

»Aha«, meinte der von Ringelen, »scheint eine psychoenergetische allergieflexible Neurodystonie zu sein. Meistens ist es dermatologisch«, verkündete er dem erstaunt schauenden Ade. »Da brauche ich noch ein paar Vergleichspunkte an verschiedenen Hautstellen. Ziehen Sie sich doch einmal aus.«

»Ganz?«, fragte der Ade etwas schamhaft.

»Ja, selbstverständlich«, gebot der Psychotherapeut. Als er nun den guten Ade in seinem wirklich erbärmlichen Zustand sah, blasser als ein Leintuch, meinte er: »Wissen Sie was, sehen Sie die orangefarbene Wand dort?«

»Ja«, erwiderte Ade, »freilich.« Ihm war schon vorher aufgefallen, dass die Praxis eine orangefarbene, eine blaue, eine violette und eine grüne Wand hatte.

»So«, sagte der von Ringelen, »machen Sie mal vor dieser orangefarbenen Wand eine Brücke. Sie wissen doch, was das ist.«

Der Ade erinnerte sich dunkel an seine Turnstunden beim Lehrer Großmann und begab sich vor der orangefarbenen Wand in die entsprechende Stellung. »Gut, gut«, meinte der von Ringelen jetzt. »Und nun dasselbe vor der violetten Wand.«

Der Ade führte auch diese Anweisung pflichtgemäß aus.

212

»Dasselbe vor der blauen Wand«, verlangte der Psychotherapeut. Auch das tat der Ade. »Und jetzt«, meinte von Ringelen schließlich, »noch vor der grünen Wand!«

Gehorsam, aber innerlich kopfschüttelnd folgte er der Anweisung des doppelten Doktors. Schließlich meinte er aber doch: »Sie, entschuldigen S' bittschön, Herr Doktor Doktor, ist das jetzt schon der Anfang von der Antiniestherapie?«

»Nee, nee«, antwortete dieser seinem noch immer splitternackten Gegenüber. »Ich will nur eine weiße Ledercouch kaufen und wollte sehen, für welche Wand die am besten geeignet ist.«

Da platzte aber dem Scherm Ade der Kragen. »Ja meinen Sie, dass i …«, schrie er, zog sich an und verließ den verblüfft dreinschauenden Dr. Dr. von Ringelen.

»Jetzt is aus mit den blödn Behandlungsmethoden. Nix mehr chinesisch essen, nix mehr Tigerbalsam, nix mehr erschrecken und um Himmels willn keine Psychotherapeuten mehr!«, versprach er sich selber. »Des muss doch irgendwas anders sei.«

So saß er am Donnerstag nach der Kegelrunde auf dem von Blumen so schön geschmückten Stammtischplatz.

»Also, was is heut?«, wollte der Klein Paule wissen. »Hast heut keinen drauf, oder traust dir nimmer?«

Also, probieren wollte er es zumindest. »In einem kleinen Sommerfrischort in Bayern fragt ein Nordgermane, ein Südschwede, den Hüterbuben: ›Du, sag mal, Junge, stimmt das, was ich da gehört habe, dass es an diesem Ort besonders viele geistig Beschränkte geben soll?‹

213

›Ja, ja‹, meint der Hüterbub …« Natürlich folgte wieder ein Riesenniesanfall des Ade. Der Pfanzelt Maxe kündete, zum Klein Pauli gewandt, die Schlusspointe: »Ja, und auf des hin hat der Hüterbub gsagt: ›Ja, stimmt schon, aber is net so schlimm. Nach vierzehn Tag fahrn die meistn wieder heim!‹«

In diesem Augenblick betrat ein Blumenverkäufer das Volkart-Eck, der natürlich bei seinem Blick auf den Stammtisch sofort merkte, dass er hier kein Geschäft machen würde. Der Pfanzelt Maxe konnte sich aber die boshafte Bemerkung nicht verkneifen: »Meinst, Ade, wenn i dir jetzt ein paar Rosn kaufn tät und du tätst dran schmeckn, dass d' dann deine Allergie loswirst?«

Der Ade wollte mit irgendeinem Späßchen antworten, aber es ging wieder im Niesen unter. Da fiel es ihm gleichsam wie Schuppen von den Augen. Schon der Gedanke an die Blumen genügte offensichtlich, einen Niesanfall bei ihm zu erzeugen. Blumen – Blumen, das war's! Der Ade erinnerte sich, dass die ersten Niesanfälle just da begonnen hatten, als die Wirtschaft umgestaltet worden war. Er schaute sich den Blumenschmuck an. Richtig! Da waren ja auch Lilien dabei, von denen er doch wusste, dass sie besonders geruchsintensiv seien und dass das mit den Pollen und den Staubgefäßen zusammenhänge. »Jetzt hab i's!«, rief er. »Des sind die Blumen. Auf die bin i offensichtlich allergisch! Meints ihr«, wandte er sich an seine Stammtischspezln, »dass der Wirt bös is, wenn mir ihn bittn, dass er die Blumen wegtut oder zumindest weit weg von uns hinstellt?«

»Des kriegn mir schon hin«, meinte der Pfanzelt Maxe, »wenn des deine kleinste Sorg sein sollt. Verlass dich drauf, des nächste Mal is der Stein des Niesanstoßes beseitigt.«

So war es dann auch. Als sie am nächsten Donnerstag wieder gemütlich zusammensaßen, war der ganze Blumenschmuck entfernt. Der Ade hob zu einem neuen Witz an: »Heut verzähl i euch ein Rätsel. Da bin i gspannt, ob ihr da draufkommt! Passts einmal auf: Unser Vorstand vom Gartenbauverein Flora, da Irl, hat einen ganz kurzn, im Gegensatz zu dem Bodybuilder, dem Schwarzenegger, der hat an ziemlich langen. Die Schlagersängerin Madonna hat überhaupt keinen. Jeder von uns alte Dackln in dera Rundn hat auch einen, aber mir gebrauchn ihn nur noch seltn. Und jeder Ehemann hat einen. Und gebrauchn tut ihn auch die Ehefrau. Was is des?« Ein jeder in der Kegelrunde schaute etwas betreten zur Seite, als der Ade fragte: »Also, Freunde, was is des? Soll i euch des Ganze noch mal wiederholn?«

Der Alfons murmelte lediglich ein: »Also, weißt es!«

Der Ade genoss das Schweigen, vor allem aber, dass ihn kein Niesanfall bei seiner Antwort störte. »Also, ihr seids schon seltne Flaschn. Des is doch ganz einfach: Des is der Familienname. Oder was habts ihr euch denkt?«

Ja, und so nehmen jetzt wieder jeden Donnerstag die Kegelrunde und der darauffolgende Stammtisch ihren gewohnten Verlauf, und geniest wird allenfalls, wenn der Ade mit seinem besonders herben Schnupftabak, in dem noch nach einem alten Geheimrezept fein zerriebene Glasscherben enthalten sind, seine Schleimhäute reizt.

Beinahe hätte ich es aber vergessen: Der Ade wollte vom Pfanzelt Maxe auch wissen, wie der Wirt reagiert habe, als er ihn gebeten habe, den schönen Blumenschmuck vom Stammtisch zu entfernen. »War er beleidigt«, fragte er, »und was hat er denn gsagt?«

»Ja mei«, lachte der Pfanzelt Maxe, »er hat gmeint, des wär doch net so schlimm. Es sind doch sowieso nur künstliche Blumen gwesn.«

Igerl und der Umweltschutz

»Des darf doch net wahr sein«, schimpfte Alfons Igerl. Er war gerade wieder einmal mit seinem Spezi, dem Pfanzelt Maxe, auf Schwammerljagd gegangen. Und was er da sah, erregte sein Missfallen. »Jetzt sind mir eigens so weit rausgfahrn, damit mir noch ein unberührtes Stück Natur finden, um vielleicht da heraußn im Wald doch noch einen Steinpilz oder ein paar Reherl zu finden, und was habn wir bis jetzt gfunden? Zentnerweis Blechbüchsen, ein paar Regenschirmgstelle, einen ausrangierten Kinderwagen, einige Autoreifen, eine Federmatratzen, ja sogar, kaum zum Begreifen, einen fast kompletten Eisschrank und natürlich eins: Plastikbeutel, Plastikbecher und Plastikflaschen in rauen Mengen.«

»Ja, ja«, stimmte der Pfanzelt Maxe ein, »es ist schon ein Kreuz mit unserer Wegwerfgesellschaft. Man könnt grad meinen, der Wald wär eine einzige Großausstellung vom Beuys und seinen Jüngern. Aber es ist ganz interessant, dass man bei so einem Spaziergang immer wieder feststellen muss, dass das Naturgesetz der Schwerkraft offensichtlich doch nicht stimmt. Denn es scheint wesentlich leichter zu sein, eine volle Ladung von Essen und Trinken mit in' Wald reinzunehmen, sogar ganze Biertragl reinzuschleppen. Aber offensichtlich bekommen die leeren Bierflaschen, Taschen und Tragl ein solches Gwicht, dass man's nicht mehr raustragen kann, sondern liegenlassen muass.«

217

»Ja, ja«, stimmte der Alfons Igerl ein, »es stimmt schon, was i neulich glesen hab: Mensch, zeig uns deinen Mist, und i sag dir, wer du bist. Stell dir einmal vor, Maxe«, spintisierte er weiter, »wenn bei uns so was passiern tät wie seinerzeit mit dem Dings, mit dem Pompeji, wenn da ein Vulkan ausbrechn tät und alles zuadeckat, und man tät in ein paar hundert Jahr bei uns dann Ausgrabungen machn, auf welche Kulturstufe uns dann unsere Ur-Ur-Enkel stellen täten. Wahrscheinlich werdn die dann unser Zeitalter als Plastikzeit bezeichnen.«

»Ha, ha«, lachte jetzt der Pfanzelt Maxe, »i weiß schon, du hast da so eine fixe Idee und alles, was mit Plastik z'tun hat, des macht dich narrisch.«

»Weils wahr is«, entgegnete Alfons Igerl, »manchmal macht's mich wirklich fuchsteufelswild, des künstliche, unpersönliche Glump da. Aber weil mir schon von künstlich reden, überleg dir doch einmal, Maxe, wenn man des mit den Ausgrabungen weiterdenkt, was die bei uns an Kunstwerken wohl ausgraben täten. Nix da mit Venus von Milo oder von mir aus auch die Moriskentänzer vom Erasmus Grasser. Meinst«, lachte er etwas hämisch, »dass die die ausrangierte Bahre und die Blechhaferl, die wo unser Kunstreferent vom Beuys aufkauft hat, einmal später als Kunstwerk identifizieren könnten? Von der Literatur aus unserer Zeit, die man findn tät, ganz zu schweigen. Statt dem Nibelungenlied von den alten Germanen fänden sie bei uns bloß noch des Kufsteinlied, ha, ha, ha. Aber weil wir gerade bei den alten Germanen sind«, sinnierte er, »bei dene war des früher auch noch anders. Wenn die von ei'm Kampf heimkommen sind,

218

da is ein zünftiges Trinkgelage losgangn. Heutzutag is des umkehrt. Wenn man heutzutag von am Trinkgelage heimkommt, dann geht daheim der Kampf los, hi, hi, hi, hi.«

»Womit«, unterbrach ihn der Pfanzelt Maxe, »du wieder einmal bei deinem Lieblingsthema bist, dass alles frührer besser war. Aber da kann ich natürlich auch sofort ein Gegenargument nennen. Die Leit, die allweil jammern, dass des heutzutag mit den Parkplätzen so schwer is, sollten lieber dran denken, dass der Noah auch schon vierzg Tag braucht hat, bis er einen Parkplatz für sei' Arche gfunden hat, ha, ha, ha, ha.«

Lachend schritten sie voran.

»Ui, schau, da hinten«, meinte der Alfons plötzlich, »da is eine Lichtung, vielleicht gibt's da was z'finden.«

Sie fanden wieder vornehmlich Plastikgerät.

»Kruzinesen«, schimpfte der Alfons wieder los, »dene, die wo den Krempel da wegschmeißen und unsere ganzen Schwammerl vertreiben, dene wünsch i, dass sie solche Kniaschwammerl kriegn, dass s' nimmer drei Schritt vors Haus rauskommen, und dass ihnen die Verwandtn von den Stoapilz und Reherl, die wo s' aus unsere Wälder vertriebn habn, die Fußpilz, zwischen den Zeherl reinkriachn als Rache. Aber des is doch net bloß im Wald so«, belferte er weiter. »Schau dir unsere Flüsse und Seen einmal an! Früher habn wir gsunga: ›Wenn das Wasser im Rhein goldner Wein wär‹, heutzutag wär man heilfroh drüber, wenn im Rhein nur reines Wasser drin wär. Wennst in manche Fluss neischaust, hast den Eindruck, die Fisch üben schon den Rückenschwumm, damits die Umweltverschmutzung überlebn.«

219

»Ja, ja«, zitierte der Pfanzelt Maxe seinen Lieblingsautor, den Bonmotschreiber Werner Mitsch: »›Die Flüsse drohn umzukippen, wenn der Mensch gegen den Strom der Natur schwimmt.‹ Gspannt bin i«, fügte er hinzu, »wann irgendmal einer mit am Druck auf seine depperte Spraydosen ein Loch in unsere Atmosphäre reinstößt, so wie der berühmte Tropfen, der wo dass Fassl zum Überlaufen bringt. Auf einmal macht's einen Zischerer, und uns bleibt d' Luft weg. Und hernach will's wieder einmal keiner gwesn sei. Aber da is's dann sowieso schon Wurscht. Manchmal hab i den Eindruck, mir springn mit unserer Welt um, als wenn mir meinen, dass mir noch eine wie einen Ersatzreifn im Kofferraum habn.«

»Und des Schlimme is tatsächlich«, pflichtete ihm Alfons Igerl bei, »dass ein jeder die Verantwortung weitergibt. Ein jeder meint, den Rest von sei'm Glimmstängel, den wo er am Strand hinschmeißt, der Kronkorken von sei'm Bierflaschl oder die Blechdinger von den Büchsn, die Dings da, wo man's aufzieht halt, die machn's auch nimmer aus, ohne dass s' dran denken, dass so ein scharfs Blechdings einen halberten kleinen Kinderfuß aufschneiden kann. Oft hat man wirklich den Eindruck, dass unsere Gewässer vielleicht auch deswegen so dreckert sind, weil sie viel zviel ihre Hand drin in Unschuld waschn. I möcht bloß wissen, auf welche Wunder manche Leut im Hinblick auf unsere Welt noch warten. Da werdn mir uns noch wundern«, fügte er sarkastisch hinzu.

»Mei«, meinte da der Pfanzelt Maxe etwas makaber, »vielleicht hat's auch sein Guats, und mir kommen, weil mir uns vorher schon z'grund gricht habn, dafür gar nimmer zu unserm Dritten Weltkrieg. Da sind die Indianer schon gscheiter gwesn wie mir. I hab neulich einen schönen Spruch von den Hopi-Indianer glesen, der heißt: ›Der Unterschied zwischen den Indianern und den Weißen ist, dass die ersteren glauben, sie gehören zur Welt, während die letzteren meinen, sie besitzen die Erde‹.«

Während sie also so redeten und redeten, waren sie immer weiter in den Wald vorgedrungen. Dabei fiel es ihnen gar nicht mehr auf, dass sie inzwischen doch in ein Stück unberührte Natur vorgedrungen waren.

Auf einmal stieß der Pfanzelt Maxe einen halblauten Schrei aus: »Du, da schau einmal, Alfons, was da is.«

Tatsächlich hatte er einen Steinpilz erspäht. Es sollte nicht bei dem einen bleiben. Je weiter sie vordrangen, desto voller wurden ihre Taschen, und ein paar Handvoll Reherl entdeckten sie schließlich auch noch. Überglücklich hockten sie sich auf einen Baumstumpf und machten die wohlverdiente Brotzeit.

»So«, meinte der Alfons anschließend im Blick auf die Uhr, »jetzt wird's schön langsam Zeit, dass mir z'rück gehn. Jetzt is's doch schon ganz schön spät wordn und heut Abend habn wir doch noch unsern Stammtisch im Volkart-Eck. Du weißt doch, da schmeißt der Eisenburger Schorsch eine Rundn, weil er doch heut seine einjährige Pensionierung feiert.«

»In welche Richtung müassn mir denn jetzt gehn«, fragt er den Pfanzelt Maxe. »Moment einmal, wo sind wir denn herkommen? I glaub von da hinten.«

»Glauben«, entgegnete der Alfons, »heißt bekanntlich nix wissen. Hoffentlich hast du jetzt net

221

die Orientierung verloren. Du weißt doch selber, dass i überhaupt kei'n Orientierungssinn hab. Das hab i von meiner Mutter g'erbt. Die schafft's nämlich glatt, dass sie sich in ei'm Telefonhäusl verläuft.«

»Na, na«, meinte der Maxe beruhigend, »auf mich kannst dich verlassen. I hab da so eine Art inneren Kompass.«

Igerl folgte beruhigt seinem Gefährten. Sein Glauben an den Richtungsinstinkt des Pfanzelt Maxe wurde aber nach einer dreiviertel Stunde erschüttert, als sie wiederum an der Stelle gelandet waren, wo sie gerade vorher Brotzeit gemacht hatten.

»Also wenn i mich net ganz täusch«, meinte Alfons Igerl etwas hämisch, »dann sind mir da doch schon einmal gwesn, schau einmal nach, obst net dein inneren Kompass zufällig wo liegn hast lassen.«

Der Maxe schaute etwas verdutzt, entgegnete dann aber forsch: »Siehst, des kommt bloß daher, weilst du mich vorher da gfragt hast, da hab i's Reflektieren angfangt, statt dass ich einfach mei'm Instinkt nachgangn wär. Des werdn mir gleich habn. Da hint sind wir herkommen, jetzt weiß i's genau.«

Fast auf die Minute nach einer dreiviertel Stunde waren sie wieder an derselben Stelle.

»I weiß zwar«, spottete Igerl, »vom Geschichtsunterricht, dass der Kolumbus nach Indien wolln hätt und aus Versehn in Amerika gelandet is. Aber mit dei'm innern Kompass wär er wahrscheinlich irgendwo bei Großlappen rauskommen.«

Wortlos stapfte der Pfanzelt Maxe wieder los. Diesmal dauerte es nur eine halbe Stunde, bis sie zu dem Brotzeitplatz zurückkamen. Als der Pfanzelt Maxe erneut losmarschieren wollte, setzte sich Igerl auf den Baumstumpf.

»Was is?«, meinte der Pfanzelt Maxe, »zum Brotzeitmachen habn wir jetzt keine Zeit mehr. Merkst net, dass 's schon ganz allmählich dunkel wird?«

»Wer redt denn vom Brotzeitmachen?«, meinte Alfons, »i setz mich doch lediglich her und wart, bis du in einer halben bis dreiviertel Stund wieder vorbeikommst.«

Diesmal hatte der Pfanzelt Maxe anscheinend doch eine andere Richtung erwischt. Denn jetzt kam nämlich der Brotzeitplatz nicht mehr in Sicht. Dafür stießen sie auf immer unwegsameres Gelände. Nun begann es wirklich leicht zu dunkeln.

»Kannst dich du an das Märchen von Hänsel und Gretel erinnern?«, fragte Alfons Igerl zwischendurch den Maxe. »Wenn i's nächste Mal mit dir in' Wald geh, werd i nach der Methode vom Hänsel selig arbeiten und ein Sackl Steine mitnehmen, damit mir dann wenigstens beim Mondlicht wieder z'ruckfinden.«

Dem Pfanzelt Maxe war es aber auch ohne diese boshaften Bemerkungen inzwischen zweierlei geworden. Er versuchte es nun mit Rufen: »Hallo, hallo, hallo!« Aber diese Versuche waren leider genauso sinnlos, als wie wenn unser Kultusminister Baltisch zur alleingültigen Weltsprache erklären wollte. Es wurde immer finsterer, und allmählich begannen sie schon über Wurzeln und Geäst zu stolpern.

»Jetzt täten mir schon im Volkart-Eck beieinander sitzen«, meinte Igerl zwischendurch.

»Meinst net«, sagte der Pfanzelt Maxe resignierend, »mir solltn uns einfach irgendwo hinlegn und unsere

Suche in der Früh fortsetzen. Irgendwann und wo werden s' uns nachher schon entdecken. Schlangen und sonstige wilde Tiere wird's da herinna ja net geben. I hab jedenfalls nix davon ghört.«

Die Resignation des Pfanzelt Maxe weckte bei Alfons Igerl plötzlich neue Kraftreserven. Er dachte an den finnischen Langläufer Nurmi, der seinerzeit auf die Zähne gebissen und das Wort »Sisu« gerufen hatte und trotz Knieschwammerl noch in die letzte Siegesrunde gegangen war.

»Pass auf«, sagte er, »jetzt nimm i die Sache in d' Hand.«

Und er holte aus seinem Rucksack eine Taschenlampe. »I hab da so eine Idee. Jetzt stellst dich noch einmal hin, Maxe, und überlegst ganz scharf, in welche Richtung dass mir jetzt gehn müssn.«

Der Maxe war gerührt von dem Vertrauen, das Alfons Igerl trotz seiner Irrläufe in ihn offenbar noch hatte, stellte sich hin, konzentrierte sich und sagte: »Also, i glaub, das heißt i mein, das heißt also, mir müssn da entlang gehn.«

»Guat«, meinte Alfons Igerl, »jetzt gehst mir nach«, und er schlug genau die entgegengesetzte Richtung ein. Nach einer Viertelstunde stieß er ein entzücktes »Uii« aus, als wenn er einen meterhohen Steinpilz entdeckt hätte. »So, und jetzt allerweil mir nach, immer mir nach!«, rief er dem schon müde daherhatschenden Pfanzelt Maxe zu.

Es dauerte keine weiteren zehn Minuten, da waren sie an den Waldesrand gelangt und sahen ihre Räder an einen Baum gelehnt stehen. Der Pfanzelt Maxe klopfte dem Alfons Igerl anerkennend auf die Schul-

224

ter. »Respekt! Aber sag einmal, wie hast jetzt du da rausgfunden?«

»Ganz einfach«, meinte der, »zuerst einmal, das hast ja mitkriegt, bin ich genau in die andere Richtung 'gangen, die wo dir dein innerer Computer gesagt hat; der war offensichtlich heut falsch programmiert. Und dann, wo i ›Uii!‹ gschrien hab, hab i mit meiner Taschenlampe eine Plastikflasche liegn sehn. Ja, und von da weg is dann der Rückweg in die Zivilisation gut markiert gwesn, sehr plastisch sozusagen.«

»Also, gelt's Gott halt dann«, rief ihm der Pfanzelt Maxe beim Heimfahren auf dem Drahtesel zu, »und nix für ungut wegn meiner Irrfahrt heut.«

»Macht nix«, entgegnete Alfons Igerl gütig. »›Irren ist menschlich‹, hat der Schneider gsagt, wie er dem Bauern das Hosentürl hinten hingmacht hat, ›aber des gibt sich schon wieder beim Bügeln.‹«

Alfons Igerl ist seither natürlich nicht zu einem Plastikliebhaber geworden, aber er kontert zumindest hin und wieder, wenn sein Stammtischspezi und Gewohnheitspessimist, der Dullinger Guste, unheilschwanger verkündet: »Alles hat zwei Seitn, eine greisliche und eine weniger schöne« mit dem optimistischeren Ausspruch: »Selten ein Schaden, wo net ein Nutzen dabei is.«

Das kleine Krokodil Nili und die »anderen«

Niemand weiß, woher sie auf die kleine Insel in dem großen Teich kam. Nili wusste es selber auch nicht, denn, wenn man ganz klein ist, kann man sich nicht daran erinnern, wie man auf die Welt kam, oder nur ganz dunkel. Das erzählen uns dann später die Eltern, und wir müssen es ihnen einfach glauben. Nili aber hatte keine Eltern, das heißt, sie hatte natürlich schon Eltern, aber sie kannte sie nicht. Das Erste, woran sich Nili erinnern konnte, war, dass sie mit irgendwelchen quakenden Wesen im Wasser schwamm. Sie hatte geglaubt, auch eines davon zu sein, denn wenn sie sich im Wasser genau anschaute, hatte sie dieselbe grüne Farbe. Nach einiger Zeit hatten die Quaker das Spiel im Wasser satt und begaben sich an Land. Nili folgte ihnen. Dort setzten sie ihr Spiel fort und hüpften in großen Sprüngen hin und her. Nili wollte es ihnen nachtun, doch es gelang ihr nicht. Da wurden sie erst auf sie aufmerksam.

»Wer bist du denn?«, fragten sie und lachten sich halbtot, als sie sie genauer anschauten. Von dem Gelächter angelockt kam ihre Mutter herbei und schaute Nili misstrauisch an.

Dann rief sie ihren Kindern zu: »Was fällt euch denn ein, mit der da zu spielen? Das ist doch nie und nimmer ein Frosch. Habt ihr schon einmal einen Frosch mit einem Schwanz gesehen? Los, hau ab!«, rief sie Nili zu, »wir wollen dich nicht. Du bist anders.«

Nili ging traurig davon und dachte dabei darüber nach, was die Quaker sie gefragt haben.

»Wer bist du denn?«

›Wer bin ich denn?‹, überlegte Nili. ›Also, ein Frosch scheine ich nicht zu sein, weil ich einen Schwanz habe. Ah ja, richtig‹, fiel es ihr ein, ›die Froschmutter hatte ja gesagt, wer sie sei: Anders.‹

Sie machte sich auf die Suche, wo sie solche »Anderse« wie sie finden könnte. Der Teich war, wie gesagt, sehr groß, und es gab eine Unmenge Inseln darauf. Als sie auf einer davon landete, sah sie ein rundes Tier in der Sonne liegen. Sie schaute genau hin und merkte, dass dieses Tier einen großen Panzer hatte, aus dem ein kleiner Kopf, aber – und das freute sie – auch ein kleiner Schwanz hervorlugten.

»Bist du vielleicht anders?«, fragte sie das Tier.

Das hob bedächtig den Kopf und entgegnete: »Anders, wieso anders? Ich bin eine Schildkröte. Mein Vater war eine Schildkröte, und meine Mutter war eine Schildkröte, und ich bin nicht anders als sie.«

»Dann bin ich hier also auch nicht richtig«, meinte Nili traurig. »Hast du etwa auch Angst vor mir?«

»Ich habe vor niemand Angst. Wenn mir etwas gefährlich wird, ziehe ich mich einfach zurück. Schau her.«

Gesagt, getan schob sie Kopf und Schwanz unter ihren Panzer. Und da blieb sie auch.

»Du kannst ruhig wieder herauskommen«, rief Nili, »ich tu dir nichts. Vor mir brauchst du keine Angst haben. Willst du nicht mit mir spielen?«

Die Schildkröte lugte unter ihrem Panzer hervor. »Was soll ich? Spielen? Was ist denn das?«

227

»Spielen«, meinte Nili, die aber im Übrigen noch gar nicht wusste, dass sie Nili hieß, »spielen, das ist zum Beispiel quaken oder schwimmen oder fangen im Wasser oder hüpfen.«

»Ich bin noch nie gehüpft«, entgegnete die Schildkröte, »und quaken kann ich erst recht nicht. Spielen ist also dummes Zeug.«

»Das stimmt nicht«, rief Nili, »spielen ist lustig. Die Frösche spielen den ganzen Tag und freuen sich dabei.«

»Frösche«, meinte die Schildkröte verächtlich, »Frösche sind eben anders.«

›Merkwürdig‹, überlegte Nili, ›die Frösche hatten gesagt, ich sei Anders, und jetzt behauptet die Schildkröte, die Frösche seien Anders. Wer ist denn jetzt dieser Anders?‹

»Wer ist denn ›Anders‹?«, rief sie der Schildkröte zu. Die aber hatte sich bereits wieder unter ihren Panzer begeben und war offensichtlich nicht mehr bereit, eine Antwort zu geben.

›Die Frösche haben mir besser gefallen‹, überlegte sich Nili, während sie wieder ins Wasser glitt, ›obwohl sie noch unfreundlicher zu mir waren. Aber sie haben wenigstens miteinander ihren Spaß gehabt. Die Schildkröte weiß allerdings, wer sie ist, und ich weiß nicht einmal, wer ich bin‹, überlegte Nili traurig. ›Wenn mir wenigstens wer sagen könnte, wer dieser Anders überhaupt ist.‹

Bei diesem Gedanken war Nili auf der nächsten Insel gelandet. Dort saß ein Fischotter und sonnte sich.

»Hallo«, rief ihm Nili zu, »du schaust so ganz anders aus als die Frösche und die Schildkröte. Bist du vielleicht Anders?«

»So eine dumme Frage habe ich noch nie gehört. Wieso soll ich anders sein?«

»Ich sagte es dir schon, weil du so anders aussiehst.«

»Die anderen sehen anders aus, nicht ich«, brummte der Fischotter, »lass mich bloß mit den anderen in Frieden.«

»Wer sind denn die anderen?«, fragte Nili.

»Die anderen«, schimpfte der Fischotter, »die anderen, das ist ein ganz merkwürdiger Stamm. Weißt du was, ich bin heilfroh, dass ich nicht zu ihm gehöre. Immer müssen sie etwas anders machen. Die anderen könnten sich ein Beispiel an mir nehmen. Wenn ich mich mit den anderen vergleiche, schneiden die ganz schlecht ab. Ich bin zum Beispiel ein sparsamer Mensch, die anderen sind geizig. Ich sage meine Meinung geradeheraus, die anderen aber sind rechthaberisch, ich bin grundsätzlich vorsichtig, die anderen aber sind feige, ich entspanne mich gern, die anderen aber sind faul. Ich könnte dir noch viele Beispiele aufzählen, anhand derer du sehen könntest, dass man mit den anderen nicht auskommen kann, weil sie anders sind.«

»Aber du bist doch auch anders: anders als beispielsweise die Frösche oder die Schildkröte«, meinte Nili.

»Was, ich soll anders sein? Das ist eine Unverschämtheit«, rief der Fischotter. »Wenn wer anders ist, dann sind es die anderen, nicht ich. Merk dir das! Im Übrigen bist du auch anders. Mach bloß, dass du davonkommst, geh zu den anderen, von wo du gekommen bist.«

Nili machte sich wieder traurig davon. ›Merkwürdig‹, überlegte sie sich, ›das scheint ja geradezu ein Schimpfwort zu sein, dieses Anders. Niemand will anders sein. Ich bin aber anders, das sagt man mir doch immer wieder. Ob es wohl jemand gibt, der genauso anders ist wie ich?‹

Igerl auf Reisen

»So, Freunde, des war's«, sagte Alfons Igerl in ungewöhnlich feierlichem Ton, als er die letzte Karte auf den Tisch gelegt hatte. Ein Jahrhundertereignis hatte sich im Volkart-Eck abgespielt. Alfons Igerl hatte ein »Solo-Du« gespielt und gewonnen. Der Einzige, der noch einen Ton herausbrachte, war der Pfanzelt Maxe, der ein »Ja da verreck« vor sich hermurmelte.

»So, Freunde«, begann Alfons Igerl wiederum, »und jetzt geht's ans Kassieren.« Bedächtig holte die Stammtischrunde ihre Scheine aus der Tasche und übergab sie dem Kassier, dem Eisenburger Schorsch. Dieser, obwohl er selber einen größeren Obolus zu entrichten hatte, grunzte dennoch zufrieden. Und nicht ganz passend zitierte er aus seinem längst zurückliegenden Geschichtsunterricht den Satz: »Wenn das Geld im Kasten klingt, die Seele in den Himmel springt.« Gleichzeitig holte er seinen Taschencomputer, den er seit ein paar Monaten sein Eigen nannte, heraus und drückte mit stumm bewegten Lippen die Zahlentasten. Nach einiger Zeit erhob er sich und sagte mit feierlicher Stimme: »Liebe Schafkopf-Runde, ich gebe euch jetzt unseren neuen Kassenstand bekannt. Nachdem wir fünf Jahre, mit Ausnahme des Tischtuches, das wir dem Wirt haben ersetzen müssen, als der Pfanzelt Maxe mit seiner Virginiaasche ein Loch hineingebrannt hatte, keine Ausgaben hatten, und wir das Kapital jahrelang nicht angegriffen haben, kann ich vermelden, dass wir nunmehr stolze« – er zögerte und schaute mit vorgerecktem Kinn in die Runde – »dass wir stolze 3000 Euro unser Eigen nennen. Und nun meine ich, ist es höchste Zeit, mit dem Geld etwas Vernünftiges anzufangen. Man weiß ja net«, fügte er jetzt schon weniger feierlich hinzu, »wie lang ihr alten Knaben überhaupt noch in der Lage seids, mit dem Geld was Gscheits anz'stelln.«

So interessant und amüsant es wäre, die sich nun anschließende Debatte bzw. Debatten zu schildern, die sich damit befassten, wie das Geld angelegt werden sollte, wir müssen dennoch darauf verzichten, denn es würde bei Weitem den Rahmen dieser Geschichte sprengen. Sie erstreckten sich nämlich auf fast sechs Schafkopf-Abende. Am dritten Abend hatte man sich zwar schon darauf geeinigt, eine Reise zu unternehmen. Aber jetzt ging's erst richtig los mit der Frage, wohin die gehen sollte. Endlich, am sechsten Abend, war man dann zu dem Kompromiss gekommen. Der Eisenburger Schorsch und der Hupfauf Benno fuhren mit der Hälfte des Kapitals auf eine Hüttn im Gebirge, die der Benno über seinen Freund Oskar Beck, der Mitglied beim Alpenverein war, billig zu mieten gedachte. Der Pfanzelt Maxe und der Igerl Alfons aber hatten Größeres im Sinn. Und so verkündete Amateur-Versemacher Igerl dem Benno und dem Schorsch: »Wir nehmen unsere Mittel her, für eine Fahrt ans Mittelmeer.« Der Pfanzelt Maxe übernahm die Buchung. »I kenn mich da in derer Branche am besten aus«, meinte er. Und tatsächlich ergatterte er auch ein sensationelles Billigangebot an einem Küstenort namens Crkvsjena.

Als sie das Hotel erblickten, erkannten sie auch sofort, was es mit dem Wort »billig« auf sich hatte. Die Fenster ihrer Zimmer gingen nämlich genau auf den Hinterhof eines Gebäudes, das einem Gemüsehändler gehörte, und dieser lagerte die angefaulten Früchte in den Stiegen genau unterhalb ihres Schlafgemaches.

»Lass mich verhandeln mit dem Chef«, meinte der Pfanzelt Maxe. Der aber machte ihm sofort klar, dass sie ja ein »Billigangebot« gebucht hätten und der Meerblick eben erheblich mehr kosten würde. Als die Zusicherung der beiden, während des ganzen Urlaubs kein einziges Mal aus dem Fenster und ins Meer zu schauen, um das Zimmer mit Meerblick doch etwas billiger zu bekommen, den Hotelchef nicht überzeugte, mussten sie ein Erhebliches draufzahlen. Was wäre ihnen anderes übriggeblieben? Den nächsten Dämpfer gab es dann beim Frühstück. Ein mürrischer Ober servierte ihnen in einer Kanne ein heißes Getränk.

»Pfui Teifel«, meinte der Igerl Alfons, dem ein gutes Tasserl Kaffee über alles ging, nach dem ersten Schluck. »Der Kaffee schmeckt ja wie Spülwasser.«

»Ja, wenn du deinen Geschmackssinn dahoam lassen hast«, meinte der Pfanzelt Maxe, »das ist doch ein Kakao.«

Igerl schlürfte das Gebräu mürrisch in sich hinein. Da kam der Ober noch mal mit der Kanne und fragte: »Sie wollen noch eine zweite Tasse Tee?«

Beim Frühstück lernten sie auch den Weigelsberger Franz aus Erding kennen, der ihnen immer vorschwärmte: »Für mich is und bleibt der Schwarzwald der schönste Fleck auf Erden.«

»Ah so«, meinte der Pfanzelt Maxe, »dann fahrn S' wohl allerweil in Schwarzwald nei?«

»Nein, nein, i net«, korrigierte ihn der Weigelsberger, »aber meine Frau.« Dieses Mal aber war er mit ihr auch ans Mittelmeer gefahren und in diesem Hotel hängen geblieben. »Und wissts warum?«, fragte er, als seine Frau einmal nicht hinhörte, »meine Frau hat gleich am Anfang gsagt, dieses Hotel macht mich sprachlos, auf des hin hab i sofort zwei Wochen mehr gebucht.« Im Übrigen klärte er seine neuen Bekannten auf: »Vorsicht mit'm Strand, i tät euch net raten, dass ihr da vorm Hotel zum Badn gehts. Da landen nämlich die ganzen Abwässer von dem Ort. Der einzig vernünftige Strand in der Nähe, des andere is nämlich alles Felsenküste und voll von lauter Seeigel und Quallen, der nächste vernünftige Strand ist in Cuclizca, aber da müssts schon früh aufstehn. Da fährt der Bus nämlich schon in der Früh um 6.15 Uhr los. Des hat halt dann lediglich den Nachteil, weils das Frühstück erst um 7 Uhr servieren, dass ihr den guten Kaffee versäumts«, lachte er. »Also, noch viel Spaß, unsere drei Wochen sind im Übrigen abgelaufen, ich wünsch euch noch eine schöne Zeit!«

Am nächsten Tag fuhren der Alfons und der Maxe tatsächlich an den Strand von Cuclizca. Eineinhalb Stunden dauerte die Busfahrt durch eine zugegeben herrliche Strecke. Endlich waren sie da. In einem winzig kleinen Ort stiegen sie aus, sahen aber noch nichts von dem Strand.

»Du wissen, wo Strand?«, fragte der Pfanzelt Maxe eine schwarz gekleidete, uralte Frau, die vor einem kleinen Häuschen saß. Diese schaute ihn nur mit großen Augen an. Der Maxe versuchte es nochmals, als ihm ein Mann mit einem Esel entgegenkam. »Wissen, wo Strand? Schwimmen wollen«, meinte er und führte ein paar Bewegungen seines veralteten Brustschwimmstils vor. Der Mann knurrte etwas und ging aber mit dem Esel einfach weiter.

»Pass auf, des kriegn mir schon noch«, versprach der Maxe. Da vorne hatte er zwei Frauen entdeckt, die sich miteinander unterhielten. Zielbewusst steuerte er auf sie los. »Please, wo swimming«, fragte er nun, indem er seine Sprachkenntnisse spielen ließ. »Wo swimming, wo beach, wo côte?« Als das nichts nützte, zog er vor den zweien ein Pantomimenspiel ab, das dem bekannten Marcel Marceau alle Ehre gemacht hätte.

»Ach so, Sie wollen zum Strand«, sagte schließlich eine der beiden Frauen in gepflegtem Deutsch. »Da müssen Sie …«, und sie beschrieb ihm die genaue Lage des Strandes.

»Merkwürdig«, meinte der Max auf der Wanderung zum Strand, »sonst hab ich im Ausland nie Schwierigkeiten mit der Sprach bei den Einheimischen.«

»Des glaub ich«, meinte Alfons Igerl trocken, »aber die Einheimischen wahrscheinlich mit deiner Sprach.«

Nach einer dreiviertel Stunde angestrengter Wanderung kamen sie endlich an den verheißenen Strand. Ihr Erdinger Tischgenosse hatte ihnen nicht zu viel versprochen. Es war eine kleine malerische Bucht und noch dazu ein Sandstrand.

»Jetzt aber nix wie rein ins Gwasch«, plärrte der Pfanzelt Maxe und zog sich schon beim Hinrennen die Klamotten aus. Als sie nun allerdings den Strand so unmittelbar vor sich liegen sahen, wurde ihre Freude doch erheblich getrübt. Im Wasser schwammen Hunderte irgendwelcher Plastikbehälter oder Plastiktüten, die den Igerl Alfons, als einen überzeugten Umweltschützer, sogar wenn sie nicht in dieser gehäuften Anzahl auftreten, zur Weißglut bringen können.

»Da baden«, meinte er, »nein, bestimmt net, ohne mich, da fahr i ja lieber ins Hotel zurück und trink den ganzen Tag Kaffee.«

»Tee«, verbesserte ihn der Pfanzelt Maxe, »aber auch des wird dir schwerfallen, denn du weißt doch ganz genau, dass erst um sechs der Bus zurückgeht.«

Nun, da es ohnehin nicht die Art vom Igerl Alfons ist, zu resignieren, fasste er den Plan, eine kleine Umweltaktion zu starten. Und hätte er noch ein langes Hemd angehabt, dann hätte er jetzt sicherlich die Ärmel hochgekrempelt. So schnappte er sich widerwillig den nächsten Plastikbeutel und begann, andere Beutel, Plastikbecher und Plastikflaschen hineinzustopfen. Zögernd folgte auch der Pfanzelt Maxe seinem Beispiel. War ein Beutel voll, dann warfen sie denselben in ein großes Blechfass, das offensichtlich als eine Art Mülltonne diente. Die paar anderen Badegäste, die noch da waren, verfolgten ihre Aktion mit großen Augen.

Nach zweieinhalb Stunden hatten sie es geschafft. Selber geschafft, aber doch glücklich, mit einem »Ach, tut das gut« auf den Lippen, stürzten sie sich nun in die von ihnen gereinigten Fluten und schwammen in das freie Meer hinaus.

»Ui, da schau her«, rief der Pfanzelt Maxe, der dem etwas bedächtiger schwimmenden Alfons Igerl schon um etwa 30 Meter vorausgeschwommen war. »Da schau her, Alfons, da is noch eine andere Bucht.«

Igerl schwamm zögernd nach. Tatsächlich, hinter dem Felsen war noch eine zweite Bucht, ähnlich der ersten.

»Die schau i mir genauer an«, meinte der Pfanzelt Maxe, und schwamm mit kräftigen Zügen über den Felsen hinaus und in die Bucht hinein. Doch etwas neugierig geworden, planschte Igerl hinter ihm drein. Da sie beide doch relativ geübte Schwimmer waren – zu Igerls Wochenprogramm gehörte es seit Jahr und Tag, am Donnerstagnachmittag im Müller'schen Volksbad einige Bahnen zurückzulegen –, erreichten sie etwa nach zehn Minuten den Strand. Sie setzten sich ein paar Minuten zum Ausschnaufen hin und entdeckten erstaunt, dass sich ein Einheimischer mit einem Kübel und einem Stecken, an dem ein Nagel war, damit beschäftigte, am Strand befindliche Becher, Tüten und Büchsen einzusammeln. Den Kübel leerte er dann jedes Mal in ein Blechfass, ähnlich dem am ersten Strand.

»Respekt«, meinte der Pfanzelt Maxe, »da sieht man, dass die Leut da halt noch ein anderes Umweltbewusstsein haben wie bei uns, die wissen halt noch, was sie der Natur, aber auch dem Fremdenverkehr schuldig sind.«

Am liebsten hätte er sich in Umweltsolidarität an der Reinigungsaktion beteiligt. Nach einiger Zeit kam ein Mann mit einem Esel und einem kleinen Wagerl daher, auf dem das volle Fass, das sie vorher an ihrer Bucht gefüllt hatten, stand.

»Da bin i jetzt gespannt, was' mit den Abfalltonnen machen«, meinte der Pfanzelt Maxe.

Die Spannung wurde durch lähmendes Entsetzen abgelöst, als sie bemerkten, wie die beiden Männer erst das eine, dann das andere Fass ins Meer kippten und mit ansehen mussten, wie der ganze Plastikabfall langsam, aber sicher in ihre vorher gesäuberte Bucht hingetrieben wurde.

Der Urlaub wurde dann aber doch noch ein ganz nettes Erlebnis. Der Pfanzelt Maxe entdeckte in der Nähe des Hotels eine zünftige Kneipe, und der Igerl Alfons brachte zwei einheimischen Fischern, die immer in dem Lokal verkehrten, sogar noch das Schafkopfn bei. Mit dem Erfolg, dass einer davon ausgerechnet am letzten Abend noch ein Gras-Solo gewann und die beiden Münchner Spezln kräftig abkassiert wurden.

Wieder in München angelangt, führte sie ihr erster Weg abends in das Volkart-Eck, wo der Schorsch und der Benno schon auf die beiden warteten. Stolz erzählte der Pfanzelt Maxe einige Urlaubsstorys, wobei er natürlich, wie gehabt, ziemlich übertrieb.

»Und nächstes Jahr«, sagte er, »habn mir schon beschlossen, wenn mir wieder Geld in der Kasse habn, dass wir was ganz was anders machen, da machn mir nämlich einen Abenteuerurlaub. Da hab i neulich in einer Zeitung glesn, was man da alles erleben kann und was da alles gebotn is: Fahrt in die Amazonas-Wälder, Fußmarsch durch den Dschungel und eigene Kurse bei den Indianern im Blasrohr-Blasn, Tanzkurs, wo man die ganzn Kriegstänze lernt, und gleichzeitig Körperbemalung, Bodypainting, wie mir dazu sagn.

238

Dann gibt's Kurse im Basteln von Schrumpfköpf, und, wennst willst, kannst lernen, wie man, ähnlich wie der Tarzan, Gott hab ihn selig, von Ast zu Ast schaukeln kann. Und aufn Einbaum darfst dann mit den Eingeborenen, wennst magst, an Amazonas runter paddeln, mitten durch zwischen de Krokodile. Des is was anders, als wie eine solch langweilige Kreuzfahrt auf'm Traumschiff, was allerweil im Fernsehen zeign. Also Freunde, gehn mir's an, damit wieder Geld in die Kasse kommt.«

Alfons Igerl hatte aber in dieser Nacht noch einen merkwürdigen Traum. Er hätte, so träumte ihm, mit dem Pfanzelt Maxe eine Kreuzfahrt auf dem Traumschiff gebucht. Als es da aber immer den Kaffee bzw. den Tee ihres letzten Urlaubsortes gegeben hatte, stiegen sie einfach an einer Bucht aus, die im Traum der »Plastik-Bucht« ihres Urlaubs ähnelte, stellten sich an den Strand, und als ein Schiff daherkam, hielten sie es nach Art von Autostoppern auf. Beim Einsteigen mussten sie aber zu ihrem Entsetzen feststellen, dass sie in einer Galeere gelandet waren. Er und der Maxe wurden sofort an Ketten gelegt, und nun mussten sie rudern, was das Zeug hielt. Vorne stand mit einer Sprechtüte ein schwarzer Goliath, der mit einem »Eins, zwei – eins, zwei« Tag und Nacht den Ruderrhythmus bestimmte. Nachdem sie lange Zeit so in den Riemen gehangen waren, gelang ihnen – so träumte der Alfons weiter – endlich die Flucht. Unter Todesgefahr machten sie sich von ihren Fesseln frei und sprangen über Bord. Da schwammen sie nun, was das Zeug hielt. Endlich, endlich tauchte am Horizont eine kleine Insel auf, die sie mit letzter Anstrengung erreichten. Die völlig Ermatteten wurden von fröhlich hüpfenden Hula-Hula-Mädchen empfangen, die ihnen aus Kokosnussbechern das beste und frischeste Weißbier servierten. Als es aber gerade besonders zünftig wurde und die Mädchen die beiden Spezln zu einem flotten Tanz auffordern wollten, stürzte sich der Pfanzelt Maxe noch mal in die Fluten und rief dem Alfons zu: »Alfons, wir müssen zurückschwimmen auf unser Schiff, mir habn ganz vergessen, dass wir dem Musikanten mit der Sprechtüte ein Trinkgeld gebn hättn.«

Ausreden sind Gold wert

Der kleine Maxi hat keine Hausaufgabe gemacht. Auf die Frage der Lehrerin, was denn los gewesen sei, erklärt er: »…« Oder: Otto kommt zu später Stunde angeheitert heim. »Weißt du«, sagt er zu seiner besseren Hälfte, »…«

Wer kennt sie nicht, diese Witze aus Schule, Ehe, Büro, in der die Pointe aus einer Ausrede besteht. Diese Fähigkeit des Menschen zur Ausrede hängt damit zusammen, dass er, im Gegensatz zum Tier, Phantasie besitzt, und Ausreden sollten ja immer phantasievoll sein. Ein besonderes »Verdienst« kommt dabei den Wissenschaften wie Pädagogik, Soziologie und Psychologie zu. In dem Maße, in dem man dem Menschen schon von Kindesbeinen an deutlich macht, dass er nicht schuldig ist, ja gar nicht schuldig werden kann, hat man die Ausrede schon frei Haus geliefert. Motto: Reden ist Silber, aber Ausreden sind Gold wert.

Nun ein paar Beispiele: Da ist einmal die Ausrede, dass man für etwas nichts kann, weil es dieses verflixte »Es« gibt. Das können sein unsere angeborenen Triebstrukturen, über die Herr zu werden niemand verlangen kann (im Vorwissenschaftlichen galt die Begründung, keine Lust gehabt zu haben, freilich noch als sehr mäßige Ausrede), oder irgendwelche genetischen Vorgaben, für die man ja selber nicht verantwortlich zu machen ist. Falls es mit dem »Es« nicht klappen sollte, haben wir aber von der Soziologie eine Menge von Fachausdrücken, auf die man sich fast unbefragt verlassen kann. Ich nenne nur einen Bruchteil: die Umstände, das Milieu, der Trend der Zeit.

Anzumerken ist, dass da und dort auch die Medizin, in Form von sogenannten Attesten, eine Reihe von Ausreden gegen geringes Entgelt liefert, und wem das zu teuer ist, der kann sich der Generalausrede »der Zeitgeist« bedienen.

Wie viel unwissenschaftlicher klangen da früher die Begründungen, wie »leider«, »dass heute alles schief gehe«, »dass Freitag der 13. sei«, »man sich in einer Pechsträhne befände«, oder »eben überhaupt ein Pechvogel, ein Unglücksrabe sei« usw. Eine Ausrede stellt in Bayern auch die wissenschaftlichsten Argumente in den Schatten: Der Föhn, der nach wie vor die Ausrede, den Sündenbock für alles Mögliche darstellt.

Wer nun weniger auf wissenschaftliche Formulierungen zurückgreifen will, dem liefert Jürgen Brauerhoch mit dem Büchlein »Nie mehr verlegen« (Hamburg 1986) ein eigenes Trainingsbuch für bessere Ausreden. Als kostenloses Anschauungsmaterial empfiehlt sich das Verfolgen von politischen Debatten. Besondere Kreativität lernt man dabei kennen, wenn es darum geht zu begründen, warum eine Wahl verloren wurde oder warum es im Anschluss an einen Sieg nicht möglich ist, die Wahlversprechen einzuhalten.

In der Diskussion mit Politikern lernt man dann auch eine Sonderform der Ausreden kennen, die darin besteht, von dem eigentlich Gefragten abzulenken. Hierzu sei nur an Konrad Adenauers klassische Antwort auf die Frage, ob er die Wahrheit gesagt habe, erinnert, als er spontan die Gegenfrage stellte: »Aber meine Herren, was ist denn Wahrheit? Ich unterscheide drei Wahrheiten, nämlich die eine Wahrheit, die nächste Wahrheit und die andere Wahrheit. Welche wollen Sie wissen …?« Auf dem politischen Sektor befinden wir uns allerdings zur Zeit in einer Umbruchssituation, einer Wende, denn wenn der vorher zitierte Föhn für den Bayern die Ausrede Nr. 1 ist, könnte das womöglich dort in absehbarer Zeit die allgemeine Weltlage sein.

Viele Politiker müssen aber vor Scham erröten, wenn sie den Ausreden-Einfall der Sportler betrachten. Man braucht nur den Kommentar des Trainers einer Bundesliga-Mannschaft nach einer Niederlage zu lesen und erfährt, was alles schuld sein kann, wenn man selber nicht schuld ist (oder sein will). Als Beispiele für sportliche Ausredetechnik seien auch jene Wintersportler genannt, die jeweils einen fast kompletten Katalog an Begründungen ins Feld führen können: die Skischuhe zu unbequem, die Ski zu stumpf, falsch gewachst, die Anzüge zu wenig windschlüpfig, die Schneebrille zu unscharf, die Unterwäsche zu wenig warm, die Masseusen zu wenig einfühlsam usw. Und wenn das alles nicht zählt, dann kann sich der Wintersportler ja immer noch auf die Bodenverhältnisse ausreden. Denn wer kann schon bei Schnee und Glatteis seine volle Leistung bringen?

Igerl und die Beichte

Mit der einen Ausnahme, dass Alfons Igerl ein »Bayern«-Anhänger und der Schweiß Hans ein eingefleischter »Sechziger« war, hatten sie sich eigentlich immer gut verstanden, ja, man konnte fast sagen, dass sie Spezln waren. Sie trafen sich hin und wieder zum Kartenspielen oder zum »Platschgen«, jenem alten Spiel, bei dem man mit den kleinen Platten, eben den »Platschgen«, nach Blechtauben wirft. Und Alfons Igerl kaufte natürlich regelmäßig sein Obst und Gemüse im kleinen Laden des Hanse, den dieser nach dem Tod seiner Erna allein bewirtschaftete, lediglich unterstützt von seiner Tochter, der Elfi, die aber selber berufstätig war und meist nur am Samstag mithalf. Wie das manchmal so ist, zerbrechen Freundschaften an winzigen Kleinigkeiten. Damals waren es mehrere gewesen. Es war die Zeit, als die »Sechziger« die Qualifikation für die Bundesliga bekamen, sie den »Bayern« aber versagt wurde. Der Schweiß Hanse kostete die Situation reichlich, manchmal sogar überreichlich, aus und sparte nicht mit Spitzen wie: »Alfons, kennst du die kleinste Brauerei mit den meisten Niederlagen? Des is ›Bayern‹ mit bloß elf Flaschen ha, ha, ha.«

An dem Sonntag, als die »Sechzger« in der Bundesliga ihr Spiel gegen den HSV ganz hoch gewannen, die »Bayern« in Augsburg aber verloren hatten und sie sich beim Platschgen trafen, war es ganz besonders schlimm. Der Alfons war mit einem roten Hemd

244

erschienen, und das nahm der Hans zum Anlass, einen Witz um den anderen zu reißen: »Weißt du, warum ›Bayern‹ das pünktlichste Publikum in ganz Deutschland hat? Keiner möcht den Anstoß verpassen, weil des die ›Bayern‹ ihr einziger Pass is, der wo ankommt. Ha, ha ha.«

»Weißt du, warum die Bayernspieler allerweil mit überhöhter Geschwindigkeit Auto fahren? Net? Weil s' da wenigstens in Flensburg Punkte kriegn! He, he, he.«

»Weißt du, für wie viel Minutn deine ›Bayern‹ Luft habn? Höchstens für 59. Für ›Sechzge‹ hat's noch nie greicht. Hi, hi, hi.«

»Weißt du, Alfons, was der Trainer 's letzte Mal gmacht hat, damit eure Rothosn endlich einmal ein bisserl ein Ballgfühl kriegn? Der hat einfach elf Blechkanister hergnommen, und da hat er der Reih nach die ganze Erste mit ei'm Ball durch Slalom spieln lassn. Und weißt, was bei dem Training rauskommen is, ha? Guat habn sie sich ghaltn die ›Bayern‹. Sie habn bloß ganz knapp 1:0 verlorn gegen die Kanister. Ha, ha, ha.«

Und so ging es in einer Tour weiter, bis es dem Alfons zu dumm wurde und er sich schweigend davonmachte. Er marschierte schnurstracks ins Volkart-Eck und genehmigte sich ausnahmsweise zwei Halbe über seinen üblichen Durst. Als er kurz vor Mitternacht an dem kleinen Ladl des Hanse vorbeikam, der gerade vor ein paar Tagen mit neuen großen Buchstaben die Inschrift »Schweiß-Obst-Gemüse« über seinem Geschäft hatte anbringen lassen, kam ihm ein teuflischer Gedanke, den er auch gleich in die Tat umsetzte. Er hangelte sich geschickt hoch und nach ein paar Lockerungsversuchen hielt er auch schon den Buchstaben »w« in der Hand, mit dem er sich kichernd auf den Nachhauseweg machte.

»Den wenn i erwisch«, hatte oft der Hanse zu seinen Freunden gesagt, »wegn dem blödn Buchstaben ›w‹ hab i eigens eine Sonderanfertigung zahln müssn, weil s' von dem Satz keins mehr ghabt habn. Sachbeschädigung is des, ganz grobe Sachverletzung, den wenn i erwisch.«

Und wie das so ist, statt dass der Igerl Alfons einfach den nächtlichen Ausrutscher zugegeben und mit ein paar Markl wieder gutgemacht hätte, fand er nie recht den Mut und ging dem Hans schuldbewusst fürderhin aus dem Weg. Erst nach langer Zeit ereignete sich etwas, was das unterkühlte Verhältnis wieder änderte. Die Elfi hatte einen Buben bekommen, einen ledigen, den der Hanse nach dem anfänglichen Raunzen heiß und innig liebte. Und dem blieb es vorbehalten, die Schweiß-Igerlsche-Beziehung wieder in Ordnung zu bringen, obwohl dieser eigentlich ein recht unsanfter Kontakt vorausging. Der kleine Richard rammte beim Fahrradfahren eines Abends just vor dem Obstladen den Alfons versehentlich, und der fiel recht unglücklich und verstauchte sich seinen linken Fuß, so dass er schmerzverzerrt auf dem Trottoir sitzen blieb. Schuldbewusst alarmierte Richard seinen Opa, und man schleppte den Verletzten in die Schweißsche Wohnung. In der Folgezeit kümmerten sich die Schweißens so rührend um ihn, dass eine ganz neue Freundschaft entstand. Als dann der vorgesehene Firmpate, der Neffe vom Hanse, passen musste,

246

weil er plötzlich für ein Jahr von seiner Firma nach Kanada abberufen wurde, war es eigentlich gar nicht überraschend, dass man den Alfons fragte, ob er nicht beim Richard als Pate fungieren wolle. Igerl sagte geschmeichelt zu. Er würde sich gewiss nicht lumpen lassen, denn ihn drückte immer noch das Gewissen wegen des besagten Streiches. Das Firmgeschenk wäre nun wirklich das wenigste gewesen, aber drei Wochen vor der Firmung fiel es Igerl ein, dass ein guter Firmpate ja auch beichten müsse, wenn er die Kommunion empfangen wolle. Nun war er ja das, was man einen durchaus passablen Christen nennen konnte. Er hatte nur immer schon ein Problem gehabt: das der Beichte. Seit ihm damals der Kaplan Quasny in seiner Jugend einmal so die Leviten gelesen hatte, hatte er ein etwas gebrochenes Verhältnis zu diesem Sakrament. Und seit jener Geschichte, die der Schweiß gar als grobe Sachbeschädigung bezeichnete, hatte er schon gar nicht mehr den Mut zum Gang in den Beichtstuhl aufgebracht. Nun war guter Rat teuer. Als er sich in seiner Verzweiflung seinem Freund, dem Pfanzelt Maxe, anvertraute, lachte der bloß und sagte: »Geh, was wirst denn du schon auf'm Gwissn habn, du bist doch die Harmlosigkeit in Person. Aber stille Wasser … ha, ha, ha. Denk dir trotzdem nix, heut sind doch die Pfarrer viel toleranter wie seinerzeit in unserer Jugend. Die sind schon was anders gwohnt wie dich. Aber wennst trotzdem noch Probleme hast, weiß i dir einen Rat. Da gehst in die Theresien-Kirch und da sitzt der alte Pater Zeh Beichte. Und der is schwerhörig. Pass aber auf, dass dir net so geht wie dem, der wo auch zu dem einen taubn Pfarrer gehn wollt und gsagt

247

hat: ›Tarantatata tarantata tarantata.‹ Und auf des hin hat der Beichtvater gsagt: ›Tirintiti tirintiti, der Taube sitzt heut vis à vis.‹ Hahaha.«

Igerl zog bei seinem Spezi, dem Scherm Ade, der im Pfarrgemeinderat von St. Theresia war, lieber noch Erkundigungen über den Pater Zeh ein.

»Der Pater Zeh?«, lachte der, »ja das is ein echts Original. An dem sei'm Beichtstuhl steht, dass man bei ihm in Englisch, Französisch, Italienisch, Spanisch, Griechisch, Jugoslawisch und sogar auf Holländisch und Polnisch beichten kann. I hab mir oft denkt, mei is des ein Sprachgenie, bis i draufkommen bin, dass der fast taub is. Und weil er gar nix hört, is's wurscht, in welcher Sprach dass er Beichte hört. Er versteht weder das eine noch das andere. An sich is der Zeh ein grüabiger Mann mit seinen achtzig Jahren. Aber auf eins muss man aufpassn, das is mir passiert. Wie i zu ihm neulich reingangen bin und wirklich net viel am Kerbholz ghabt hab, stell dir vor, schimpft der auf einmal los wie ein Rohrspatz. Zehn Minutn lang is er über mich hergfalln, wie wenn i der Dings, der Massenmörder Harmann wär. Rauskommen bin i wie ein begossener Pudel, und eine Buß hab i aufkriegt, dass i gleich eine Woch Urlaub nehmen hab müssn. Und weißt, was da los war? I bin draufkommen, dass der Zeh, offensichtlich zwecks der Imagepflege in ei'm bestimmten Rhythmus, also alle sieben- oder zehnmal richtig hinlangt. Und der Siebte oder Zehnte is, gleich, ob er was ausgfressn hat oder net, dran. Also, wennst des Risiko eingehn willst, i weiß ja net, wie es bei dir steht ...«

Igerl, der noch nie ein besonderer Hasardeur gewesen war, verzichtete auf diese Form der russischen

248

Roulette-Beichte. Wenn es ihm nur nicht so schwer fallen würde, über einen so blöden Streich zu sprechen. Vielleicht genehmigt die Kirche einmal eine neue Art der Beichte, wo man seinen Beichtspiegel einfach per E-Mail ans Pfarrbüro schickt, und nach ein paar Tagen bekommt man dann die Absolution elektronisch. Ja, das wäre eine akzeptable Form der Beichte. Man müsste das einmal dem Lohmeier Schorsch sagen. Vielleicht setzte er sich dafür genauso ein wie für die Abschaffung des Zölibates. Aber bis das durch ist, wäre der Richard vielleicht längst selber Firmpate. Und die Firmung rückte doch immer näher. Schließlich stand der Sonntag der Firmung vor der Tür. Und Igerl war noch immer nicht beim Beichten gewesen.

Da kam ihm ein seltener Zufall zu Hilfe. Der Grandl Xaver, sein Vetter, rief ihn aus Englpolding an, um ihn zu seiner Goldenen Hochzeit einzuladen, und bei der Gelegenheit erzählte er ihm Folgendes: »Stell dir vor, Alfons, mir wolln doch in aller Feierlichkeit die Goldene begehn, und da wolltn mei Annamirl und i zum Beichten gehn. Weißt, was unser neuer Kaplan da gsagt hat: ›Geh weiter‹, hat er gsagt, ›was werds denn ihr schon für Sündn habn. Gehts am nächsten Samstagabend in d' Kirch. Da habn mir einen Bußgottesdienst. Und da legts einen Zettel, wo ihr eure Sündn aufgschriebn habts, in a große Schachtel. Umbracht werds schon niemand habn. Und im Bußgottesdienst werds auch von eure Sünden befreit.‹«

Der Anruf war am Samstag um 10 Uhr. Jetzt pressierte es. Aber er hatte ja alles schon für den Sonntag besorgt. Ein bisserl Obst wollte er noch für die nächsten Tage einkaufen. Aber das war ja schnell gemacht. Er schrieb die paar Sachen zusammen, die er brauchte. Den Zettel würde er noch schnell vor der Abfahrt nach Englpolding bei den Schweißens einwerfen. Und wie er grad beim Schreiben war, formulierte er auch noch seinen Beichtbrief für den Bußgottesdienst in Englpolding. Ganz genau schrieb er den Vorgang auf, wie er den Sachschaden beim Schweiß Hanse angerichtet hatte, und noch ein paar lässliche Sünden als Anhang.

Der Bußgottesdienst war sehr würdig. Als Igerl den Zettel in die Bußschachtel warf, fiel ihm sichtlich ein Stein vom Herzen. Nun fuhr er richtig befreit nach München zurück.

Die Firmung wurde zu einem wunderschönen Tag. In der Aufregung fiel ihm auch nicht weiter auf, dass ihm der Schweiß Hanse in der Früh zublinzelte und sagte: »Also weißt du, Alfons ...«

Was es damit auf sich hatte, kam ihm erst zum Bewusstsein, als eine Woche später bei der Goldenen Hochzeit in Englpolding der Kaplan, der am Tisch saß, erzählte, dass manche Leute offenbar mit dem Bußgottesdienst doch noch nichts Rechtes anfangen könnten, denn beim letzten habe er einen Zettel gefunden, auf dem sei bloß gestanden: 2 Pfund Orangen, 1 Pfund Äpfel und ein Bund Radieserl.

Ein Tag, an dem fast alles schiefgeht

Es gibt solche Tage, an denen man an sich eine geradezu unausweichliche Gesetzlichkeit des Schiefgehens erfährt, gar nicht in den großen Dingen, sondern in den kleinen Alltäglichkeiten. Zum Beispiel: Man erwartet in der Früh einen wichtigen Anruf. Er kommt genau dann, wenn man unter der Dusche steht. Genau in dem Augenblick, in dem man abgetrocknet ist und nach dem Hörer greifen will, hört das Telefon zu läuten auf.

Erst in dem Augenblick, in dem man zur Tür rausgeht, meldet sich der Anrufer wieder. Verspätet verlässt man die Wohnung. Es eilt. Glücklicherweise erwischt man im letzten Moment noch die Trambahn. Sie aber fährt nicht bis ans Ziel, weil sie einrückt. Man entschließt sich, zu Fuß zu gehen. Das ist der sicherste Auslöser dafür, dass eine Minute später die nun doch gekommene Straßenbahn an dir vorbeifährt. Bei Benützung eines Aufzuges kann man sicher sein, dass sich der gerade im entferntesten Stockwerk befindet. Am selben Tag kann man dann noch eine Reihe solcher Gesetzmäßigkeiten kennenlernen, die Arthur Block als »Murphys Gesetz – Gründe, warum alles schiefgeht«, beschreibt. Sollte man sich irgendwo anstellen müssen, und es gibt mehrere Reihen, dann ist die Reihe, die man wählt, auch wenn sie die kürzere ist, die langsamste. In dem Augenblick aber, in dem man die Reihe wechselt, geht es da plötzlich nicht mehr weiter, dafür aber jetzt in der Reihe, in der man vorher war.

Weitere solche Gesetzlichkeiten: Man arbeitet (ausnahmsweise) den ganzen Tag intensiv im Büro. Just in dem Moment, in dem man gerade mal kurz rausgegangen ist, kommt der Chef. Wenn man vorsichtshalber gleich ein paar Straßen vor dem Ziel parkt, fände sich unmittelbar vor demselben eine große Parklücke. Man kauft etwas und findet dasselbe im nächsten Geschäft als Sonderangebot für den halben Preis. Das Buch, das man am Vortag für 24 Euro 95 erstanden hat, erscheint am nächsten Tag als Taschenbuch. Und so weiter und so weiter. Wie gesagt, es gibt Tage, an denen fast alles schiefgeht.

Auch dafür gibt es ein Gesetz: Wenn etwas schon einmal schiefgegangen ist, dann geht auch alles andere schief. Kürzlich war bei mir ein solcher Tag. Immer wieder habe ich vor mich hingemurmelt: Warum denn ausgerechnet ich? Dann sitze ich vor dem Fernseher und freue mich auf den Film in Österreich 2. Es überrascht mich eigentlich gar nicht mehr, dass dieses Programm heute nicht hergeht. Nun, dann eben nicht. Ich schaue gelangweilt in unser erstes Programm. Werbefernsehen. Ja, was ist denn das? Die haben jetzt ein Rasierwasser entwickelt, das ganz genau meine persönliche Duftnote hat. Und man bietet einen Kaffee genau mit dem für mich geschaffenen Aroma an. Gleich nachher die entsprechende Dosenmilch dazu, die von glücklichen Kühen gemolken wird, um speziell mich glücklich zu machen. Eine Versicherung wird offeriert, die genau auf meine Bedürfnisse eingeht, ein Haarwaschmittel, das auf meine spezielle Haarstruktur abgestimmt ist, eine Zahnpasta, die mit meinen besonderen Zahnproblemen ein für allemal aufräumt, ein Waschmittel, das ganz genau meinen individuellen Kuschelbedarf deckt und eine Margarine, die akkurat die Vitamine enthält, die mir meine Gesundheit garantieren.

Ich bin gerührt. Aller Ärger des Tages ist vergessen. Ausgerechnet ich, dem heute doch alles schiefgegangen ist, durfte am Abend noch erfahren, dass sich alles nur um mein spezielles Wohl bemüht.

WIE MAN MIT DER ZEIT GEHT

Der kleine König beim Zeitsparer

Auf seiner Reise durch die Welt kam der kleine König eines Tages auch zu einem Zeitsparer.

Der sah einen Mann, der mit einer großen Uhr in der Hand herumrannte.

»Was machst du denn da?«, wollte der kleine König wissen.

Der Mann zog ein Büchlein aus der Tasche. »Es ist 10.17 Uhr«, sagte er, »du stehst aber nicht darin.«

»Was sollte denn drinstehen?«

»Dass du einen Termin bei mir hast!«

»Was ist ein Termin?«

»Du weißt nicht, was ein Termin ist? In welcher Zeit lebst du denn? Termine sind die einzige Möglichkeit, mit der Zeit auszukommen. Wer mit der Zeit gehen will, muss vor allem lernen, die Zeit einzuteilen.«

»Und wozu teilt man die Zeit ein?«, wollte der kleine König wissen.

»Um sie zu sparen natürlich.«

»Und wie machst du das?«

»Indem ich mehr Tempo in die Zeit bringe. Man muss lernen, alles schneller zu machen. Unsere Zeit verlangt Schnelllebigkeit. Schnellzüge, Schnellstraßen, Schnellrestaurants. Schneller denken, schneller schalten, schneller essen und trinken, schneller schlafen, das ist mein Geheimnis.«

›Schneller sterben und vergessen sein‹, dachte sich der kleine König.

256

»Ich habe eine eigene Methodik entwickelt, Zeit zu sparen«, fuhr der Zeitsparer fort. »Mit der richtigen Rationalisierung geht alles schneller.«

»Rationalisierung, was ist das?«, fragte der kleine König.

»Man streicht alles Überflüssige weg!«

»Und was ist überflüssig?«, wollte der kleine König wissen.

»Überflüssig ist all das, was uns viel Zeit kostet. Zeit ist kostbar, Zeit ist Geld. Wer rationalisiert, gewinnt Zeit und Geld.«

»Und was macht man mit der gesparten Zeit und dem Geld?«

»Man kann es verwenden, um noch bessere Methoden des Zeitsparens zu entwickeln. Wer in der Gegenwart Zeit spart, hat Zeit in der Zukunft.«

»Und was tust du mit der zukünftigen Zeit?«, wollte der kleine König wissen.

»Da habe ich dann Zeit für die Zeit und kann über sie verfügen!«

»Wenn die Zeit kommt, in der man könnte, ist aber oft die Zeit vorüber, in der man noch kann.«

Der Zeitsparer sah auf eine der vielen Uhren, die überall auf seinem Planeten hingen oder standen. »Es ist jetzt 10.27 Uhr und 30 Sekunden«, sagte er. »Ich habe mit dir jetzt genau 10 Minuten und 30 Sekunden mit diesen dummen Fragen und Antworten vertan. Diese Antwort hat mich schon wieder 11 Sekunden gekostet. Es ist jetzt 10 Uhr 27 Minuten und 41 Sekunden. Dabei habe ich noch aufgerundet. Normalerweise rechne ich mit Zehntel- und Hundertstelsekunden.«

»Du versuchst also mit Tempo die Zeit zu überholen. Tempo ist außer Atem gekommene Zeit. Ohne Atmen ist aber kein Leben möglich. Nicht die Zeit stiehlt uns das Leben, sondern das Tempo!«

»Papperlapapp«, sagte der Zeitsparer schroff. »Zeit ist Leben, und gesparte Zeit ist gespartes Leben.«

»Aber du hast doch nie Zeit, also lebst du auch nicht.«

»Wenn es nicht so viel Zeit in Anspruch nähme, müsste ich jetzt lachen. Solange ich sehe, dass meine Uhren gehen, lebe ich.«

»Deine Uhren mögen richtig gehen, aber du gehst falsch. Wer nie Zeit hat, vergeudet das Kostbarste, was er hat: sein Leben.«

»Ich sagte dir schon, dass das Kostbarste die Zeit ist«, entgegnete der Zeitsparer.

»Du magst recht haben, wir haben die Zeit als Geschenk bekommen, aber nicht die Hast. Wer nur auf die Uhr schaut, sieht nie den Sinn der Zeit.«

»Sinn der Zeit? Unsinn! Der Sinn der Zeit ist, mit der Zeit zu gehen.«

»Fragt sich nur mit welcher«, sagte der kleine König. »Aber ich glaube, es ist wirklich Zeit zu gehen.«

Und er machte sich wieder auf die Reise.

Igerl und der Liegestuhl

›Jedem Tierchen sein Pläsierchen‹, dachte sich Alfons Igerl, als er bei einer Befragung von Prominenten deren Lieblingsplatz las: Seychellen, Copacabana und Acapulco stand da. Namen, die er mit seinem verblassten Geographiewissen nur mehr äußerst unscharf auf dem Globus hätte fixieren können. »Da tätn sie sich bei mir schon leichter«, schmunzelte er. ›Heimgarten in Moosach‹ würde er hinschreiben. »Aber mich fragt ja keiner, weil i halt kein Dings, kein VIP net bin, wie man des so nennt.«

Eigentlich, überlegte er, könnte er seinen Lieblingsplatz noch präziser definieren, auf ein paar Quadratzentimeter genau sogar. Igerls uneingeschränkter Lieblingsplatz war seit ewiger Zeit sein Liegestuhl, jenes Gerät, auf das sich der gereifte Gartier so gerne begibt, weil er aus Erfahrung weiß, dass er mit seiner Gartenarbeit sowieso nie fertig wird, und es daher sinnvoller ist, an einem schönen Sonnentag gar nicht erst anzufangen. Igerls Liegestuhl war ein Erbstück von seinem Onkel Jakob, einem Hobby-Bastler und Erfinder, auf dessen Konto so berühmte Konstrukte gingen wie die künstlichen Hühneraugen, die wie echte drücken, oder der Spezialofen zur Verbrennung von Zwetschgen-, Aprikosen- und Pfirsichkernen, sozusagen das erste Kernkraftwerk überhaupt. Längst vor der Erfindung der verstellbaren Liegestühle, die auf jede Körperbewegung reagieren, hatte der Onkel

Jakob ein Gerät entwickelt, das mittels einiger Handgriffe genau auf die Anatomie des Benutzers abzustimmen war. Es lag sicher auch an dieser körperfreundlichen Passform, aber auch an der Tatsache, dass der Blick in Liegestuhllage bekanntlich ein immer himmelwärts gerichteter ist, warum sich Igerl an seinem Lieblingsort immer wieder zu geradezu philosophischen Gedankengängen hochschwang. Dabei gaben oft so banale Gegenstände wie der Komposthaufen Anstoß zu tiefschürfenden Überlegungen.

»Da wirft man«, sinnierte der Alfons, »alle möglichen Abfälle von daheim und vom Garten hin, damit s' verrotten zu dem Zweck, dass man s' für'n Garten wieder als Humus verwenden kann und des bloß deswegn, damit man Gras und Pflanzen wachsen lasst, die wo man dann für'n Komposthaufn verwenden kann.«

Und schon war er bei der uralten Frage des Menschen nach dem Sinn von Werden und Vergehen angelangt. Hat nicht der ganze Jahresablauf, sokratisierte er weiter, nur den Sinn, dass was wird, damit's stirbt. Das Frühjahr bringt das neue Lebn, des wo im Sommer wachst, im Herbst reif wird, damit's im Winter wieder abstirbt. Man kann's natürlich auch umkehrt sehn, meditierte er. Das Absterbn is lediglich der Grund dafür, dass wieder was Neues entstehen kann. Des ist fast a so, wie die Frag, was zerst war: d' Henna oder 's Ei. Oder die Wolkn da, die wo sich grad vor d' Sonna stellt. Kaum wartst a bisserl, is schon wieder weiter. Aber auch die nächste Wolkn kommt bestimmt wieder, genauso sicher wie die Nacht nach am Tag, ja oder der Tag nach der Nacht. Hat jetzt der Anfang bloß den Sinn, dass er z' End geht oder ist am

End der Anfang 's End vom Lied? Und was werd am End von der ganzen Werde- und Vergeherei übrig bleibn? Alles oder gar nix? Wenn nix bleibt, dann wär des, was war, wahrscheinlich auch nix G'scheits wert, weil es sich net hält. Und des Nix wär dann eigentlich wertvoll, weil sich eine Wertarbeit durch Haltbarkeit auszeichnet. Bevor sich Igerl aber zu einer endgültigen Lösung der Frage nach dem Sinn von Werden und Vergehen und von Bestand hätte »durchheideggern« können, machte es ›knacks‹ und sein Philosophenkanapee krachte in mehrere Teile auseinander.

»Geh zua«, meinte eine Stunde später der Pfanzelt Maxe, der den Alfons zum Schafkopf abholte, »kauf dir halt einen neuen im Ikowa-Markt, da hab i Liegestühle im Sonderangebot gsehn für ein paar Euro.«

»Oder«, fuhr er fort, als er an Alfons' Miene sofort sah, wie sehr er an diesem alten Erbstück hing, »gib ihn einem gscheitn Handwerker, der bautn dir schon wieder zamm. Unser Kegelbruder, der Scherm Egon, hat doch allweil ein paar ganz guate Tipps parat, was Handwerker anbelangt.«

»Der Scherm Egon?«, schimpfte Igerl. »Ausgerechnet der, da wennst mir net gehst. Weißt des net, wie des mit mei'm Gartnhäusl war? Da hab i auf den Egon gehört. Angangn is, dass das Fenster ein bissl klemmt hat. Na hat der Egon gsagt, er wüsst einen gewissen Reitlinger, der wo schon Rentner is und so Gelegenheitsarbeiten macht. Der is auch nach drei Wochn kommen und hat's prompt repariert, und i hab das Fenster wieder zuabracht. Aber leider is jetzt das elektrische Licht nimmer angangn. ›Macht nix‹, hat der Scherm gsagt, ›da weiß i dir einen, einen gewissn Neidlinger, der war früher Portier beim Riebenhofer und Wipper, und da hat er allweil auch mit'm Elektrischen z'tun ghabt.‹ Der Neidlinger is auch nach fünf Wochen kommen und hat gleich gspannt, dass der Reitlinger bei der Reparatur vom Fenster einen Nagel durch die elektrische Leitung gschlagn hat, durch den dann ein Kurzschluss z'stand-kommen is. Er hat's gricht, und schon is 's Licht wieder gangen. War i froh, weil du weißt doch, dass i oft auch abends noch gern in mei'm Gartnhäusl bleib, Tür auf-lass und a bisserl lies. Ja, aber dann is mir aufgfalln, dass fürchterlich zieht. Und wie i genau hinschau, hat der Neidlinger offensichtlich bei der Reparatur von der Leitung d' Fensterscheibn beschädigt. Aber der Scherm hat mir sofort einen Glaser vermittelt, der wo früher mit ihm auf'm Postamt fünfundzwanzg garbeit hat. Nach drei Wochen war der Schadn behobn. Wie der Scherm kommen is und nachgschaut hat, ob seine Handwerker guat garbeit habn, hat er gmeint, dass 's net schadn tät, wenn des Häusl wieder mal gstrichn werd. Recht hat er ghabt, denn von dene ganzn Repara-turn war überall die Farb runterblattlt. Ein junger Mann, ein Neffe von ihm, wär ein exzellenter Maler, der wo sogar schon zwei Semester auf der Kunstakademie gstudiert hat. Der Hugo, so hat er gheißn, hat das Gartnhäusl innen ganz neu gstrichn. Da schau dir's an. So hab i das ganze letzte Jahr die halberte Bekanntschaft und Verwandtschaft vom Scherm Egon beschäftigt ghabt, und i hab nie in Ruah mei Häusl genießn kön-nen, den ganzn Sommer net bis in Spätherbst rein.«

»Ja mei«, meinte der Pfanzelt Maxe beschwichti-gend, »aber jetzt hast as gschafft, sei froh, dass alles in Ordnung is.«

»Leider bloß fast in Ordnung«, korrigierte ihn der Igerl Alfons, »leider bloß fast. Bei den Malerarbeiten von dem Kunstmaler is offensichtlich der ganze Rahmen verklebt wordn, und seit der Zeit gehts Fenster nimmer auf.«

Der Maxe war von dem Missgeschick des Alfons so erschüttert, dass er das Schafkopfn einfach sausen ließ, und in mehrstündiger Arbeit hatten sie es geschafft, aus den Trümmern der »Jakobinischen Sommerchaiselongue« ein Provisorium zusammenzubasteln. Schön schaute es nicht aus, weil sie es mit Schnüren und Draht zusammengeflickt hatten, und lange würde es sicher auch nicht halten, aber für den morgigen Sonntag, an dem man ohnehin keinen Ersatz bekäme, müsste es schon reichen.

Das Provisorium hielt nicht nur den Sonntag, sondern auch den ganzen Sommer und den langen schönen Spätherbst durch. Für die neue Gartensaison hatten sich die Igerlschen Stammtischfreunde was Besonderes einfallen lassen. Für den 15. Mai, an dem der Alfons seinen Siebzigsten feierte, gebaren sie unter der Regie vom Scherm Egon eine Riesenidee.

Der Egon kannte zufällig einen gewissen Albin Ebenhoch, der jetzt im Seniorenstift Augustinum logierte, früher aber in der Möbelhandlung Transhand als Buchhalter gearbeitet hatte. Und aus der Zcit hätte er sich, so wusste der Egon zu berichten, Tischlerkenntnisse angeeignet, die bereits als Kunstschreinerei zu bezeichnen wären. Eine Truhe hätte er für die Denglers gebaut, da wo man »Sie« dazu sagen müsse. Aus dem Gedächtnis der Igerl-Spezln fertigte der Scherm Egon persönlich eine Konstruktionsskizze des alten Freiluftsofas an und übergab sie dem Ebenhoch Albin.

Am 15. Mai, einem herrlichen Frühlingstag, rückten die Spezln mit einem festlich bekränzten Leiterwagen im Heimgarten an. Feierlich überreichten sie dem Jubilar den in Packpapier eingewickelten Nachbau. Es spricht für das Gedächtnis des Egon und die Kunstfertigkeit des Albin, dass das ausgewickelte Gartenmöbelstück der ursprünglichen Jakobs-Liege wie ein Ei dem anderen glich, bloß neuer halt.

Der Pfanzelt Maxe, der fürs Zeremonielle schon immer etwas übrig gehabt hatte, ergriff das Wort: »Tritt nun«, sprach er zu der neuen Liege, »an Stelle des ausgedienten Liegestuhles und bringe unserm lieben Freund und Kupferstecher Alfons so viel Freude, wie jene ehrwürdige Ruhestätte, die sich nun selbst zur Ruhe setzen kann.« Auf sein Geheiß hin hoben der Egon und der Toni das Geschenk symbolisch über den alten Liegestuhl. Und da passierte es. Das Ebenhoch-Duplikat fiel genau auf seinen Vorgänger. Nicht besonders tief, aber es reichte, dass das Geburtstagskind einen Haufen von Einzelteilen vor seinen Füßen sah.

»Jetzt hat er endgültig ausdient, der Guate«, war das erste, was der Scherm zu sagen wusste. Beim genaueren Hinschauen stellten sie aber fest, dass zwar das Ebenhoch-Konstrukt in alle Bestandteile zerfallen war, das Provisorium aber alles unbeschadet überstanden hatte.

Nun liegt der Alfons Igerl, wenn die Sonne schön warm scheint und er wieder zur Einsicht gekommen ist, dass er mit der Arbeit sowieso nie ganz fertig wird, bereits den dritten Sommer auf seinem Provisorium und macht all jenen großen Geistern, von den Vorsokratikern angefangen bis rauf zu Max Müller, Konkurrenz, wenn er nachdenkt über Werden und Vergehen und das, was wirklich Bestand hat.

Spiele

Also 's letzte Mal bin i wieder einmal in einem Spielzeugladn gwesn, weil i für einen Neffen was bsorgn wollt. Mei, wennst des siehst, was da alles anbotn wird! Wenn i da an meine Kindheit denk ... Richtig neidisch könnt man werdn. Am meistn beeindruckt hat mich des ganze technische Spielzeug. Gigantisch, sag i da bloß. Da laufen Eisenbahnen über Tunelle, Über- und Unterführungen, Roboter hüpfen rum, Riesenräder kreisen, alles vollautomatisch. Die Kinder haben 's eigentlich schön. Die brauchn bloß noch auf'n Knopf drücken, und alles geht ganz von allein. Es kann also sozusagen des Spielzeug sich selbst überlassen und was anders getan werdn. Aber was tut dann ein Kind in der Zeit? Spieln halt ... Bloß, mit was? Da gibt's heutzutag doch die vielen Lernspiele. Da können d' Kinder, auch wenn s' noch net in der Schule sind, schon allerhand lernen: lesen, schreiben und rechnen. Spielend lernen sozusagen. Hoffentlich verlernen die Kinder dabei net das Spieln.

Also am meisten imponiert habn mir die neuen Computer-Spiele. Der Huttinger hat mir neulich erzählt, er hat seine Kinder jetzt einen kauft. Früher, hat er gsagt, haben s' immer umeinander gschrien und plärrt beim Spieln. Dann hab i mir denkt, hat er gsagt, kaufst' ihnen was Gscheits. Und da hab i ihnen solche Spiele kauft, da wo man auf'm Bildschirm auf Safari gehn kann: Viecher jagen und Überfälle spieln. Rich-

266

tig realistisch, hat er gsagt. Überfälle auf Indianer oder Krieg der Sterne, wo sich die Einwohner vom Stern Riga mit den modernsten Weltraumwaffen mit dene Leut vom Stern Dimago bekriegn. Bis zur völligen Vernichtung. Ein Spiel spannender wie des andere, hat er gsagt. Und du wirst lachen, seit die Kinder damit so nett spieln, sind s' auf einmal ganz brav. Ja, ja, hat er gsagt, der Huttinger, man muass sich halt was einfalln lassn um des liebn Friedens willen, gell! Also, es is schon interessant, muass i Ihnen sagn, was man sich heutzutag alles einfalln lässt, damit man die Kinder davon ablenkn kann, dass sie sich was zum Spieln einfalln lassn.

Igerl und die Herkunft des Menschen

Angefangen hatte das Ganze an einem Abend im Volkart-Eck. Sie hatten sich am Stammtisch gerade über die neueste Situation der Bundesliga unterhalten, und der Alfons hatte gemeint, dass der FC Bayern dieses Jahr statt sechs Mittelfeldspielern doch lieber einen knallharten Verteidiger odertreffsicheren Mittelstürmer, wie einst den Gerd Müller, vor allem aber einen Ersatztorwart hätte verpflichten sollen. Der Zirngibl brachte seine Kritik am TSV 1860 an, indem er meinte: »Was meinst du, was wir jetzt für eine Mannschaft hätten, wenn die alle noch bei uns spielen würden, die wir damals für ein Butterbrot haben laufen lassen?«

Der Pfanzelt Maxe aber saß schon seit ein paar Minuten da und wackelte mit dem Kopf. Jetzt erst fiel es dem Alfons auf: »Was ist denn? Stimmt's vielleicht net, was mir g'sagt habn?«, fragte er jetzt. Der Maxe gab keine Antwort. Relativ kurz drauf zahlte er und ging heim, wobei er noch vor sich hin murmelte: »Wo kommt der Mensch bloß her?«

»Was hat er g'sagt?«, fragte der etwas schwerhörige Eisenhofer Schorsch den Alfons.

»Ich hab's auch net genau g'hört«, meinte der. »Ich glaub, ich hab g'hört, er hat g'fragt, wo der Mensch herkommt.«

»Ha?«, fragte der nochmals zurück.

»Wo der Mensch herkommt, wollt er wissen. Du kennst ihn doch, den Pfanzelt Maxe, heut hat er

268

scheint's wieder seinen Nachdenklichen g'habt«, antwortete ihm der Igerl Alfons. Irgendwie beschäftigte ihn aber dann diese Frage des Pfanzelt intensiver auf dem Nachhauseweg. Was der Pfanzelt Maxe wohl mit dieser Frage gemeint hatte? Er würde ihn beim nächsten Stammtisch fragen. Aber da fiel ihm ein, dass der Maxe ja jetzt vier Wochen gar nicht zu erreichen wäre, weil er sich doch ab morgen in Kur in Bad Füssing, bei seinem Freund, dem Eckbauer Helmut, befinde.

Bei der Nacht träumte ihm dann, wie so oft, von der Schule, und er hörte ganz deutlich, wie ihn sein Lehrer Löwenik fragte: »Alfons, sag mir, woher kommt der Mensch?« Igerl stand im Traum da, wie ein begossener Pudel, aber es fiel ihm nichts ein. »Setzen, Igerl, fünf«, schimpfte der Lehrer – als der Alfons in der Schule war, gab es nämlich noch keine Sechser.

Als er aufwachte, war sein erster Gedanke wieder diese Frage, woher der Mensch wohl komme, und er schaute sich zunächst einmal ein bisschen in seiner eigenen Hausbibliothek um. Als Erstes fiel ihm ein altes Aufklärungswerk in die Hände, das er einmal in späteren Jahren errötend gelesen hatte. Aber das wusste er ja nun eigentlich, wie das war, das mit der Zeugung, dem Eisprung, dem Embryo, den neun Monaten usw. usf. Das war wohl nicht die richtige Antwort, die er sich gewünscht hätte.

Er wollte der Sache auf den Grund gehen, und so vertiefte er sich jetzt in ein biologisches Werk, auf das im Lexikon mit dem Stichwort Genetik verwiesen wurde. Mühsam kämpfte er sich durch einige Kapitel und erfuhr wieder, was er schon fast vergessen hatte, wie das mit den X- und Y-Chromosomen ist, den

Mendelschen Gesetzen usw. Besonders interessierte ihn, dass dieser Mensch beim Bohnenzüchten auf diese genetischen Fragen gestoßen war, wo er selbst doch in seinem Heimgarten immer so schöne Bohnen erntete. Aber er hatte bei der Ernte eigentlich nie an Chromosomen und Genetik, sondern schon eher an den guten Bohnensalat, den er daraus machte, gedacht. Auch die Antwort, die er aus diesem Buch bekam, befriedigte ihn nicht ganz, und so ging er der Sache immer weiter auf den Grund, zumindestens versuchte er es.

Zunächst einmal setzte er sich mit den Fragen der Evolution auseinander. Er befasste sich mit Darwin, holte sich aus der Bibliothek Bücher über die Urmenschen, den Neandertaler, las sich etwas an von dem fehlenden Zwischenglied, dem Homo sapiens usw. usf. Dann ging er sogar noch weiter und blätterte in Büchern herum, in denen er etwas über die Entstehung des Lebens auf unserem Planeten überhaupt erfuhr. Zwischendurch stellte er seine privaten Sinnierereien an. »Wenn man sich vorstellt«, so überlegte er, »was sich alles von jenem mysteriösen Urknall an, von dem er jetzt auch gelesen hatte, getan hat. Wie sich unsere Milchstraße, dann unser Sonnensystem mit unserem Planeten Erde entwickelt hat; wie es gekommen ist, dass ausgerechnet auf diesem Planeten Leben entstanden ist. Wie viele Lebewesen inzwischen schon wieder ausgestorben sind, und was jetzt übrig geblieben ist, und ausgerechnet ich, beispielsweise«, überlegte er und schaute sich nachdenklich im Spiegel an, »bin so eines dieser Produkte dieses Knalls. Vielleicht kommt es davon«, kicherte er vor sich hin, »dass man bei einigen Leuten sagt: ›Ui, schau dir den an, der hat einen Knall.‹« Wahrscheinlich sind das die letzten Nachwirkungen des Urknalls. Er werde das, merkte er sich vor, bei nächster Gelegenheit einem seiner Freunde hinreiben, wenn dieser gerade einmal seinen Gspinnerten haben sollte.

Auf seiner Suche nach dem, woher der Mensch kommt, stellt er dann auch geschichtliche Überlegungen an und trieb so nebenbei ein wenig Ahnenforschung: Woher die Igerls wohl stammen? Überhaupt, wie das mit den Germanen gewesen ist. Er las über die verschiedenen Thesen der Einwanderungen der Bayern nach, befasste sich sogar intensiver mit der Bayerischen Geschichte und sinnierte wieder nach, wie es wohl gekommen ist, dass ausgerechnet er, Alfons Igerl, jetzt da sitzt und etwas nachliest. Was wäre wohl passiert, überlegte er sich, wenn beispielsweise bei der Einwanderung irgendein Bajuware ausgerutscht wäre und sich den Fuß gebrochen hätte. Das ist aber nicht passiert, und deswegen konnte er weitermarschieren, und ausgerechnet dieser ist vielleicht mein Urururgroßvater geworden. Oder wie haben sich denn meine Urururahnen kennengelernt? Vielleicht war das bei irgendeinem Zunftfest? Der Alfons spintisierte, wie das gewesen sein mochte, als sich damals seine Urururgroßmutter und sein Urururgroßvater bei einem Zunftfest im Mai kennen gelernt, Gefallen aneinander gefunden und dann für den nächsten Tag eine Verabredung getroffen hatten. Wie er seinerzeit auf dem Oktoberfest mit der Schmalz Mausi unter der Normaluhr. Aber die Mausi ist viel zu spät gekommen, und er hat nicht gewartet und

271

dann eine Wut gehabt, so ist's nichts geworden mit ihr. Wenn so was damals im Anschluss an dieses Zunftfest auch passiert wäre, überlegte er, wäre ich ja gar nicht auf der Welt. Wie viele solcher Begegnungen mögen wohl stattgefunden haben, dass ausgerechnet ich, der Alfons, das Licht der Welt erblicken hab dürfen. Er ging mit seinen Gedanken etwas mehr in die Neuzeit hinein. Was wäre wohl passiert, wenn seine Großeltern oder Eltern auch so viel ferngesehen hätten, wie die Leute heutzutage?

Sie hätten sich dann vielleicht irgendeinen Sexfilm auf RTLplus angeschaut und wären im Theoretischen oder Visuellen hängengeblieben. Und auch dann wäre es nichts mit mir, dachte er, eigentlich schon ein Glück, dass es so und nicht anders gekommen ist. Denn, wenn er auch manchmal vor sich hingrantelte und auf die Zeit und manches Unerfreuliche schimpfte, im Grunde genommen lebte der Alfons recht gern. Und er war eigentlich recht dankbar, dass sein Leben in dieser langen Geschichte nicht schon bei seinen Vorvorfahren gescheitert war.

Igerls Gedanken gingen immer weiter. Der eigentlichen Frage, woher der Mensch kommt, war er wohl doch nicht so nahegekommen. Das mit der Evolution befriedigte ihn auch nicht so ganz, denn er überlegte sich, wie das damals genau gewesen sein mag, als der Affe zum Menschen geworden ist. Ob das wohl allmählich passiert oder ob plötzlich etwas ganz anderes geschehen ist? Er erinnerte sich nun auch an seine Religionsstunden und dass der Pater Steck am Sonntag schon ein paar Mal in der Predigt erklärt hatte, dass man das natürlich in der Bibel nicht ganz so genau nehmen dürfe und alles mehr oder weniger in Bildern geschrieben sei.

Es sei auch, hatte Pater Steck gesagt, gar kein so großer Widerspruch zu dem, was die Naturwissenschaftler sagen.

Igerl las jetzt sogar einmal im Alten Testament in der Genesis die Stelle nach, wie Gott den ersten Menschen, den Adam, erschaffen hatte. Plötzlich musste Alfons wieder kichern, denn ihm fiel ein Spruch von Mark Twain ein: »Gott hat den Menschen erschaffen, weil er vom Affen enttäuscht war. Danach verzichtete er auf weitere Experimente.« Aber wie war denn das wirklich mit dem ersten Menschen?

Vielleicht war der Affe, der zuerst einmal gesagt hatte: »Mein Gott, bin ich ein Affe«, weil ihm zu Bewusstsein gekommen war, dass er etwas falsch gemacht hatte, der erste Mensch. Und war nicht auch der Spruch: »Als Gott den Menschen schuf, war er bereits müde; das erklärt manches« von Mark Twain?

Igerl sinnierte weiter. Ist dieser Mensch nun wirklich die Krone der Schöpfung? Irgendjemand, so fiel ihm ein, hat einmal gesagt, wohl eher die Dornenkrone. Wenn man an das denkt, was die Menschen schon alles angestellt haben, muss man ihm fast recht geben mit diesem Spruch.

Manchmal scheint es so, als sei der Mensch das einzige Lebewesen, das sich für einen Menschen hält. Igerl fand auf seiner Suche nach dem, was der Mensch ist und was ihn von anderen Lebewesen unterscheidet, noch so schöne Sprüche, wie: »Der Mensch ist das einzige Lebewesen, das von sich eine schlechte Meinung hat.« Dieser Satz stammt von George Bernard

273

Shaw. Und schließlich noch einmal von Mark Twain die Aussage: »Der Mensch ist das einzige Tier, das erröten kann oder muss.« Wieder kicherte der Alfons, denn es fiel ihm der Spruch ein: »Des is ein Viech mit Haxn.«

Igerls Wissensdurst war aber noch lange nicht gestillt. Er besorgte sich sogar einige philosophische Bücher und las, dass man den Menschen auch als instinktarmes Mängelwesen bezeichnen könne, dass er eigentlich eine Frühgeburt sei und deshalb im Gegensatz zu den Tieren erzogen werden müsse. Aber woher der Mensch nun eigentlich kommt und was er ist, darauf wusste er noch immer keine genaue Antwort. Vielleicht wussten es die Dichter?

Er las das schöne Gedicht von Matthias Claudius: »Empfangen und genähret vom Weibe wunderbar, kömmt er und sieht und höret und nimmt des Trugs nicht wahr.« Und am Schluss heißt es doch dann: »… und alles dieses währet, wenn's hochkommt 80 Jahr. Dann legt er sich zu seinen Vätern nieder, und er kömmt nimmer wieder.«

Besonders beschäftigte Alfons aber immer die Frage, wo nicht nur der Mensch, sondern wo er selbst herkomme. Ja, er wusste es schon, von seinen Eltern, das ist ja wohl klar, von seinem Vater, dem Franz Xaver Igerl, und von seiner Mutter, Maria Anna Igerl. Die Namen seiner Großeltern wusste er auch noch. Aber war damit schon die Frage nach seiner Herkunft beantwortet? Wo war er denn, als sich seine Eltern noch nicht einmal getroffen hatten?

Als Kind hatte man ihm auf die Frage immer gesagt: »In Abrahams Hans-Wurscht-Kessel.« Interessant, überlegte er sich, dass schon die Kinder diese Frage beschäftigt. Und was wäre wohl passiert, wenn Franz Xaver Igerl vielleicht eine andere geheiratet hätte als die Maria Anna, oder die Maria Anna einen anderen? Liefe er dann bloß als halbes Ich herum oder wäre ein anderer an seiner Stelle? Wer dann wohl am Stammtisch säße, überlegte er nicht sehr tiefschürfend, oder wer beim Schafkopfen der vierte Mann wäre? Hoffentlich nicht Wolfgang Irrgang, der macht ja schon beim Zuschauen Fehler, fiel ihm ein.

Irgendwo hatte er einmal gelesen, dass ein gewisser Platon angenommen habe, jeder Mensch existiere seit Ewigkeit als Idee und schlüpfe dann lediglich in einen Körper, wenn man geboren bzw. gezeugt werde.

Dann tät mich interessieren, überlegt er, wer die Idee ghabt hat, dass ich, Alfons Igerl, ausgerechnet in der Volkartstraße geboren werden solle. Ob das jetzt wohl eine ganz normale oder eine recht ausgefallene Idee war? Irgendwann beschäftigte er sich sogar mit der Reinkarnation, der Lehre von der Wiedergeburt, das, was die Hinduisten glauben und jetzt auch viele bei uns, wie er letzthin in der Zeitung gelesen hatte.

Manche könnten sich sogar ganz genau an frühere Ereignisse in ihrem vorhergehenden oder vorvorhergehenden Leben erinnern. Aber auch diese Frage führt ja immer weiter, überlegte er sich, denn irgendeinmal muss es ja auch einen Ur-Igerl gegeben haben, und von wem kommt der dann her? Außerdem glaubt man ja in manchen Religionen, dass man nicht nur als Mensch gelebt habe, sondern vielleicht sogar als Tier, oder dass man gar als eine Pflanze irgendwo geblüht habe. Als urzeitlicher Schachtelhalm vielleicht. Bloß, ob ich das auch war, wenn ich nicht weiß, dass ich das gewesen bin, sinnierte er. Wenn ich schon einmal gelebt habe und nicht weiß, dass ich das war, und wenn ich irgendwann einmal wieder leben werde und auch nicht weiß, dass ich das sein werde, ob mir das dann persönlich was bringt oder ob's nicht egal ist, ob dann gleich jemand anderer für mich auf die Welt kommt. Beim Durchblättern eines Kalenders fiel ihm das Gedicht in die Hand:

Ich bin und weiß nicht wer.
Ich komm, weiß nicht woher.
Ich leb, weiß nicht wie lang.
Ich sterb und weiß nicht wann.
Ich fahr, weiß nicht wohin,
mich wundert, dass ich so fröhlich bin.

Lange Zeit grübelte er über diesen Spruch, dann sagte er ein ganz schlichtes: Stimmt eigentlich. Und er erinnerte sich an einiges, was ihm sein alter Religionslehrer Hermann Schneller immer wieder erzählt hatte.

Dass halt immer im menschlichen Leben ein paar Fragezeichen stehen bleiben müssten, vor allem aber die ganz großen Fragezeichen am Anfang und am Ende, auch wenn man sich den Kopf noch so zerbricht. Der schöne Spruch des alten Sokrates fiel ihm ein, der gesagt hatte, dass er nur eines sicher wisse, dass er nichts wisse.

Und auch der Satz von unserem Dichterfürsten Goethe, den sie damals in unser Religionsheft geschrieben hatten: »Der Glaube ist nicht der Anfang, sondern das Ende allen Wissens.«

276

Es reute den Alfons aber nicht, dass er sich so intensiv mit all diesen Fragen beschäftigt hatte. Das verdankte er eigentlich jener so gescheiten Frage des Pfanzelt Maxe, überlegte er. Irgendwie ist hinter dem Maxe doch mehr, als die meisten vermuten. Er hatte ihm also offensichtlich doch manchmal unrecht getan, wenn er ihn immer wieder als bloßen Hallodri eintaxiert hatte.

Jetzt freute er sich schon, dass er mit dem Maxe einmal in einer ruhigen Stunde einen Erfahrungsaustausch über diese tiefgründige Frage, die Urfrage des Menschen schlechthin, starten könne.

Und er sah sich und den Maxe schon bei einem einsamen Spaziergang im Herbst, wenn die Blätter fallen und man ohnehin nachdenklicher wird, möglicherweise sogar im südlichen Friedhof, miteinander reden. Heut Abend wollt er ihm den Vorschlag machen.

Der Maxe war tatsächlich von seiner Kur wieder zurück, und Igerl ging gleich auf ihn zu.

»Du, Maxe«, begrüßte er ihn, »ich hab fei viel über die Frage nachgedacht, die du uns zum Abschluss gestellt hast.«

»Was für eine Frage?«, wollte Maxe wissen.

»Ja, weißt du das nicht mehr? Bei unserem letzten Stammtisch, bevor du dann in die Kur nach Füssing gefahren bist.«

»Ich kann mich an nichts mehr erinnern«, antwortete Maxe kopfschüttelnd. »Hilf mir doch ein bissl drauf.«

»Ja, weißt du's nicht mehr?«, memorierte der Alfons, »ich glaub, wir haben uns über Fußball unterhalten,

277

und du warst ganz geistesabwesend und hast immer nur gesagt, woher kommt bloß der Mensch?‹«

»Ah, ja, jetzt weiß ich es wieder«, strahlte der Pfanzelt Maxe, »jetzt weiß ich es sogar ganz genau. Wir haben doch damals über den Gerd Müller gesprochen, und mir ist es an dem Abend ums Verrecken nicht eingefallen, woher er gekommen ist, bevor er beim FC Bayern Torschützenkönig wurde. Inzwischen weiß ich's aber wieder ganz genau, vom TSV Nördlingen ist er gekommen. Stimmt doch, oder?«

Spuren

Gar manches Mal, wenn z. B. ein Jahr zu Ende geht oder in einer stillen Stunde, fragt man sich, welche Spuren dieses Jahr hinterlassen hat. Was ist geblieben im und vom Lauf der Jahreszeiten? Vieles ist einfach verweht im Hauch des Vergessens, wie eine Spur im Sand, die durch Wind und Wasser in wenigen Minuten ausgelöscht ist. Einiges hat man festgehalten im Fotoalbum, in einem Tagebuch, in einem Terminkalender oder im Gedächtnis. Aber was blieb wirklich? Hat man etwas getan, das irgendwie Bestand hatte, das wichtig, das wesentlich war? Irgendwie, glaube ich, macht es den Menschen in seinem Menschsein aus, dass er immer wieder versucht, diesem Lauf der Zeit, diesem Vergehen etwas entgegenzusetzen. Ist nicht die Kunst und Kultur des Menschen auch ein Versuch gegen den Fluss der Zeit und die Vergänglichkeit? Etwas zu setzen, seine Spuren einzugraben, eine Inschrift in den Fels zu hauen, ein Kunstwerk, ein Bauwerk zu verfertigen, etwas zu verfestigen, etwas über die Zeit hinaus zu bewahren.

Beginnt doch der Mensch da Mensch zu werden, wo er über die Zeit nachdenkt, wenn ihm bewusst wird, dass er mit der Zeit gehen muss, er sich aber damit nicht abfindet, sondern seine Toten bestattet und ihnen etwas ins Grab mitgibt, die Dinge, die sie lieb hatten, aber auch die Hoffnung, dass es irgendwie mit uns weitergeht. Vielleicht lässt sich der Mensch

279

auch dadurch bestimmen, dass er – obwohl er weiß, dass er im Letzten nichts halten kann – immer wieder versucht, die Zeit festzuhalten, angesichts dieser Zeit, etwas Wesentliches zu tun. Da gibt es den schönen Spruch von Angelus Silesius: »Mensch werde wesentlich, denn wenn die Zeit vergeht, dann fällt der Zufall weg, das Wesen das besteht.« Angefangen von den Zeichnungen der Ägypter auf Papyrus, bei denen die Verdienste des Menschen im Totenreich gewogen werden, bis herauf zu Hugo von Hofmannsthals »Jedermann«, den uns Oskar Weber so schön in eine bayerische Fassung gebracht hat, wird an das Gewissen des Menschen appelliert, dass er sich verwirkliche, indem er etwas wirklich Wichtiges tut, Zeugnisse des Schönen, des Guten, des Wahren, aber auch des Heiligen zu schaffen, die Bestand haben. Da gibt es jene schöne Geschichte von dem Geizkragen, bei dem es zu Ende geht, und der dem Pfarrer klagt: »Ach könnt ich doch meine ganzen Goldschätze mit hinübernehmen.«

»Das wird dir wenig nützen«, meint der Pfarrer, »denn an dem Ort, wohin du kommst, würde das Gold sehr schnell schmelzen.«

Die Geschichte der Menschheit ist voll von Versuchen irgendwelcher Menschen, sich die Unsterblichkeit zu schaffen, sei es durch Kunstwerke, durch Grabmäler oder auch durch den Ruhm, in dem man der Nachwelt fortleben möchte.

Aber wir wissen, wie leicht zerstörbar auch die stabilsten Denkmäler doch sind und wie schnell sich der Ruhm verflüchtigt. Und doch sind die Spuren aus vergangenen Zeiten etwas sehr Wichtiges für uns. »Der

Anblick von Fußspuren«, sagt Hellmut Walters, »hat immer etwas Tröstliches: andere sind den gleichen Weg gegangen.«

Jeder muss seinen Weg gehen, seine Richtung finden, auch wenn ihm die eine oder andere Wegmarkierung dabei helfen kann, ans Ziel muss er selbst gelangen. Das Durchhalten aber hängt in erster Linie davon ab, dass man hin und wieder einhält bei seiner Rennerei und Hasterei, einen Halt einlegt und Ausschau hält, nach dem, der wirklich Halt gibt.

Im Übermaße, lasst euch raten,
kann uns sogar Gesundheit schaden,
so ferne allzu häufig man
stößt auf die G'sundheit andrer an.

Igerl und das Kunstwerk

Seit Igerl seinerzeit einmal versehentlich auf einer sogenannten Vernissage gelandet war und das herrliche Büfett genossen hatte, war er zu einem überzeugten Jünger der bildenden und darstellenden Kunst geworden. Daher war er höchst angenehm überrascht, als ihn sein Spezi, der Pfanzelt Maxe, anrief und die Mitteilung machte, dass ihm demnächst wieder ein großer Kunstgenuss bevorstünde. Igerl schnalzte im Vorgefühl der lukullischen Genüsse leicht mit der Zunge, als er hörte, dass es dem Maxe gelungen sei, dank seiner guten Beziehungen zur Nichte der Schwägerin vom Stadtrat Memmel, zwei Karten für die Vorstellung des neuen großartigen Kunstwerkes vom Aktionskünstler Ladislaw Hopps zu bekommen. Am Donnerstagabend erschien Igerl in festlicher Kleidung und mit knurrendem Magen in der Lenbach-Galerie. Nach einer halben Stunde wurde er mit den noch geladenen Gästen in den Bätsch-Saal eingelassen. ›Jetzt wird's den Cocktail geben‹, dachte sich Alfons Igerl. Aber er bekam stattdessen von einer Frau, ebenso wie die anderen Gäste, einen Anstecker überreicht, auf dem stand: »Ein klares Ja zum Nein«. ›Das ist komisch‹, dachte sich Igerl, als er sich etwas in dem Saal umschaute, ›dass die nicht mit der Renovierung fertig geworden sind‹, denn da stand allerlei Gerümpel herum – ein Putzkübel, eine Kohlenschaufel, ein Stacheldrahtgeflecht. An den Wänden hingen ein paar Putzlappen, einige verschmierte Zeitungen

282

und sogar ein Plastikbeutel, aus dem irgendwelcher Abfall hervorquoll. Bevor er sich aber richtig umsehen konnte, betrat der Kulturbürgermeister der Stadt München den Saal und schritt auf eine Art spanische Wand in der Ecke des Saales zu, über der ein, wie es Igerl schien, blutverschmiertes Leintuch hing. Außerdem waren einige etwas unappetitliche braune Flecken zu sehen. Bevor der Bürgermeister seine Ansprache begann, reichte er aus einer großen Tüte noch allen Umstehenden einen Aufkleber, auf dem die interessanten Worte standen »Ein klares Nein zum Ja«. Dann begann er seine Rede.

»Sehr verehrte Bürger und Genossen unserer Kulturstadt München, ich freue mich, Ihnen heute eine ganz besondere Attraktion bieten zu können. Unserer Stadt München ist es unter Ausschöpfung aller zur Verfügung stehender kultureller Mittel gelungen, das neueste Werk des weltberühmten Aktionskünstlers Ladislaw Hopps zu erwerben. Hopps«, sprach er weiter, »bemüht sich seit vielen Jahren, durch seine Aktionen und Mysterien-Orgien, die in der heutigen Zeit völlig verschüttete Erfahrungen einer von allen zivilisatorischen Zwängen befreiten Sinnlichkeit nicht nur sichtbar, sondern auch erlebbar und nachvollziehbar zu machen. In einer solchen Vorstellung manifestiert sich in revolutionärer Weise ein versponnener Irrationalismus im ritualbefleckten Gewande. Hopps bevorzugt dabei nicht irgendwelche sterilen chemischen Farben, sondern er bedient sich des Lebenssaftes Blut, das er zu einem ästhetischen Arrangement ausfließen lässt, um zu zeigen, dass durch die moderne Medizin keine Heilung jener Wunden möglich ist,

283

die durch den Sündenfall bei der hybriden Korruptionsgesellschaft entstanden sind.«

»Interessant, gell, Alfons«, hörte er plötzlich jemand hinter sich flüstern. Igerl drehte sich um. Aha, der Pfanzelt Maxe war wie immer zu spät gekommen und musste natürlich gleich seinen Senf dazugeben.

»Servus Maxe«, meinte der Igerl, flüsterte dann aber gleichzeitig, »pst, sei still, Maxe, i möcht zuhörn, denn bis jetzt hab ich allweil nur Bahnhof verstanden.« Der Kulturbürgermeister war gerade dabei, eine Definition von Kunst abzugeben.

»Kunst ist bloß Kunst«, sagte er, »wenn sie sich endlich aus dem Dunst der Abhängigkeit von Tradition und Gesellschaft befreit. Wie sich die Musik aus dem harmonischen Zwang befreien muss, indem sie am besten nur noch Geräusche von sich gibt, so muss auch die bildende Kunst zur absoluten Befreiung finden. Eine Leinwand, am besten nicht einmal eine Leinwand, sondern irgendein Laken, ohne den Zwang der verschiedenen Farbpaletten, eine Plastik, die, in sich selber versenkt, auch aus einem Loch bestehen kann, das ist Kunst in Vollendung, Befreiung vom Material, Befreiung von allem: Gestaltung, Stil, Materie, Form ist Kunst in höchster Vollendung.«

»Heißt des jetzt dann«, wandte sich der Alfons Igerl kurz zum Pfanzelt Maxe, »dass Kunst eigentlich dann aus gar nichts mehr besteht, dass Kunst eigentlich gar nix mehr ist?«

»Des verstehst doch du net, du alter Reaktionär«, meinte der Pfanzelt Maxe da, »pass lieber auf!«

»Hier«, meinte der Bürgermeister weiter, »sehen Sie also einen Ausdruck modernster Kunst, die, nach einer Definition von Zwerenz, intellektuelle Provokation ist. Kunst muss provozieren.«

Der Igerl konnte es nicht lassen und meinte wieder zum Pfanzelt Maxe gewandt: »Ist jetzt eigentlich der Schorsch ein Künstler?«

»Wieso«, fragte der Maxe erstaunt.

»Ja, weil der in seinem letzten Rausch im Volkart-Eck an Wirt so provoziert hat, indem er ihm unauffällig an ein paar Stühl an Weißwurschtsenf hingschmiert hat, damit der Wirt meint …«

»Hör bloß mit derer unappetitlichen Gschicht auf!«, wies ihn der Maxe daraufhin zurecht. »Kunst ist natürlich noch mehrer, das is auch Ausdruck der Zeit, hat der Bürgermeister grad gsagt, hast des net ghört?«

»Dann war also am Nero sei Gsangl«, gab sich Igerl jetzt geschichtskundig, »doch eine Kunst. Und sein Zirkus auch, da wo sie die Löwn auf die armen Teifln losglassen habn.«

»Herr Hopps«, hörte man den Bürgermeister sagen, »ist ja nicht nur ein Meister der ruhenden Plastik, wie wir sie hier sehen, er ist auch ein Aktionskünstler. Einige von Ihnen werden sich sicher an seine jüngste Aktion in der Wiener Stadthalle erinnern, wo er als Protest gegen die Tiermorde ein lebendiges Schwein am Kreuz schlachtete und sich das Blut selber über seinen nackten Leib sprudeln ließ.«

»Ja, pfui Teifl«, grunzte der Igerl Alfons, »das wird ja immer schlimmer. Also wenn des a Kunst ist, dann friss i eine Putzfrau samt Besn.«

»Du siehst des halt viel zu engstirnig«, meinte der Pfanzelt Maxe, »Kunst ist immer missverstanden wor-

285

den, denk einmal an die Impressionisten und die Expressionisten, wie man die abgelehnt hat, und heut hängen die Bilder in Galerien und den Häusern von ganz reichen Leuten.«

»Du meinst also«, fragte Igerl unschuldig, »dass eine solche gschlachte Sau vom Hopps vielleicht in 50 bis 100 Jahr bei irgendeinem Enkel vom Flick auch in sei'm Palast drinna hängt? Da müsst ers' allerdings einfrieren, seine Kunstwerke, ›gefriertrocknen‹«, ergänzte er hämisch.

Inzwischen hatte der Bürgermeister begonnen, das Hopps'sche Kunstwerk zu interpretieren. »Meine sehr verehrten Damen und Herren«, sprach er, »wir müssen uns von der antiquierten Vorstellung lösen, dass Kunst etwas mit dem Schönen zu tun hat. Was ist überhaupt schön? Kein Mensch kann die Antwort darauf geben, und deswegen besinnt sich die Kunst unserer Tage vornehmlich mit ihrem großartigen Repräsentanten Ladislaw Hopps darauf, sich gegen jede Harmonisierung und Verkitschung, wie wir sie doch bei den meisten früheren Kunstwerken fanden, zu wenden. Thema Nummer eins dieser Kunst, was sag ich, die Kunst selbst ist diese Welt und das Leben. Wen wundert es daher, dass Bätsch das Kunstwerk, das Sie vor sich sehen, als ›Lebenslust‹ apostrophiert. Was es damit auf sich hat, sieht man auf den ersten Blick. Da ist jene spanische Wand, besser gesagt ein einfacher Bretterverschlag, vor dem wir im Leben immer wieder stehen, der uns den Blick für das Wirkliche verstellt bzw. der immer wieder von den Herrschenden aufgestellt worden ist, um uns die Wirklichkeit nie als Ganzes sehen zu lassen, so dass wir also – ich erinnere an das Höhlengleichnis des Platon – nur die aufs Minimum reduzierte Wirklichkeit sehen dürfen. Die Wand symbolisiert also das Verbot, den Zwang und damit die Frustration. Der Bretterverschlag ist Ausdruck der Verschlagenheit im doppelten Sinne, für die wir in diese Welt geworfen sind, um mit Sartre zu sprechen, also verschlagen sind auf der einen Seite, und für die Verschlagenheit jener, die uns hinters Licht führen, deren Machtstreben uns immer wieder ein Brett vor den Kopf setzt, ohne dass wir es merken. Wand, Brett, das bedeutet Tabuisierung. Betrachten Sie die Geschichte der Menschheit, lesen Sie das Märchen vom König Blaubart, wo es diesem Tyrannen auch nur darum ging, vor seiner Frau ein Zimmer zu verschließen. Symbol also der patriarchalischen Gesellschaft, in der der Frau immer wieder das Eigentliche versagt bleibt, wo sie ausgeschlossen, verstellt bleibt. Wen wundert's also, dass die Kunst die Enttabuisierung als oberstes Thema unserer Zeit gewählt hat? Enttabuisierung bedeutet das Niederreißen von Bretterwänden, Beseitigung der Bretter, die man vorm Kopf hat, Lösung vom Joch der Unmündigkeit. Und dann sehen Sie diese Wand genauer an! Zur Linken, zur Rechten, in der Mitte und rechts unten, sehen sie einige krumme, rostige Nägel. Es heißt wahrscheinlich Wasser in die Isar schütten, wenn ich Ihnen den Sinn derselben interpretiere. Nur ganz kurz: Der Nagel ist das Symbol des Anheftens, des Festmachens. Wir sind also sozusagen an dieser Tabuisierung festgemacht. Nagel bedeutet aber auch immer eine Gefahr, daran hängen zu bleiben, uns aufzureißen. Der rostige Nagel reißt dem Unbedachten,

287

dem Unmündigen eine Wunde ins Fleisch. Rost ist in diesem Fall der Ausdruck des Antiquierten, des Alten, von dem wir uns lösen sollen. Denken Sie dabei an das großartige Kunstwerk, das sich unsere Stadt München mit großem finanziellem Aufwand ebenfalls erworben hat, das Kunstwerk ›Zeige deine Wunden‹ von Beuys. Hier möchte ich Parallelen sehen. Wobei ich glaube, dass Hopps noch ein perfekterer Ästhet ist als jener Mann, der unsere Kunstepoche weitgehend bestimmt hat.«

Da konnte sich der Alfons Igerl wieder nicht mehr zurückhalten und meinte zum Pfanzelt Maxe gewandt: »Das einzige Kunstwerk, das dem Beuys meines Erachtens je gelungen ist, ist das, dass er unseren Stadtvätern die Bahre odraht hat mit dem Öl drauf, dem ranzigen. Wenn i das seh«, meinte er, »dann schon noch lieber vom Schicksal gezeichnet, als wie vom Beuys oder vom Hopps gmalt.«

»Pst«, flüsterte der Pfanzelt Maxe wieder, »du weißt doch ganz genau, dass Kunst eben nicht eindeutig interpretierbar ist. Ist dir das jetzt noch net klar wordn? Kunst ist Ausdruck absoluter Kommunikationslosigkeit, und man darf die Kunst gar net verstehn, denn wennst ein Kunstwerk verstehst, dann hast es eigentlich net verstanden. Verstehst mich?«

Der Bürgermeister interpretierte inzwischen jeden einzelnen der Blutflecke aufs Genaueste: »An diesem Kunstwerk dokumentiert sich – sozusagen mit dem Herzblut des Künstlers geschrieben – die Geschichte der Menschheit in ihrer Freiheitsbewegung. Wie viel Blut musste fließen, bis ein Künstler auf die geniale Idee kam, diesen Bluterguss sozusagen zu stoppen, indem er das gestockte Blut als Mahnruf auf die Leinwand bannte? Sehen Sie diese kreisförmig angeordnete Blutstockung hier?«

Igerl erblickte lediglich einen größeren Fleck.

»Das ist die eindeutige Dokumentation der Ich-Zentriertheit der herrschenden Klasse. Und dort daneben diese längliche Expulsion.«

Igerl erblickte jetzt einen länglichen Klecks.

»Das ist das Ausrufezeichen, der Aus- und Aufruf dieser Unterdrückung, der Aus- und Aufruf, diesem blutigen Massaker ein für allemal ein Ende zu machen. Ganz bewusst hat der Künstler auch einige Teile des Tuches mit Blut ausgespart, um auf die Blutlosigkeit unserer derzeitigen Kunstsituation hinzuweisen. Nur er ist in der Lage, unserer gegenwärtigen Zeitsituation so künstlerisch eindeutig, wie wir es auf diesem Kunstwerk sehen, Ausdruck zu verleihen.«

Wahrscheinlich hätte der Bürgermeister noch einige tiefsinnige Interpretationen des Kunstwerkes vorgenommen, wenn in diesem Augenblick nicht ein schwergewichtiger, bärtiger Mann sich den Weg durch die Umstehenden gebahnt hätte, mit dem zornigen Ruf:

»Weg da, jetzt kommt der Künstler, Hopps ist mein Name.«

Der Bürgermeister machte eine ehrfürchtige Verneigung. Hopps ignorierte aber die zum Gruß dargebotene Hand und meinte unwillig: »Was soll denn der Blödsinn da? Warum hat man denn dieses blödsinnige Gestell hier angebracht, so dass man mein Kunstwerk nicht sehen kann?« Wütend stieß er die spanische Wand mit dem schmuddeligen Tuch zur Seite.

Und da endlich konnten die staunenden Galeriebesucher einschließlich Pfanzelt Maxe und Igerl Alfons den »echten Hopps« erblicken. Zwei aneinander genagelte Bügelbretter, über die einige blutige Mullbinden gehängt waren. Da konnten sich der Pfanzelt Maxe und der Igerl Alfons nicht länger halten. Sie rasten, aber nicht vor Begeisterung, sondern einfach davon.

Eine freundliche Welt

Also, da heißt es immer, unsere Gesellschaft würde immer anonymer. Man spricht von Kommunikationslosigkeit, von Vereinsamung. Keiner kümmere sich um den anderen, jeder sei allein, unsere Städte seien ungastlich und menschenfeindlich. Ist das wirklich so?

Wenn ich mich an dem Ort, an dem ich wohne, umschaue, sehe ich ein freundliches Gesicht nach dem anderen. Kaum eines, das mich nicht anschaut und mir nicht zulächelt. Und was diese liebenswerten Menschen mir alles zu sagen haben! Sie wünschen mir eine gute Fahrt, den Kindern einen sicheren Schulweg, schöne freie Tage und viel Erholung.

Und das Überraschende ist, sie kennen alle meine Sorgen und Befürchtungen. Alle, aber auch alle wollen sich um mich kümmern, um meine Arbeitsstelle, meine Zukunft, meinen Lebensabend. Besonders viel ist ihnen an meiner Gesundheit gelegen. Auch für meine Wohnung fühlen sie sich verantwortlich. Apropos Verantwortung, wie die auf unsere Umwelt aufpassen, sich um die Natur kümmern, um mit allen möglichen Mitteln gegen die Umweltgefahren, die mir drohen, vorzugehen! Aber auch meine Arbeitszeit wollen sie verkürzen. Dennoch treten sie dafür ein, dass ich mehr Geld verdiene, weil ich eigentlich unterbezahlt bin.

In ganz besonderer Weise liegt diesen freundlichen Menschen, denen ich jetzt auf Schritt und Tritt begegne, meine Familie am Herzen. Viele davon haben auch Kinder auf dem Arm oder an der Hand und beweisen, wie kinderfreundlich sie sind. Selbstverständlich sind ein sicherer Schulweg und eine gute und kinderfreundliche Schule, wie sie immer wieder betonen, ihr großes Anliegen.

Ja, und beinahe hätte ich es vergessen: Allesamt sind sie heimatverbunden. Man merkt richtig, wie angestrengt sie alle darüber nachdenken, was sie tun können, damit unser schönes Land erhalten bleibt, ja sogar noch schöner wird. Ein enormes Anliegen scheint ihnen auch meine Freiheit zu sein, für die sie auf die Barrikaden gehen wollen.

Das Allerschönste ist aber, wie höflich sie sind, wie freundlich sie bitten und danken. Wenn sie wirklich einmal böse werden, dann nie auf mich, sondern lediglich aufeinander, weil sie sich gegenseitig vorwerfen, dass der andere noch viel zu wenig für mich getan hat und dass er sich anstrengen solle, für mich viel, viel mehr zu tun.

Sagen Sie selber, ist es nicht eine einzige Freude, an diesem Ort zu leben, wo so viele freundliche, liebenswerte, fröhliche Menschen sich um mein persönliches Wohl annehmen und mich ihrer Fürsorge in allen Lebenslagen versichern? Sie fragen mich, wo dieser wunderschöne Ort ist.

Nein, nein, es ist keine Utopie, keine Traumwelt, es ist mein, dein, Ihr Ort, München, Augsburg, Düsseldorf, Hamburg, Leipzig. Ich kann es gar nicht glauben, dass Sie diese netten Menschen noch nicht gesehen haben, die uns, wie gesagt, auf Schritt und Tritt zuwinken und zulächeln, überall auf den Wahlplakaten.

Andrea und die Zeit

»Bleib aber nicht zu lange«, rief die Mutter Andrea zu. »Denk daran, morgen hast du wahrscheinlich ein Diktat. Du weißt, deine Deutschnote wackelt noch, und du willst doch bald aufs Gymnasium.«

»Gut«, meinte Andrea, »ich nehme mein Deutschheft mit«, und machte sich auf den Weg.

Es war ein ausnehmend schöner Frühsommertag. Heute hatte sie gar nicht das Bedürfnis mit Freundinnen zu spielen. Sie wollte irgendwie allein sein. Da wusste sie schon einen Platz. In dem großen Park, in dessen Nähe sie wohnte, floss ein kleiner Bach. Das war auch ihr Lieblingsort an warmen Tagen. Andrea zog Schuhe und Strümpfe aus und ließ ihre Füße in das Gewässer baumeln. Sie merkte, wie das kühle Nass sie streichelte, und dachte zunächst einmal an gar nichts, d. h. sie wollte an gar nichts denken.

Kann man eigentlich an gar nichts denken, fragte sie sich plötzlich. Denn wenn man daran denkt, dass man an gar nichts denkt, denkt man ja schon wieder an etwas. Das ist vielleicht so wie in der Mathematik, überlegte sie kurz, wo sich zwei Minuszeichen aufheben und wieder zu einem Pluszeichen werden. Als es sie ein wenig an den Zehen fror, zog sie ihre Beine aus dem Nass und legte sich auf den Bauch. Sie empfand es als wohlig, dass ihre kalten Füße unter den Sonnenstrahlen wieder wärmer wurden. Wenn es mir wieder zu warm wird, überlegte sie, strecke ich sie einfach ins Wasser.

Eigentlich ist es schön, dachte sie, dass es Kaltes und Warmes gibt. Wenn man im Kalten sitzt, freut man sich aufs Warme. Wird es zu warm, geht man ein wenig hinaus in die frische Luft und freut sich wieder auf die warme Stube. Es ist bestimmt wichtig, überlegte sie, dass man sich immer wieder auf etwas freuen kann. Andrea setzte sich auf und blätterte ein wenig in ihrem Deutschheft. Sie nahmen gerade die Zeitwörter durch: Ich bin, ich war, ich werde sein. Andrea begann nachzudenken. Eigentlich ist es ja unsinnig, zu sagen, ich war, denn ich bin doch. Wenn ich war, bin ich dann eigentlich auch noch? Eigentlich schon, denn ich war einmal ein kleines Kind, ich war gestern in der Schule. Aber auch wenn ich etwas war, bin ich es doch noch. Andrea erinnerte sich an die Bilder, die ihr ihre Mutter oft aus dem Familienalbum gezeigt hatte, als sie noch ganz klein war. »Schau her, das warst du«, hatte sie gesagt, »kurz nach deiner Geburt. Das warst du an deinem ersten Geburtstag.« An einige frühe Bilder konnte sich Andrea dann auch noch erinnern. Irgendetwas blitzte aus der Vergangenheit bei ihr auf. Manchmal hatte sie sogar den Eindruck, dass sie jetzt im Augenblick etwas von damals sah, hörte, roch oder schmeckte, z. B. die Stimme der Tante, die auf dem Bild noch mit ihr abgebildet war, die inzwischen leider verstorben ist. Sie hatte immer ein wenig nach den Kräutern gesprochen, die sie in ihrem Garten pflanzte, und Andrea schmeckte auch die gute Gemüsesuppe noch, die sie immer bei ihrer Tante bekommen hatte. Sie merkte, wie ihr das Wasser im Mund zusammenlief. An manches konnte sie sich aber auch nicht mehr erinnern, was ihr die Mutter erzählt hatte, wenn sie die Bilder anschauten. Es ist dann wohl durch das Gedächtnis gerutscht, wie durch ein Sieb. Was das wohl ist, das im Gedächtnis haften bleibt, fragte sie sich plötzlich. Sicher etwas, das Eindruck gemacht hat.

Es ist schon etwas Merkwürdiges mit diesem »War« und »Ist«, dachte sie weiter. Das eine oder andere behält man im Gedächtnis, dann ist dieses »War« doch irgendwie noch da. Das andere hinterlässt gar keinen Eindruck, oder man vergisst nach einiger Zeit, dann ist das »War« plötzlich weg. Etwas ist einfach vorbei. Das »Vorbei« ist doch eigentlich auch.

Was heißt eigentlich »ich bin«, dachte sich Andrea. Das steht ja wohl nun fest, das heißt, so fest steht es eigentlich auch wieder nicht. Denn gerade habe ich ja noch über diesen Satz nachgedacht und jetzt denke ich schon wieder darüber nach, dass ich darüber nachgedacht habe. Vielleicht heißt das Wort auch »darüber nachdenken«, dachte Andrea. Ist vielleicht alles Denken ein Nachdenken. Sicher nicht, denn ich kann ja auch voraus denken. Die Mutter hat doch gerade vorausgedacht, wenn sie sagte: »Denk an die Schule!« Überhaupt muss ich immer viel zu sehr voraus denken. Seit sie sich zurückerinnern konnte, hatten die Leute schon immer gefragt, ob ich das schon könne. Sie dachte an die Frau Breitenbrunner, die immer gefragt hatte: »Geht die Andrea jetzt schon in die Schule?«

»Kann sie schon schreiben?«

»Kann sie schon rechnen?«

»Kann sie schon lesen?«

Und sie dachte auch daran, dass ihre Mutter, wenn sie sie ermahnen wollte, immer sagte: »Denk dran,

Andrea, du willst einmal ins Gymnasium gehen!«
Komisch, überlegte sie, dass viele Erwachsene immer
diese Fragen stellen: Kann sie schon? Hat sie schon?
Ist sie schon? Ob es wohl so weitergehen wird: Hat
sie schon ihr Abitur? Ist sie schon verheiratet? Hat sie
schon Kinder? Gehen die Kinder schon zur Schule?
Hat sie schon Enkel? Wenn sie einmal sehr alt geworden ist, wird man vielleicht höchstens noch fragen:
»Ja, lebt denn die auch noch?« Auch mit der Zukunft
ist es etwas Eigenes, überlegte Andrea. Eigentlich
wird sie doch erst. Und doch ist sie schon da, indem
man ständig von ihr redet. Das ist dann so ähnlich wie
mit der Vergangenheit. Wenn ich nicht schon gewesen
wäre, wäre ich jetzt auch nicht, und vielleicht wäre ich
auch gar nicht mehr, wenn ich nicht sein würde.

Aber jetzt, dachte sie, will ich nicht werden und
nicht gewesen sein, sondern einfach da sein. Sie legte
das Heft weg und drehte sich auf den Rücken und
freute sich, dass die Sonne so warm herunter schien.
Eine Wolke schob sich langsam vor die Sonne, und
Andrea ließ ihren Gedanken wieder freien Lauf. Wo
die Wolke wohl herkommt? Sie erinnerte sich ein
wenig an das, was sie über den Wasserkreislauf, die
Wasserverdunstungen gehört hatten. Aber so ganz
klar war ihr das heute auch nicht mehr. Dabei hatte sie
in der Heimat- und Sachkundeprobe einen Einser
bekommen, weil sie ihre Kreuze immer an die richtige Stelle gemacht hatte. Jetzt erinnerte sie sich: Der
Siedepunkt des Wassers liegt bei: null Grad, zehn
Grad, hundert Grad, hatte die Frage gelautet. Auch
den Gefrierpunkt hatte sie richtig angekreuzt und sie
wusste auch, dass man Wasser mit zwei S schreibt und

sogar, dass man eine Formel dafür hat, die H_2O heißt. Ob ich aber ganz genau weiß, was das Wasser ist, fragte sie sich. Andrea drehte sich wieder um. Und weil es ihr inzwischen wieder zu warm geworden war, streckte sie ihre Beine wieder in den Bach. Er fließt, er floss, er wird fließen, konjugierte sie halblaut vor sich hin. Dem Bach geht es wie mir, überlegte sie. Er ist Vergangenheit, Gegenwart und Zukunft, hauptsächlich aber Gegenwart, denn er ist doch der Bach, mein Bach, in den ich jetzt meine Füße hänge. Wenn ich morgen an einem schönen Tag wieder zu ihm komme, ist er derselbe, obwohl er eigentlich ein ganz anderes Wasser in sich hat. Und bei mir ist es ähnlich, dachte sie, ich bin ja heute zumindest schon wieder einen Tag älter geworden. Vielleicht habe ich mich sogar ein wenig verändert. Ich bin ein paar Gramm dünner oder dicker geworden oder habe einen Pickel bekommen. Oder der Insektenstich juckt mich morgen nicht mehr so. Andrea schaute dem Wasser nach, sie wusste, dass der Bach einige Kilometer weiter in einen Fluss mündet und dass dieser Fluss irgendwann einmal zu einem breiten Strom werden würde, um dann ins Meer zu münden. Ist er dann eigentlich noch mein Bach? Wieder fielen ihr die Erwachsenen ein, die immer nur von später reden. Ob wir Kinder eigentlich für sie wirklich jetzt da sind? Sie zeigen uns immer Bilder, wie wir früher ausgesehen haben, und freuen sich darüber, oder sie reden von später. Aber wenn wir »jetzt« sagen, dann schauen sie uns manchmal ganz entsetzt an und zeigen nur auf die Uhr. Das Komische ist nur, überlegte sie sich wieder, dass ich immer wieder gehört habe, wenn sich die Erwachsenen unterhalten, dass sie von früher reden, wie es damals war, als sie noch Kinder und Jugendliche und in der Schule waren und was sie da für lustige Dinge erlebt hatten. Vielleicht ist das »Ist« für die meisten nur interessant, wenn es »war« heißt, dachte sich Andrea, oder nur im Hinblick darauf, dass es wird.

Andrea hob ein kleines Holzstückchen, das neben ihr lag, auf und warf es in den Bach. Sie schaute ihm nach, wie es auf den kleinen Wellen weiterschaukelte. »Einen schönen Gruß ans Meer«, rief sie ihm nach, als es schon aus ihren Augen verschwand.

Ob das Stückchen jemals dort landen würde? Wohl kaum. Wahrscheinlich wird es schon an der nächsten Biegung hängen bleiben. Ob man überhaupt weiß, was die Zukunft bringt?

Andrea dachte über diesen Satz nach. Das hört sich ja fast so an, als ob wir stehen bleiben und die Zukunft kommt auf uns zu und bringt uns etwas in die Gegenwart herein. Eigentlich ist es aber doch anders. Wir bewegen uns von der Gegenwart in die Zukunft. Ob man die Zeit mit dem Bach vergleichen kann, der ja auch von irgendwoher ins Irgendwohin fließt? Sie überlegte, dass man zwar wisse, wo der Bach herkomme, aus einer Quelle, und dass diese Quelle irgendwo aus einem Felsen entspringe. Aber wissen wir, wo die Zeit herkommt? Wir wissen, wie gesagt, wohin der Bach mündet. Aber wissen wir auch, wohin die Zeit mündet? Deren Anfang und Ende ist sicher noch geheimnisvoller als das des Baches. Und wahrscheinlich, überlegte Andrea, noch unaufhaltsamer. Man könnte ja den Bach beispielsweise in einem großen Stausee einfangen, aber die Zeit lässt sich nicht fangen.

Andrea holte plötzlich mit ihrer hohlen Hand ein wenig Wasser aus dem Bach. Nein, trinken würde sie es nicht, obwohl sie gerade ein wenig Durst verspürte. Sie wusste ja, dass das Wasser seit längerer Zeit nicht mehr sauber war. Aber sie beobachtete es, wie es langsam durch ihre Finger sickerte. Ein klein wenig, überlegte sie, kann man das auch mit der Zeit machen: »Zeit schöpfen« – diesen Ausdruck hatte sie schon einmal gehört. Da sah sie auf die Uhr. Mein Gott, es war ja schon spät geworden. Die Mutter wartete sicher schon mit dem Abendessen auf sie.

»Wo warst du denn so lange?«, fragte sie sie. »Hast du auch an morgen gedacht?«

Andrea nickte. »Ich habe mich mit den Zeitwörtern beschäftigt«, sagte sie: »Ich war, ich bin, ich werde sein, er fließt, er floss, er wird fließen.«

»Gut«, sagte die Mutter, »dann hast du die Zeit wenigstens genützt.«

»Ich glaub schon«, antwortete Andrea. »Ich habe sogar Zeit geschöpft.«

Igerl und die Werbung

»Ein so ein Schmarrn«, schimpfte Alfons Igerl bei seinem Spaziergang in der Stadt mit seinem Freund, dem Pfanzelt Maxe, und wackelte mit dem Kopf, »ein solcher Schmarrn.«

»Wieso«, wollte der Pfanzelt Maxe wissen, »was ist dir denn jetzt wieder übers Leberl glaufn?«

»Da, lies doch selber«, meinte Igerl, deutete auf ein Werbeplakat und las den Slogan vor: ›Land der Bayern, Land der Späße, oh wie köstlich schmeckt dein Käse!‹ Na, was sagst jetzt da dazu?«, fragte er seinen Spezi.

»Ja no«, meinte der, »das is halt eine Werbung für'n Käs.«

»Ach geh«, konterte Igerl, »da wär i jetzt selber gar net draufkommen! Aber sag einmal, merkst du des net, was des für ein Blödsinn ist, Bayern, das Land der Späße, ja was sind wir denn eigentlich noch alles? Das Land der Seppln, das Land der Jodler, der Dorfdeppen.« Jetzt war Igerl richtig in seinem Element. »Aber schuld sind wir selber, weil wir uns immer so blöd hinstelln, bzw. blöd hinstelln lassn. Schau doch bloß einmal unsere Postkarten an, wenn's danach geht, habn wir alle einen rotn Gschwollschädl auf, ein riesendrum Bauch, sind die meiste Zeit bsoffen – nix gegn ein Haferl Bier, aber pausenlos habn wir auch net den Maßkruag in der Hand, so wie's auf den Kartn ausschaut. Und außerdem, wenn's nach den Kartn geht, fensterln wir auch noch heut trotz Aufzüg ins

18. Stockwerk rauf in irgendein Hochhaus von den Siemensblöck. Wenn sich einer nach den Bildern da ein Bild von uns macht, dann meint er, dass mir Bayern bloß saufn und raufn, derweil sind wir, des lasst sich aus der bayrischen Geschichte nachweisen, ein äußerst friedliebendes Volk. Aber den, wenn i einmal erwisch, der wo die Kartn macht«, schimpfte er weiter, »den wenn i einmal erwisch, dem hau i einen Maßkrug aufn Kopf nauf, dass 's grad so scheppert. Des is schon eine komische Werbung, die wo mir für unser Bayernland betreiben!«

»Jetzt kenn dich nur wieder, Alfons«, unterbrach der Pfanzelt Maxe seinen Redefluss. »Aber jetzt hast es ja selber gsagt, Werbung und Werbung ist heutzutag alles, sogar an der Universität gibt's jetzt Lehrstühle für Werbepsychologie. Des is eine eigene Wissenschaft wordn.« Er zitierte mit wissenschaftlicher Stimme: »Werbung ist jene Wissenschaft, welche die Aufmerksamkeit des menschlichen Verstandes lange genug erregt, um Geld herauszuschlagen.«

Igerl schüttelte halb unwillig, halb bewundernd den Kopf. »Woher weißt jetzt du des alles her?«

»Gell, da schaust«, bemerkte er geschmeichelt, »ja weißt, i kenn da eine Dings, eine Bekannte, mit dem Namen Lobensommer und die hat nach dem Tod ihres Mannes, eines gewissen Lobensommers«, fügte er unnötigerweise nochmals hinzu, »angefangen, eben Psychologie zu studieren und is da in einer Vorlesung von einem gewissen Lutz von Rosenstiel an der Uni, und mit der unterhalt ich mich immer gerne, eine sehr gebildete Frau«, meinte er so schwärmerisch, dass Alfons Igerl gleich wusste, wie er dran war. Der

301

Pfanzelt Maxe hatte wieder einmal eine neue Flamme. »Ui, da schau her«, meinte der Pfanzelt Maxe in demselben Augenblick und zog den Duft genießerisch ein: »Wenn man den Esel nennt, kommt er grennt«, zitierte er das alte Sprichwort. In der Tat waren sie just in dem Augenblick an einem dieser delikaten Käsestände des Viktualienmarktes vorbeigekommen. »Ganz passt's zwar net auf den Käs, das Sprichwort«, korrigierte ihn Igerl, »da hättst schon sagn müssn: ›Wenn man vom Käs spricht, man ihn auch schon riecht‹«, fügte der alte Hobbydichter Igerl hinzu. »Im Übrigen rennt der Käs natürlich net, sondern er läuft allenfalls, du hättst dann eventuell sagn können: ›Denkt man auch an Käs bloß dro, dann läuft er scho, ha, ha, ha.« Der Pfanzelt Maxe begann nun auch weniger wegen der dichterischen Ergüsse Igerls als vielmehr vom Duft und dem Anblick der Käseherrlichkeit ins Schwärmen zu geraten. »Ah, des is schon was Herrlichs, so ein Käs. Wem da net 's Wasser im Mund z'sammläuft, der ghört ja fast in psychopathische Behandlung. Ja, ja, es gibt halt nix Bessers wie was Guats. Die größten Feinschmecker der Welt sind ja bekanntlich die Franzosen, und bei denen is der Käs geradezu die Krönung einer Mahlzeit. Des is mir bei meiner Parisreise erst richtig aufgangen.«

»Ach so, du warst ja vor ein paar Wochn in Paris«, stellte Igerl fest. »Wie war's denn?«

»An sich sehr schön, aber leider war i halt 40 Jahr z'spät dort«, fügte der Maxe etwas traurig hinzu.

»Wieso 40 Jahr z'spät«, wollte Igerl wissen. »Heißt des, dass Paris heutzutag des nimmer is, was 's vor 40 Jahr war?«

302

»Paris vielleicht schon noch«, antwortete der Pfanzelt Maxe traurig, »Paris vielleicht schon, aber der Pfanzelt leider nimmer.«

Wie der Zufall oft so spielt, brachte just an jenem Abend der Eisenburger Schorsch zum Stammtisch im Volkart-Eck seinen Cousin mit, einen gewissen Guggenmos, der im Allgäu eine große Molkerei und Käsefabrik besitzt. Igerl erzählte so nebenher auch von dem vormittäglichen Gespräch und der für seine Begriffe so blöden Käswerbung, die er auf einem Plakat gesehen hatte.

»Ja, ja«, meinte der Fachmann Guggenmos. »Werbung ist gar kein so leichtes Geschäft, die Werbefachleute müssen sich halt bemühen, dem Verbraucher klarzumachen, dass sich das eine Gänseblümchen vom anderen Gänseblümchen grundlegend unterscheidet und dass er es sich auf gar keinen Fall leisten darf, das Gänseblümchen A zu nehmen, weil er es sich leicht leisten kann, das Gänseblümchen B zu kaufen.«

Als dann aber der Stammtisch in die übliche Schelte über Reklame und Werbung verfiel, machte Guggenmos einen konstruktiven Vorschlag. »Passts einmal auf, meine Herren, i bin in der Vorstandschaft von den bayrischen Molkereiverbänden; wir wollen einen Reklamefeldzug für bayrischen Käse starten. Machts einmal bis morgen ein paar Werbesprüch, und ich versprich euch, dass ich den besten davon mitnimm und auf seine Werbetauglichkeit hin testen lass.« Tatsächlich brachten einige Stammtischbrüder am nächsten Abend ein paar selber gestrickte Werbeslogans für Käse mit. Der Pfanzelt Maxe hatte folgendes Opus vorzuweisen: »Das was fürs Känge ist das Ruh, was

303

für den Kaka ist das Du, das, was für'n Schleißheimer das L, und fürs Rheuma is das Katzenfell, das was beim Schifahrn das Après, das ist für'n Feinschmecker der Käs.«

Erich Obst, der noch nie besonders phantasiebegabt gewesen war, wartete mit dem Dreiviertel-Plagiat auf: »Gut, besser, Käse aus Bayern mit dem Duft der großen weiten Welt.« Der Plattner Toni setzte auf das Verserl: »Das Tipferl aufs i, des is für mi, ganz ohne G'spaß, ein bayrischer Kas.« Ganz kurz machte es der Scherm Max mit dem Slogan: »Esst Käse vom Fuße der Alpen!«

Am meisten aber, wie sollte es anders sein, imponierte das Verserl vom Alfons Igerl: »Im Biergarten sitzen, meine bayrische Ruh, dann fehlt mir zum Glück grad ein Käs noch dazu.«

»Den reichen mir ein«, entschied Guggenmos, »ich benachrichtige Sie dann, Herr Igerl, wenn die Werbeagentur über die Tauglichkeit berät.« Tatsächlich erhielt Igerl nach ein paar Wochen einen Anruf von Guggenmos, er könne, wenn er wolle, bei einer Sitzung des Instituts für werbepsychologische Marktforschung teilnehmen. Ein Herr, der sich als Diplompsychologe Redwitz aus Kassel vorstellte, begann nun folgende Analyse: »Wir haben zur Entscheidungsfindung etwa 100 Testpersonen der Käsezielgruppe in qualitativ psychologischen Einzelinterviews eingeladen und haben das Ganze durch psychometrische Erhebungsverfahren im Rahmen eines Studiotestes exploriert. Ich fasse die Ergebnisse zusammen: Gehen wir davon aus, dass Werbesprüche die Aufgabe haben zu informieren und motivieren, so müssen wir mittels

304

der Faktorenanalyse herausfinden, inwieweit der ausgewählte Spot folgende Bedingungen erfüllt:

1. Prägnanz: Sind Gestaltung und Inhalt so vereinfacht aufgebaut, dass in kürzester Zeit die wesentlichen Informationen aufgenommen werden können?

2. Kommunikationsfähigkeit: Werden die entscheidenden Tatbestände des Angebots verständlich übermittelt?

3. Zentravität: Persönliche Bedeutsamkeit: Wird das auf Grund der spezifischen werblichen Präsentation angebotene Produkt als persönlich bedeutsam erlebt? Nur was persönlich berührt, ist erlebnis- und verhaltenswirksam.

Attraktivität – Sympathiewirklichkeit: Vermittelt die Werbung Reize zur positiven sympathischen Auseinandersetzung?

Kredibilität: Sind die vermittelten Informationen in Inhalt und Gestaltung flexibel für die Zielgruppe, glaubwürdig, ehrlich und vertrauenswürdig?

Unverwechselbarkeit des Werbestils: Erleben die Zielgruppenpersonen auf Grund der weiblichen Auftritte eine positive Distanz zur Konkurrenz angeboten?

Ich darf hinzufügen, dass wir in unserer Untersuchung, in der wir das von unserem Institut spezifisch entwickelte Kasseler-Distochen-System angewandt haben, zu folgender Analyse gelangt sind:

Der Spot orientiert sich an dem anthropologisch wohl relevantesten Begriff Glück, ist also in die Kategorie der Eudaimonie-zentrierten Reklame einzureihen. Dabei holt er den Prägnanzgrundsatz weit aus und siedelt menschliches Wohlbefinden grundsätzlich

305

im Biergarten an, was also bedeuten würde, dass Käseliebhaber, bzw. die zu erreichenden und zu motivierenden künftigen Käsekonsumenten grundsätzlich im Freien und nicht in der bergenden Atmosphäre des Hauses bzw. Wirtshauses anzusiedeln sind. Damit würde, man denke auch an das jahreszeitliche Element, der Käsekonsum sich nur auf einen sehr engen Raum- und Zeitbegriff beschränken. Aus temporal-lokalpsychologischen Gründen hätten wir hier unseren ersten Einwand. Ein weiterer Begriff schien uns ganz besonders problematisch zu sein, der Begriff Ruhe, bzw. hierin Mundart ›Ruah‹. Die moderne Werbepsychologie ist eindeutig auf Aktivierung des Konsumenten abgestimmt. Zweifelsohne ist das Essen, das Verzehren eine aktive Handlung. Es kann wohl nicht im Sinne der Käsehersteller sein, dass die Werbung darauf abzielt, das Produkt lediglich zu betrachten. Das Wort ›Ruhe‹ ist aber eindeutig etwas Kontemplatives, Passives. Wir haben die Testpersonen in einem zusätzlichen Verfahren, dem von unserem Institut spezifisch entwickelten RWS-Test unterzogen und festgestellt, dass 67,43 % der Befragten mit dem Wort ›Ruhe‹ die Aufforderung verbanden: lasst mich in Ruhe! Wobei Sie interessieren wird, dass von diesen 67,43 % 32,40 % Männer über 43 Jahre waren, wogegen 18,51 % Frauen über 52 Jahre standen. Wir haben das selbstverständlich ganz genau aufgeschlüsselt, aber aus Gründen der Brevidität des Verfahrens darf ich Ihnen nur noch punktuell einige Ergebnisse mitteilen. Im weiteren Verlauf des Werbespots taucht das Wort Fehlen auf: ›Es fehlt mir zum Glück‹. Wenn nun auch der Sinn des Gesamten, also im Zusammenhang mit der vierten Zeile, letztlich positiv ist, ist doch die enge Verbindung der beiden Wörter ›Fehlen‹ und ›Glück‹ sehr problematisch. Fehlen, das ja einen defizienten Modus des Existierens darstellt, sollte, das hat die bekannte Untersuchung von Paul Hubert Junghans Altheinrich eindeutig ergeben, in jedem Werbespruch fehlen. Im Übrigen ist hier signifikant, dass 58,29 % weibliche Befragte bei der Nennung des Wortes ›fehlt‹, das ergab sich bei den gleichzeitig durchgeführten thermometrischen Testverfahren, weit unterhalb der Negativtoleranz reagierten. Dies kann geradezu als eklatanter Beweis für die von Remigius Türkfeld-Bauernfeind aufgestellten Klytämnestra-Thesen angesehen werden …«

Der Diplompsychologe referierte dann noch einige Zeit über die Problematik des Wörtchens ›bloß‹, das ja bekanntlich in dem Zusammenhang ›bloß einen Kas noch dazu‹ erschien, indem er mit mehreren wissenschaftlichen Untersuchungen den Beweis antrat, dass das Wort einen Deprivationseffekt bzw. eine Nudifikationskomponente habe, wie sie im Zusammenhang mit einer ›Bloß‹-Stellung empfunden werde. »Sie sehen«, schloss der Psychologe seine fundierten Darstellungen, »der Werbespruch Igerls inhabitiert bei aller Berücksichtigung der Originalität und der durch die Mundart besonders konstituierten schichtspezifischen Kommunikationsrelevanz dennoch eine Menge von Werbe-Incertität. Wir bezeichnen das als Motivations-Cunctatoren, wobei für uns am meisten ins Gewicht fiel, dass, wie schon gesagt, Käse auf dem engen Zeit- und Raumbereich confiniert wurde, was also eindeutig dem Grundsatz der Ubiquität und

Semperität widerspricht. Aus diesem Grund haben wir uns auch für einen Werbespot entschieden, der äh, äh nun zufällig von einem Mitarbeiter getextet wurde.« Der Spruch lautete: Nördlich, südlich, westlich, östlich – Bayerns Käse mundet köstlich. »Was ist jetzt mit dem Werbespruch wordn, Alfons?« wollte der Pfanzelt Maxe beim Stammtisch im Volkart-Eck wissen. Igerl erzählte in groben Umrissen, wie man sein Käseverserl marktpsychologisch analysiert und ausgequetscht habe. Da konnte selbst der Pfanzelt Maxe nichts anderes sagen wie: »So ein Käs, des mit der Werbepsychologie. Aber weil mir grad wieder von Werbung reden, Alfons«, meinte er, »ich hab dir doch von dieser Witwe Lobensommer erzählt, i komm bei ihr da einfach net recht weiter. Jetzt weiß i aber, dass sie auf der einen Seitn eine sehr moderne, auf der andern aber auch eine recht romantische Person ist. Könntest mir für so jemand da net was Nettes dichtn, ein modernes Liebesgedicht sozusagen, des wo i ihr dann z'samm mit ei'm schönen Blumenstrauß überreichen könnt?«

Igerl hatte zwar im Augenblick von Werbung die Nase voll, aber da ihn dichterische Herausforderungen immer reizten, setzte er die Erfahrungen eines leid- bzw. reklamegeprüften Rundfunkhörers bzw. Fernsehzuschauers in Gedichtform um und übergab das Werk einen Tag später dem Maxe. Das marktpsychologische Werbeinstitut hätte es sicher herausgefunden, was letzten Endes verantwortlich war: der zweifellos noch vorhandene Spätlesecharme des Pfanzelt Maxe, die von Igerl großzügig dazu spendierten Rosen aus seinem Heimgarten, eine Eigenzüchtung, der er den Namen seiner Jugendliebe »Kreszentia Irrgang« verliehen hatte, das besagte Werbegedicht oder alles zusammen. Igerl konnte jedenfalls den Erfolg seiner Werbekampagnie feststellen, als er, in dem kleinen Café am Viktualienmarkt sitzend, am Donnerstagvormittag den Pfanzelt Maxe mit der Lobensommer-Witwe händchenhaltend spazieren gehen sah.

Der Vollständigkeit halber sei aber als Postskriptum Igerls Werbegedicht noch angefügt. Es lautete:

Weil sich deine Hand anfühlt wie stets durch Prilex zart gespült. Weil du nur mit Juhu klebst, aprilfrisch mit Dusch-Duschi lebst. Weil dein Atem weites Land, weite Welt durch Deodorant, den du sprayst, mich ahnen lässt, weil den Komo Wäschetest du bestandest und mit Fakir täglich wäschst die Haare dir, dein Gewissen immer rein, weil du Wolle, wie's muss sein ständig mit Lenil einweichst und zum Frühstück Palma streichst auf das gute Vita-Brot mit dem Bio-Roggenschrot. An das Glück schon morgens denkst: Glücks-Milch in den Kaffee schenkst (selbstverständlich rösti-frisch, Kaffee aus dem Stammhaus Zisch). Weil du Bier wie München trinkst und mit Blendi-Zähnen blinkst, hab ich dich, mein Augenstern, porentief, naturrein gern.

Die Weihnachtslesung

Über Beschäftigungsmangel konnte sich die bayerische Poetengilde der Federfuchser eigentlich nicht beklagen, erst recht nicht in jener Zeit, die man absurderweise die staade Zeit nennt, denn es gab wohl keinen Abend zwischen dem ersten und letzten Adventssonntag, wo die Federfuchser nicht in geballter Ladung, in kleineren Grüppchen oder einzeln in München und Umgebung aufgetreten wären und meist zusammen mit irgendwelchen Volksmusikgruppen ihren weißblauen Senf für diese Jahreszeit abgegeben hätten. Die Entlohnung für diese adventliche Besinnung war allerdings eine recht unterschiedliche. Manche taten es einfach für einen guten Zweck und lasen in Altersheimen für ein paar Tassen Punsch und Lebkuchen. Andere wieder hatten gute Beziehungen zu dieser oder jener Partei. Und welche Partei kann es sich schon leisten, in diesen Tagen keinen Hoagascht zu gestalten? Dann fiel das Salär etwas höher aus.

Das ganz große Geschäft war diese Art von Lesung freilich nicht. Das machen bekanntlich nur jene, die das Glück haben, von einem großen Unternehmen oder einem Fußballverein zu einer »Weihnachtsgala« eingeladen zu werden, die mit Weihnachten allerdings oft wenig zu tun hat. Und doch gab es in München eine Veranstaltung, die von der LMK getragen wurde, einer Gesellschaft, die einen bedeutenden Jahresumsatz verzeichnete. Bei der wären die Federfuchser gerne dabei gewesen, denn da schaute für die Poeten tatsächlich was raus. Aber just dort lasen seit Jahr und Tag die Konkurrenz-Literaten der Federfuchser, die Weiß-Bleistifte. Dieser Umstand ließ den rührigen Präsidenten der Federfuchser, Wilhelm Kurz, nicht ruhen, und als er herausgefunden hatte, dass seine Frau und die eines Vorstandsmitglieds der LMK Schulfreundinnen gewesen waren, hatte er gewonnenes Spiel. Voll Stolz kündigte er in der Federfuchser-Versammlung an, dass es ihm gelungen sei, für den diesjährigen Adventsabend die begehrte Lesung bei der LMK an sich bzw. die Federfuchser-Gilde zu reißen. Unter dem Jubel seiner Mitliteraten tat er dies kund und meinte vorwärtsschauend: »Liebe Mitschreiber, der erste Schritt ist uns Gott sei Dank gelungen. Wir wollen aber auch in Zukunft alles daransetzen, dass es zu einer festen Einrichtung wird, bei der LMK die Federfuchser im Advent lesen zu lassen. Aus diesem Grund wollen wir heute, obwohl es erst September ist, unsere Vorplanung treffen. Ihr wisst, zwei Stunden adventliche, weihnachtliche Beiträge, das ist gar nicht so leicht. Hat jemand einen diskutablen Vorschlag?«

Karl-Ottokar Liebenau meldete sich und meinte: »Für Weihnachten gibt's keinen bessern als unseren Ado Schlupf, der ist aber heute leider nicht da. Ich bin aber überzeugt, der würde uns seine eigene Dichtung ›Die Heilsnacht‹ vorlesen, mit der er doch die ganze Adventszeit unterwegs ist. Ich habe ihn selber einmal im Ettlinger Adventssingen erlebt. Dem Schlupf seine Heilsnacht geht einem wesentlich mehr ans Gemüt als die Heilige Nacht von Thoma.« Zustimmendes Gemurmel der anderen Federfuchser.

311

»Ja, ich weiß nicht so recht«, reagierte Wilhelm Kurz auf den Vorschlag Liebenaus. »Ich weiß zwar, dass der Schlupf mit seiner Heilsnacht sehr stark ans Gemüt rührt, aber, meine lieben Poeten, ich muss euch darauf aufmerksam machen, dieses Mal sind wir in einer kunterbunten Runde, und ich denke, da sind garantiert ein paar dabei, die sich aus der christlichen Glaubensverkündigung absolut nichts machen, und da müssen wir halt sehr vorsichtig sein, dass wir nicht ins Fettnäpfchen treten und zum Schluss nächstes Jahr dann doch wieder die Konkurrenz geholt wird. Heilsnacht, wisst Ihr, das klingt doch sehr stark christlich, äh, könnten wir da nicht ... Ihr wisst ja, wenn zum Beispiel einige Andersgläubige bzw. einige da sind, die überhaupt nichts glauben.«

»Macht nix«, unterbrach ihn Liebenau, »der Schlupf glaubt ja auch nix, das ist ein erklärter Atheist, der macht es halt so, weil es Tradition ist und weil es gut ankommt. Wir wissen doch selber, was da um diese Zeit für ein Bedarf ist, und den deckt der Schlupf mit seiner Heilsnacht glänzend ab.«

»Weiß ich doch, weiß ich doch«, meinte Wilhelm Kurz, »und trotzdem, Freunde, denkt an die Pluralität an diesem Abend, das können wir uns nicht leisten. Vor allem, wer weiß denn von der LMK schon, dass der Schlupf weltanschaulich so gelagert ist, und selbst wenn wir es vorher bekanntgeben würden, dann wären eben wieder welche da, die trotzdem was glauben, und da würden wir bei denen anecken. Nein, nein, Freunde, wir müssen uns etwas Neutrales einfallen lassen.«

»Eh, wie wär's denn«, meldete sich jetzt Leonhard Sommerer, von Hauptberuf Tierarzt, »wie wär's denn,

312

wenn wir von der Weihnachtsbotschaft den Begriff Frieden herausnähmen, rein säkularisiert, versteht sich, damit wir keinen Anstoß bei Andersgläubigen erregen. Ich hätte da in meinem Bändchen ›So ist's recht‹ ein paar recht nette Friedensgedichte.«

Wilhelm Kurz schüttelte den Kopf: »Nein, nein, das geht nicht, das Wort Frieden ist zurzeit zu emotionsgeladen. Denkt an die Friedensbewegungen und die Abrüstungsgespräche. Der eine hat die Vorstellung vom Frieden, der andere jene. Da könnte es zu den größten Meinungsverschiedenheiten über den Frieden kommen, und über kurz oder lang hätten wir den schönsten Streit, um Gottes willen, das geht nicht.«

»Ja, und wenn«, schlug Bibi Brensel vor, »wenn wir den Gedanken der Herbergssuche aufgreifen würden und ein bisserl modern über das Thema Flüchtlinge, Heimatlose und Obdachlose in unserer Zeit nachdächten? Ich hätte da eine Geschichte, die vor kurzer Zeit in der Oberbayerischen Zeitung als Lokalspitze erschienen ist.«

»Deine Lokalspitze in allen Ehren, lieber Bibi«, entgegnete ihm Wilhelm Kurz, »aber in diesem Kreis rate ich tunlichst ab, von solchen brisanten Dingen zu sprechen. Gerade in dieser Problematik liegt eine Menge Zündstoff. Denkt einmal nur über die Asylantensache nach. Wissen wir, wie die LMK-Leute darüber denken? Und zum Schluss kommen wir auch noch auf das Gastarbeiter-Problem usw. zu sprechen. Nein, bitte nicht in diesem Kreis. Da müssen wir viel vorsichtiger sein.«

»I hab's«, meldete sich jetzt Walter Klopfer, »ich hab eine Nikolausgeschichte, und die passt für diese

Zeit immer und überall. Ihr kennt's ja, da wo der kleine Fritz draufkommt, dass der Nikolaus in Wirklichkeit sein Onkel ist. Er hat ihn nämlich an den Löchern in seinen Socken erkannt. Das gibt immer eine Mordsgaudi, wenn ich das vorles.«

»Ja, das stimmt«, pflichtete ihm Liebenau bei, »die Geschichte kommt immer gut an.«

»Weiß ich doch, weiß ich doch«, erklärte Wilhelm Kurz, »aber doch nicht bei der LMK. Weiß du, lieber Walter, nix gegen diese Geschichte, aber da ist mir einfach für diesen Kreis zu viel autoritärer Führungsstil drinnen. Und ich weiß, wir haben bei den LMK-Leuten ein paar moderne Pädagogen und Psychologen dabei, die würden uns das nicht wenig übelnehmen, wenn wir eine so repressive Nikolausgeschichte reinbrächten.«

»Ich hab's«, rief der greise Franz Plattner, »ich hab's. Ich könnte die Geschichte vom Tannenbaum vorlesen, wie der draußen gestanden ist, mitten im kalten Winterwald. Wie man ihn als Christbaum in die warme gute Stube hereingebracht und wie viel Glück und Seligkeit er den Kindern gespendet hat.«

»Ja net, ja net«, schrie Liebenau dazwischen, »da würden wir uns auf ein schönes Glatteis begeben. Habt ihr denn nicht mitbekommen, was das heuer für ein Theater war, mit der Aufstellung des Münchener Christbaums, wo die Umweltschützer und die Grünen dagegen protestiert haben, dass man weiterhin Christbäume abschneidet, jetzt in der Zeit des Waldsterbens. Das Thema Christbaum und Baum im Besonderen ist zurzeit nur mit Vorsicht zu genießen.«

»Dann schreibe ich halt etwas über einen Plastik-Christbaum. Wie lang haben wir denn noch Zeit bis zu der Lesung? Das müsste doch zu machen sein«, meinte der stets schreibbereite Alfred Seibert. »Plastik ist genauso problematisch«, fuhr wiederum Liebenau dazwischen, »da sind wir über kurz oder lang bei der Chemie, und da gibt's sicher unterschiedliche Meinungen bei den LMKlern.«

»Und wenn ich aus meinem Band ›Nun sehet den Stern‹ etwas ...« Bevor Herbert Höpfle seinen Vorschlag zu Ende bringen konnte, rief Kurz: »Um Gottes willen, lieber Herbert, nein, nein, und noch mal nein. Denk doch mal: ›Stern‹: Du weißt doch, wie dieser Begriff kontaminiert ist. Ich sage nur ›SDI, Krieg der Sterne‹. Unmöglich, das Wort ›Stern‹ können wir zurzeit unmöglich verwenden.«

»Also, wenn i des seh, kann euch bloß noch i aus der Patsche – Entschuldigung, des ist ja net bayrisch – aus dem Schlamassel helfen«, erklärte selbstbewusst Jakob Jeremias Schneck. »Ich könnt fast den ganzen Abend gestalten, indem ich Bauernsprüche aus meiner Spruchsammlung ›Hannerl mit'm Pfannerl‹, gerade erschienen im Moritz-Verlag, vorles. Ha, ha, ha: ›Fällt er arschlings in den Schnee, tut dem Knecht der Hintern weh‹ Hi, hi, hi. Und denselben Spruch gibt's im Bereich von Klettham in einer gewissen Abwandlung. Und jetzt bitte ich die Damen wegzuhören, ach so, wir haben ja gar keine Damen. ›Fällt die Bäuerin in den Harsch, hält sie ganz entsetzt den ... Mund.‹ Hi, hi, hi. Ja, was habt's denn Ihr denkt?«

»Ja, wirklich sehr originell, lieber Freund Schneck«, unterbrach ihn der Altpräsident Franz Specht, »wirklich sehr originell, aber unter der derzeitigen Konstellation würde ich dringend von Bauernsprüchen abraten.

Sie wissen doch, welch leidiges Problem zurzeit die Agrarpolitik ist. Ein falsches Wort, oder auch nur ein Missverständnis, von der einen oder anderen Seite, nein, nein, da könnt's leicht sein, dass wir ein ganz entsetzliches Eigentor schießen. Ich warne ganz entschieden.«

»Ja, hm«, meinte Schneck, »ich könnte ja auch noch mit was anderem dienen. In meinem Buch ›Rund um die Winterzeit‹ habe ich eine ganze Menge von Bräuchen geschildert, die man bei uns früher und zum Teil auch heute noch in der Familie pflegt.«

»Sehr gut«, mischte sich jetzt auch Specht ein, »da hätte ich auch was anzubieten, eine sehr lustige Geschichte über das gemeinsame Platzlbacken.«

Auch Leonhard Sommerer hatte natürlich ein Gedicht parat über die gemütvolle Stimmung an Winterabenden, wo ein Bratapfel im Rohr schmort und man im Familienkreis bei dem selbst zubereiteten Kletzenbrot Geschichten erzählt und Lieder singt. Aber auch dieser Vorschlag missfiel Wilhelm Kurz. Er hätte ja grundsätzlich nichts gegen Kletzenbrot und Bratäpfel, aber das ganze Drumherum wäre etwas problematisch, denn es sei ein mehr als großes Risiko, von einer heilen Familiensituation auszugehen, wo man doch ganz genau wisse, dass die normale Familie auch bei uns schön langsam etwas Unnormales geworden wäre. Wenn man bloß der nüchternen Statistik folgen würde, könnte man leicht ausrechnen, wie wenige der anwesenden LMKler noch eine solche Familienatmosphäre zu Hause hätten, wie sie in diesen Geschichten geschildert würde. Und deswegen rate er dringend ab, denn gerade im emotionalen Bereich könne man sehr stark ins Fettnäpfchen treten.

316

»Ich darf euch, liebe Freunde«, erklärte er mit eindringlicher Stimme, »nochmals daran erinnern, dass für unsere Weihnachtslesung die Pluralität oberstes Gebot sein muss. Ich glaube«, fuhr er fort, »wir stimmen darin überein, dass wir ein Thema finden müssen, das keinerlei Anstoß bietet, weil alle darin übereinstimmen.«

»Ja, aber in was stimmen wir denn überhaupt noch überein?«, fragte Franz Eisele, der bisher geschwiegen hatte, dazwischen. »Ist es nicht so, dass wir nur mehr in einem übereinstimmen, in der Tatsache nämlich, dass wir in nichts mehr übereinstimmen? Müssten wir dann nicht konsequenterweise«, philosophierte er weiter, »an diesem Weihnachtsabend über nichts lesen, weil das Nichts sich jetzt als kleinster gemeinsamer Nenner der Übereinstimmung herausgestellt hat?«

»Nichts da«, fuhr ihn Wilhelm Kurz an, »nichts da, das Nichts ist kein Thema. Was meint Ihr, was die LMK da sagen wird, wenn wir über nichts anderes mehr als das Nichts reden würden. Und unsere literarische Konkurrenz würde sich freuen wie die Schneekönige.«

Das Wort Könige war natürlich ein Reizwort für den Monarchisten Sebastian Hollmeier, der spontan vorschlug, über einige winterliche Begebenheiten am bayerischen Königshof zu berichten. Der Vorschlag wurde aber sofort aus politischen Gründen zurückgewiesen, da man davon ausgehen müsse, dass die einzelnen LMKler die verschiedensten Vorstellungen über Staatsformen hätten. »Ganz schön schwierig«, murmelte der Altpräsident Specht. Da zeigte sich ein

317

Leuchten auf dem Gesicht von Wilhelm Kurz. »Was haben Sie gesagt, lieber Altpräsident?«, meinte er. »Ganz schön. Ganz ... Moment, das wäre eine Möglichkeit. Ich hab da eine wunderschöne Geschichte über die Weihnachtsgans geschrieben, die immer gut ankommt.« Nun ging ein Aufatmen durch die Federfuchserschar, und jeder entdeckte, dass er auch einen Beitrag hatte, in dem der Gansbraten eine Rolle spielte. Der Abend war gerettet. Im nächsten Jahr erhielten aber die Federfuchser dennoch keine neue Einladung bei dem LMKlern. Wilhelm Kurz hatte bei seinen Erkundigungen ganz vergessen, dass der LMK-Vorstand gleichzeitig Vorsitzender des Tierschutzvereins und des Vegetarierbundes war.